京都文化会議記念出版編集委員会
川添信介・髙橋康夫・吉澤健吉編

こころの謎 kokoroの未来

京都大学学術出版会

〈こころ〉を知っていますか——本書を読みすすめるために

わたくしたちはごく普通の日本語として、次のような表現を使っている。

- こころが痛む。こころよい。こころが寒い。こころに染みる。こころを入れ替える。
- 親ごころ。女ごころ。気ごころがしれている。
- お花のこころ。剣のこころ。茶道のこころ得。歌のこころを知る。
- こころない仕打ち。こころ、ここにあらず。こころ掛けがよい。手ごころを加える。
- 沢庵漬とかけて、四十七士の討ち入りと解く。そのこころは。

これらは思いつくままに掲げたのであるが、このような表現に現れている〈こころ〉が何を意味しているのかを、わたくしたちは普段ほとんど考えもせずに分かっているつもりになっている。しかし、あらためて「その〈こころ〉って何」と問われたならば、それぞれの〈こころ〉の意味を的確に区別して説明することはむずかしいのではないだろうか。さらには、このように異なった文脈の中で使われているさまざまな〈こころ〉に共通する意味とは何かと考えてみると、ちゃんとした答えを見出すのがどれほど困難であるか、絶望的な気持ちにもなる。よく知っていて分かっているつもりなのに説明できない言葉の一つが、〈こころ〉なのである。

＊＊＊＊＊＊＊

わたくしたちは自分が「こころを持っている」ことを疑わない。それなのに、「こころとは何か」は謎なのである。だから、その謎を解き明かそうとするさまざまな試みが、さまざまな仕方でなされている。心理学はまさに「こころについての学問」であり、こころの活動に何らかの一般的法則を見出そうとしたり、一人ひとりの個別的なこころのあり方を探索してこころの病理に迫ろうとしたりする。あるいは、脳との深い関係を前提として、脳のさまざまな機能からこころの実体を見出そうとする脳科学のアプローチもある。また、進化論を認めた上で、ヒト以外の動物の生態の観察を通じてヒトの〈こころ〉を捉える視点もある。

さらには、詩や小説などの文学作品は、言葉による美の創造であるとともに、人間の〈こころ〉のあり方に形を与えようとすることでもある。言葉以外の媒体を用いた芸術作品や芸能といった領域についても、同じことが言えるであろう。あるいは、「心の哲学」と呼ばれる哲学の分野も、〈こころ〉という謎の解明を目指していると言ってよいのである。そして、世界中のさまざまな宗教というものについては、それがより直接的に人の〈こころ〉の問題と関わるということは見やすいことであろう。また、政治学や経済学のような「社会科学」と呼ばれている探究領域であっても、人間の公共的な場面での社会的行為を現実に動かしているものは〈こころ〉である以上、ただ一般的法則を見出すことだけでなく、〈こころ〉のあり方についての何らかの洞察が前提とされているはずなのである。

＊＊＊＊＊＊＊＊＊

本書におさめられた文章は、そのすべてが直接的に〈こころ〉を主題としているわけではないが、さまざまな分野の知見から「こころの謎」を解明しようとする試みである。それぞれの文章を読まれた読者は、「たしかに、なるほど」と思われるであろう。と同時に、本書の全体からは「こころの謎がいっそう深まった」という印象を持たれるかもしれない。それは編集者の感慨でもある。〈こころ〉に対するアプローチは実に多様・多彩であり得るし、それぞれのアプローチが深まれば深まるほどに、そこから現れてくる〈こころ〉の形姿も多様・多彩となり、全体としての統一的な把握を簡単には許さないのである。物理・化学的な脳の作用と不可分であるとみなされる〈こころ〉、ひとが個人的なレベルで他者と関わるときに働いている〈こころ〉、ゴリラやロボットのうちに認めようとする〈こころ〉、花や香りの美を感じる〈こころ〉、そして、文明・文化を創造し時に他の文明・文化を排除しようとする〈こころ〉。これらさまざまな〈こころ〉を何か一つの言葉で捉えきることは難しい。しかしまた、それらの多様なものが何か一つの〈こころ〉に関わっているという直観も、容易に消し去ることができないのである。〈こころ〉をある一つの観点だけから割り切って捉えるのではなく、ある意味で「謎を謎のまま」に提示しているのが本書である。しかし、〈こころ〉の断片的な把握をそれで良しとしているのではない。むしろ、さまざまに異なったアプローチであっても、最終的には〈こころ〉の統一的な姿を追求するべきであるという主張を含んでいる。その意味で本書は、さまざまな分野がその垣根を越えて、〈こころ〉に関する共同的探究を推進することを提唱するものなのである。しかも、〈こころ〉は専門家だけにしか見えないものではなく、すべての人が何らかの意味で「自分のもの」として経験しているものであるから、共同的探究はどんな人にも開かれている。読者は本書の提示する〈こころの謎〉を愉しみながらも、驚きからはじまる探究に参加できるのである。

＊＊＊＊＊＊＊＊＊

さらに、本書は〈こころ〉の「謎」への共同的探究への呼びかけを通じて、「kokoro の未来」を語ろうとするものでもある。つまり、日本語で〈こころ〉と呼ばれてきたものは「謎」の側面を持っているにしても、日本にとってだけではなく、グローバル化している世界と人類全体の未来にとって大きな意義をもっているという主張を含んでいる。

日本語の〈こころ〉という言葉は、どのような外国語であっても、何か一つの単語として翻訳することは難しいように思われる。それは、先に述べたようにさまざまな多様な意味を含み込んでいるからというだけではなく、その言葉が示しているもののありようが特別なものだからである。多少奇妙であるのに、kokoro というローマ字表記を書名の一部としたのは、日本語に由来するこの言葉がそのままのかたちで世界中に通用するものになればという願いのためであった。

それでは、その〈こころ kokoro〉はグローバル化した世界と人類にとってどのような意義を持っているのだろうか。ひとつには、〈こころ〉は日本の文化のなかで、単に人間だけに備わっているのではなく、人間以外の動物や植物、さらには生命を持たないと考えられている木石にさえも備わると見なされてきた。森羅万象に〈こころ〉があると認めることは、人間がその森羅万象を第三者的に眺めるだけではなくて、それに共感しそれを価値あるものと見なしてきたということである。このような捉え方はアニミズム（すべてのものに魂が宿っているとする考え方）という原始的な心性にすぎないと思われるかもしれない。

しかし、近代化あるいは西洋化を深く経験しているはずの現代の日本において、このような世界の捉え方が今なお息づいていることは稀有なことであると同時に、そのことがどのような意味を持つのかを再考してみなければならない。グローバル化し、内部にさまざまな対立を抱えざるを得なくなっている世界において、抽象的な理念によって対立を調整しようとするだけではなく、より直観的あるいは直感的な〈こころ〉を、共感と融和のための基軸とすることは大きな意味を持つと考えられるのである。

〈こころ〉の二つ目の意義は、それがさまざまの異なった森羅万象に共通して見出されるというだけでなく、一つひとつのものにとってもその「全体」に浸透しているという点にある。わたくしたちは、たとえば精神と身体とを対立的な二つのものと捉えることに慣れている。理性と感情、知識と信仰といった二項対立なども、そのような区別をたてることによってそれぞれを分かったような気になる。「分かること」はたしかに「分けること」である面を持つ。西洋に発する現在の「科学」は、まさにさまざまのものを「分けて」、それぞれの部分を捉えようとしている。しかし、分けることはまだ道の半ばのはずである。わたくしたちが触れて経験しているものは一つの全体であるし、そのように触れて経験しているわたくしたち自身の方も、分けられてバラバラに存在しているのではなく、一つの「全体」として存在している人間だからである。〈こころ〉は物質・身体と対立して区別された「もの」ではなく、人間とその生活の全体に浸透し、全体を全体として眺める視点を与えてくれると思われる。〈こころ〉のこの特質こそ、分野を超えた共同的探求が可能となるだろうという、わたくしたちの先の主張の根拠なのである。

〈こころ〉の三番目の重要性は、それがさまざまな価値に対して開かれたものである点にある。〈こころ〉は確かに日本語であり、日本の文化のなかで育まれたものかもしれない。しかし、わたくしたちは〈こころ〉を日本だけに特殊なものであるとは考えないし、ましてや日本文化の優越などを語りたいわけでもない。〈こころ〉の出自の特殊性とそれが有する普遍的価値とは別なのである。そうではなく、世界中に存在している多様で、ときとして対立を見せるさまざまな価値の基準を、〈こころ〉はきわめて柔軟に受け容れてきたものだという点が重要である。地球化・グローバル化のもっとも典型的な側面は経済活動において見られるが、物質的な豊かさと経済市場価値というただ一つの価値基準で人間の生を計ることはそもそも不可能であり、人生の豊かさを失わせることにもなる。また、若い人々に顕著であるとされるいわゆる「こころの問題」にも、多様のように見えながらどこか一元的な価値基準で人々を序列化するような社会のあり方がかいま見える。何か一つのものさしを絶対化することなく、多様な尺度を受け容れる〈こころ〉が見失われているのかもしれない。日本でこのような〈こころ〉を取り戻し、また、国家や民族、宗教や文明の対立が深刻になっている世界において〈こころ〉が理解され共感をもって広がっていくことを願わざるをえないのである。

それでも、〈こころ〉は謎である。いま掲げた〈こころ〉の三つの重要性もまだ直観的な把握でしかなく、より正確で緻密な理解を求め続けねばならないであろう。地球化時代における〈こころ〉の重要性をよりいっそう明らかにすること、このこと自体が〈こころ〉の共同的探究の課題であると言ってよいであろう。

＊＊＊＊＊＊＊＊＊

さて、本書は三つの部分に分けられてはいるが、今述べた〈こころ〉の三つの特長に正確に対応しているというわけではない。最初から読み始めなければならないということもなく、興味をもたれた部分から読み始められたらよいと思う。とはいえ、いっけん何の関係もなさそうな主題が並び、また時には相互に相容れないようなさまざまな主張が提示されている本書を読みすすめられるならば、読者は〈こころ〉の謎・不可思議さが思ったより深いものであることに気がつかれるであろう。そして、〈こころ〉が意外な広がりを持っており、当たり前に思っていた〈こころ〉が実は人類の未来にとって貴重なものなのだということが少しでも浮かび上がってくることになれば、本書は十分な役割を果たしたことになる。その上で、読者お一人おひとりが自分の〈こころ〉をふりかえり、共同的探究にそれぞれのやり方で参加される機縁となるようにと願ってやまない。

編集委員を代表して
川添信介

こころの謎　kokoroの未来　目次

響きあうkokoro

harmonious and harmony-making kokoro in the whole universe

I

「響きあうｋｏｋｏｒｏ」と題され、五つの論考のあいだに二つのコラムが配された最初の部分は、人びとを結びつけ融和させるものとしての〈こころ〉の側面に焦点があてられている。〈こころ〉が「もの」としての身体から影響を受けるだけではなく、むしろ〈こころ〉のあり方が身体の方に深い影響を与えていることを、遺伝子学者である村上和雄は吉本興業との共同研究をふまえて、「笑いは〈こころ〉を元気にする」という主張として提示する。それと同時に、自然的世界のなかに遺伝子暗号そのものを設定している「サムシング・グレート」としか呼びようのない不思議を感得せざるをえないとする。また、「プラシーボに現れる〈こころ〉」において、作家であると同時に臨床精神科医でもある帚木蓬生も、プラシーボ（偽薬）への反応のうちに、からだの病気に対する〈こころ〉の影響力を確証している。それとともに、宙ぶらりんのまま不確実で懐疑的状況に耐える能力（ネガティブ・ケイパビリティ）が作家に必要なだけでなく、プラシーボ効果をもたらそうとする治療者にも肝要であると主張するのである。

さらに、「萎縮しながら膨張する〈こころ〉」の速水敏彦は教育心理学の知見から、実態をともなわない「仮想的有能感」という考えを示し、それを現代の若者に特徴的な〈こころ〉のあり方として分析する。そして、仮想的有能感に落ち込まないようにするには、他者と共感するコミュニケーションが重要だという速水の主張は、杉若恵亮のコラム「若者の〈こころ〉とぼんさん」とどこかで響きあっている。認知心理学者である吉川左紀子の「こころを「見る」ということ」は、最新の脳科学の方法を用いて、他人の「表情を見ている人の表情」が自然に共鳴するのだという研究成果を紹介している。人と人とのコミュニケーションとは、言葉によるものだけでなく、喜んで笑っている人を見れば人は自然に笑った表情を共有するということによってもなされているのである。そして、もう一つのコラム「客席とひとつになる」を寄稿してくれた演出家・俳優の鈴江俊郎は、劇場という一つの空間を共有している役者と観客の〈こころ〉の機微を語りながら、共感することの意味と困難さを示しており、吉川の科学的成果との共通性と位相の違いがかいま見えるものとなっている。

ジャン＝ノエル・ロベールの「ユーラシアのなかの「こころ」」は、この部分の中では少し異色である。きわめて多くの言語に通じているロベールは日本語の「こころ」という言葉が、インドや中国の言語、さらにはより広くユーラシア大陸全体の言語との重層的な関係を持っていることを、慈円の「釈教歌」の解釈をも提示しながら明らかにしてくれている。さらには、日本語「こころ」の語源に関する大胆な仮説まで掲げられている。読者はこの論考から本書を読みはじめることで、〈こころの謎〉に向かう基本的な視点を得られるかもしれない。

（川添信介）

こころとは…

「陽気な心、楽しい、嬉しい心、喜び、感動、感謝、そして、深い祈りまでもが良い遺伝子のスイッチをオンにする」。そして、目に見えない〈こころ〉、不思議な自然の働きを「サムシング・グレート」が動かしている。

むらかみ・かずお　国際科学振興財団理事、筑波大学名誉教授

1936年生まれ。京都大学大学院農学研究科修了、農学博士。1978年より、筑波大学応用生物化学系教授。同大学遺伝子実験センター長、先端学際領域研究センター長などを務め、現在に至る。1996年日本学士院賞受賞。世界に先がけ、高血圧の黒幕である酵素「レニン」の遺伝子解読に成功し、世界的な業績として注目を集める。遺伝子工学の研究から、「感性と遺伝子は繋がっている」ことを究明。人間の偉大な可能性を開花させる「眠れる遺伝子の目覚めさせ方・考え方」を解き明かす。哲学、宗教、宇宙観をも包み込む独自の世界観を展開。飾らない人柄と軽妙洒脱な語り口調に絶賛の声が集まる。著書に『生命の暗号』、『生命のバカカ』、『遺伝子オンで生きる』『アホは神の望み』、『スイッチ・オンの生き方』など。

笑いは〈こころ〉を元気にする

村上和雄

MURAKAMI Kazuo

吉本興業と共同研究

科学は知的なエンターテイメント

いま、私どもは吉本興業と共同研究をしている。いろいろな方と一緒に研究してきたが、まさか吉本興業と一緒に研究するとは全く予期していなかった。人生は不思議なことが不思議なときに起こると思っている。しかし、私はすべての出会いは偶然ではないと思う。なぜかというと、私は科学は知的なエンターテイメントであると考えてきた。

人間にとって知らないことを知るということは、大きな楽しみである。そして、科学者として有り難いと思うことが一生に何度かある。これは、自分たちが世界で最初に見つけたという瞬間に出くわすことである。このときの喜びと感動は例えようがない。飛び上がるような感動で、その晩は嬉しくて寝られない。科学には、このようなワクワク・ドキドキする瞬間がある。これは十分エンターテイメントになる。

遺伝子のスイッチを入れる

吉本興業と組んで私どもが始めたことは、笑いがどの遺伝子のスイッチを入れるのかという研究である。一般には遺伝子というものは、変わらないと思われている。私たちは親から遺伝子をもらって、それを子供に伝えていく。

遺伝子のオンとオフ

ところが最近の発見では遺伝子は変わりうるということが分かってきた。どうして変わるのかというと、遺伝子には一種のスイッチがある。遺伝子がオンになるのは遺伝子が働くことで、オフは働かないことである。

現在、ヒトの遺伝子暗号（塩基配列）が全部解読された。その中で、解った面白いことの一つは、ヒトの遺伝子の本体をDNAというが、ヒトの全DNAのうちで本当に働いているのは二パーセント内外である。わずか二パーセントほどしか働いていない。後の九八パーセントのDNAは寝ているのかサボっているのか、将来のために備えているのか、何をしているかさっぱり分からない。しかし、ごく最近、働きの分からないジャンクDNAといわれていたものの一部は、遺伝子のオンとオフに関係しているらしい、ということが分かり始めた。

ジャンクDNA

そうなると、寝ている良いDNA、例えば健康になるためのDNAのスイッチをオンにして、起きている悪いDNA、例えば病気になるようなDNAのスイッチをオフにすることができれば、私たちの可能性は何倍にもなるかもしれない、ということが科学の言葉で語られだした。これはエキサイティングなことである。

笑いは血糖値を下げる

笑いを科学にすることはなかなか難しい。なぜなら、笑う内容は人によって違う。国によっても違う。そして、年代によっても違う。若い人と年寄りとでは笑いはおのずと違ってくる。

糖尿病患者の協力で実験

そこで私どもは二〇〇三年、実験を、前日と当日の二日に分けて行った。前日は糖尿病患者のボランティア二五名くらいに集まってもらい、軽い昼食をとってもらった。昼食の直後に大学の先生の糖尿病のメカニズムについての講義を聞いてもらった。大学の先生の講義は例外を除いて、面白くもなく、分かりにくい上にユーモアもない。

特に下手な講義をお願いしたわけではなく、いつもどおりの講義を四〇分やってもらった。血糖値は、食前に一回計っておいて、食後に講義を聞いてもらった後にもう一度計って、前後を比較した。つまらない講義の後では、なんと一二三ミリグラムの上昇があった。これは私どもの予想を越えた。このことは、血糖値の高い人はなるべくつまらない先生の話を聞くのは避けた方がよいということだ。

講義と笑い、血糖値上昇を抑えたのは？

次の日、同じ人たちに同じ時間に、講義の代わりに漫才を聞いてもらった。前日と当日の違いは、前日は講義、当日は漫才。吉本興業から送り込まれたのは「Ｂ＆Ｂ」の二人組だった。私はＢ＆Ｂが登場する舞台の袖にいて、出演直前の二人に耳打ちをした。「もし、この実験が成功したら、間違いなく糖尿病予防研究の歴史に残る」と。笑いと血糖値、笑いと遺伝子の研究は誰もやっていないテーマだった。糖尿病患者さんたちも非常によく笑った。その直後に血糖値を計ったところ、前日、講義の後に一二三ミリグラム上がった同じ人が、笑いの後では七七ミリグラムしか上がらなかった。講義と笑いの後では、

$$123-77=46$$

四六ミリグラムの差がでた。糖尿病の医者は「これはどういうことか」と目の色が変わった。驚くべきことに、笑いだけで血糖値が下がったのだ。

この実験に取りかかる前、糖尿病の専門医に相談に行ったところ、多くの医者は「そんなアホみたいな実験は、まともな医者はしない」と言われた。しかし、このデータを見て、これは面白くなってきた、と態度が変わった。すぐ発表しようということになり、私どもの論文がアメリカの有名な糖尿病学会誌に掲載された。笑いだけで糖尿病患者の食後血糖値の上昇が大幅に抑えられる。このニュースをロイター通信やアメリカのマスメディアが取り上げてくれたので、全世界に発信された。そして、私どもの研究は世界でも注目されるようになった。

笑いの効能が糖尿病学会誌に

なぜなら、この実験が進んでいくと、薬の代わりに、お笑いビデオを出すような医療機関が出てくるかも分からない。ひょっとしたら医療の質を変えていけるかもしれない。などと夢がだんだん膨らんできた。

現在の医療は非常に高度だ。しかし、その医療行為は患者の側から見ると快くないことが多い。手術なんて、できれば誰だってされたくない。薬も副作用があるので飲みすぎない方がよい。おそらく副作用がない薬は殆どなく、副作用がない薬は、あまり効かない。

いまアメリカでは、年間一〇万人もの人が薬の副作用で亡くなっているという報告が医学雑誌に掲載されている。中国は最低二〇万人だと発表している。しかし中国の二〇万人は、もしかすると、その何倍かもしれない。とにかく薬には副作用がある。しかし、笑いには副作用がない。笑い転げて死んだという人はいない。お腹が痛くなるとか、たまに顎が外れるというのはあるが、死んだ人はいない。これはいけると考えて、私どもはこれまで四年間にわたって、毎年違う芸人さんを呼んで実験を行ったが、いずれも血糖値が下がった。

一般の人向けに、血糖値の実験結果の講演をすると、いろいろな質問が来る。特に面白かったのは、「B&B」という薬はどこで売っているかという質問だ。冗談かと思ったら、糖尿病患者さんからの質問で本気だった。いかに人の話をまともに聞いていないかということと、病気は薬で治療するという先入観が患者にはあるという証拠だ。この質問に勇気づけられて、私どもは、笑いを誘うＤＶＤ「笑みからチカラ」（メディカルレビュー社）をつくってすでに発売している。

笑いには副作用がない

笑いを誘うＤＶＤ「笑みからチカラ」

笑い博士の誕生

私も笑いに興味を持ちだして、「日本笑い学会」に入会した。この学会に入会して知ったことは、笑いは決して笑い事ではないということだった。その理由は、どの国の民族の神話にも笑いがでてくる。つまり、神や仏も笑っておられたかも分からない。

また、笑い学会で面白かったのは、胎児も笑うということ。八ヶ月ぐらいになると母親が調子が良いときは胎児もニッコリ笑っている。スライドを見ると確かにそのような顔をしている。しかし、この発表に私は疑問を持っている。面白いかどうか胎児に聞いてみたのか。生まれたての赤ちゃんがニッコリ笑うが、あれは笑いというよりエンジェル・スマイル。赤ちゃんは親に世話になりっぱなしで、与えるものは殆どないといわれるが、あの赤ちゃんのスマイルは母親や周りの人に喜びと幸せを与えていると思われる。しかし、あのスマイルは親が教えた訳ではない。

胎児も笑う

自然にスマイルが出てくるということは、赤ちゃんはスマイルをする能力を持って生まれてきた。私どもの言葉で説明すると、笑いに関連する遺伝子があるに違いないと考え、ここ三年ぐらい、ヒトの遺伝子のほぼすべてにあたる約四万個の遺伝子を調べていた。そして、笑うときどの遺伝子のスイッチがオンに、どの遺伝子のスイッチがオフになるかという、第一次スクリーニングが終わった。この成果を基に、私どものグループの林隆志氏が二〇〇八年三月に笑い博士になった。笑いと遺伝子の関連で博士になったのは、彼が世界最初である。

笑いに関連する遺伝子

なぜ、私がこの研究を始めたのか。私は遺伝子の研究を二五年ぐらいしているが、その中で強く感じ始めたことがある。それは、心を変えれば遺伝子の働きが変わる、オンとオフが変わるのではないかと考え出したことだ。心を変えても遺伝子の暗号は変わらない

心を変えれば遺伝子の働きが変わる

が、オンとオフが変わる。オンとオフが変わるということは、遺伝子の働きが変化することである。

私は心を二つに分けた。陽気な心、楽しい、嬉しい心、喜び、感動、感謝、そして、深い祈りまでもが良い遺伝子のスイッチをオンにする。陰気な心、ネガティブな心、悩み、不安、恐れ、恐怖というようなものは、悪い遺伝子のスイッチをオンにすると考えている。このようなことを一つ一つ遺伝子の言葉で語りたいということが、私どもの大きな目標だ。

アメリカで遺伝子のスイッチがオンになった

これまで私が最も長くやってきた研究は、現在の研究とは違う。日本では、あまり出来がよくなかった私は、優秀な先輩によくいじめられた。その私が今から四六年前、一九六三年にアメリカに行ったが、この環境を変えたことが非常に良かったと思われる。私の遺伝子が日本からアメリカに行ったことで、遺伝子そのものはそう簡単に変わらない。遺伝子の働きが変わったのだ。遺伝子のスイッチのオンとオフには、良い環境を与えることが非常に大切だと私は思っている。

当時のアメリカは素晴らしい国だった。何が素晴らしいのか。まず、一挙に給料が一〇倍になった。人間は認められると嬉しくなる。日本とアメリカの国力がそれほど違っていた。その上、大学の設備が断然良かった。
　私は医学部に行ったので、廊下では綺麗な看護婦さんと頻繁にすれ違った。彼女たちはいつもニコッと笑ってくれた。クイックスマイルは非常に感じが良かった。日本ではもてなかったのに、急にもてだしたのかと思ったら、あれは挨拶だと教えられた。笑いは身体に良いだけではなく、人間関係を良くする。若い研究者にとっては、天国のような国だと思った。

笑いは人間関係を良くする

　これは英語を除いての話である。教授は新しい研究者が来ると、自宅に招いてパーティを開いてくれる。パーティでは皆と会話をしなければならないが、何を話しているのか殆ど私は聞き取れなかった。私にショックを与えたのは、そこで飼われている犬だ。教授が犬に英語でときどき話しかけると、その犬はすぐに理解して行動に移す。しかし、私はその英語の内容がよく把握できない。私の英語は、アメリカでは犬以下だと思った。日本の英語の先生の会話もあまり通じない。その先生に習っている私の英語が通じるはずがない。私の英会話の力はその程度のものだった。

英語で講義を

　その後アメリカに一〇年いて、最後は英語で講義をしなければならなくなった。アメリカに行かなければ、絶対アメリカ人の学生に英語で講義をすることは起こり得ない。環境が変わり、必要性が変わったということだ。アメリカの学生は授業中によく質問をする。さらに、試験が終わって答案を返すと、「先生、この点数は低すぎると思う」と文句を言ってくる学生がいる。「ここが違っているじゃないか」と指摘すると、「丁度そこは先生の英語の発音が悪くて聞き取れなかった」と言う。

また、一学期が終わると大学側が、学生にアンケートを配って、先生の講義の採点をさせる。私の知っている限り、アメリカの大学には日本の大学よりも緊張関係がある。先生は学生を採点するが、学生も先生を評価する。

アメリカ人のユーモア

私たちがなかなか真似できないのは、アメリカ人のユーモアのセンスだ。私も少し慣れてきて、ユーモアを交えて講義をして学生を笑わせようと思っても、誰も笑わない。これはしらけてしまう。

アメリカ人のジョークの例を一つ披露する。糖尿病の講義のとき、教授がビーカーに何か液体を入れて入ってくる。この液体は何か、学生に質問をする。ヒントがないから当たらない。実はこれは、糖尿病の講義をするために、糖尿病の患者の尿をもらってきた。糖尿病は尿に糖が出るから糖尿病というので、糖尿病の語源の一つは蜜のように甘いというラテン語から来ている。この尿は甘いはずだ。昔の医者は、患者が糖尿病かどうかのチェックはどうしてやったかというと、この尿を蟻塚にまいてアリがよってくるかどうか

アメリカ人のジョーク

調べた。甘ければよってくる。これが大昔の糖尿病の診断方法だったたというわけだ。

もっとスゴイ医者は、尿の中に指を入れてなめて、糖尿病が悪くなってきたとか快方に向かいつつあるとか診察した。「医者は患者のために、これくらいのことはやるべきである。自分は昔の素晴らしい医者の真似をしてやってみる」といって、教授は尿の中に指を入れてなめた。学生はみんな「ヒャー」と叫んだが、教授はおもむろに「君たちは将来医者になるのだ。尿をなめるくらいなんだ！　この尿はフレッシュだ！」とうそぶいた。「放置して酸化すると悪くなるが、これはしぼりたてだ、君たちもやれ！」と言った。

恥ずかしいからあまり言われないが、尿を飲んで元気になるという動きは昔からある。非常に有名なのは、インドにガンジーという独立運動の父といわれた人がおられたが、彼は毎朝尿を飲んでいた。最初は抵抗感があるらしいが、慣れると捨てるのが惜しくなるらしい。その先生は「これは安全だからやれ」と学生に命令した。最近、中国の大地震が起きたとき、生き残った人の中に尿を飲んでいた人がいた。尿を飲むのを拒否した人は亡くなったといわれている。

とにかく、学生はみんな嫌がっていたが、なめないものには単位をやらないと言われた。単位をもらわなければ医者になれないから学生は覚悟をした。教授が毒味をしたのだから、酸化される前に早くやろうと先を争ってなめた。全部の学生が終わったとき、「よくやった。医者には勇気がいるが、勇気だけでは駄目だ。君たちは俺の指の動きを最後まで

尿をなめる

よく見ていたか？　俺は人差し指を入れたが、なめたのは中指だ」と。医者には勇気と冷静な観察眼がいる、といい放つ。このような講義は私には到底できない。

勇気と冷静な観察眼

もう一つ私がアメリカ人に感心したのは、ピンチのときにジョークが出るということ。記憶にあるのは、日本にアメリカのブッシュ大統領が来られたとき、国賓として晩餐会でテーブルスピーチをしようと立ち上がったとたん、大統領はばたっと倒れた。会場が一瞬緊張した。国賓が脳卒中を起こしたかもしれない。ブッシュ大統領の奥さんがすぐに立ち上がり「実は午前中に主人は天皇陛下とテニスのお相手をした。天皇陛下が大変お上手で、主人は連戦連敗だった。そのショックで立ち上がれません」と言った。見事だ。自分の主人が倒れているのに、みんなが非常に心配して緊張している様子を見て、このようなジョークが言えるというのは、なかなか出来ない。私がアメリカで学んだのは、ピンチのときにも少し余裕を持たなければならないということだった。

ブッシュ大統領のエピソード

厳しい研究環境

もう一つ学んだのは、アメリカの先生は非常に厳しい環境の中におかれていると言うことだ。例えノーベル賞を受賞しても、その身分は安泰ではないということを知った。アメリカ人は「ノーベル賞、五年経てばただの人」と陰で言っている。昔は素晴らしい研究を

「ノーベル賞、五年経てばただの人」

して尊敬に値する人でも、最近の五年間に見るべき業績がないとなると大変である。研究するためには研究費が必要だが、ノーベル賞学者の研究費申請が却下されることもある。研究費が来なくなるということは、あなたは研究をやめなさいと言うことになる。「金の切れ目が研究の切れ目」なのだ。こういう厳しい環境が本当にいいかどうかは疑問もあるが、アメリカの科学技術を支えているのは、この厳しい競争社会なのだと思う。

私自身にも大変厳しかったが、今から思えば、そういう厳しい環境にいたことが、今の私にとっては大きな財産になっている。厳しい環境もヒトの遺伝子をオンにする可能性があると思っている。そして、私は大変素晴らしい出合いをした。

「研究人生も出会いが宝」という人がいるが、アメリカで非常に立派な科学者と出会った。そこで私が知ったことは、偉い先生ほど威張っていないと言うこと。だから、日本に帰ってきて威張った先生に出会うと、あの先生はまだまだだと思うことにしている。そして、私は非常によい出会いによって、新しい研究テーマに出合った。高血圧の引き金を引く酵素レニンに出合った。そこから私どもの研究がよい方向に回転しだした。出会いが私に幸運をもたらしてくれた。

高血圧の引き金を引く酵素レニンとの出合い

その後二〇年間、私は高血圧の引き金を引くものを追いかけていた。しかし、これは大変だった。まず、その正体を突き止めようと思ったが、正体を突き止めるためには、それを純粋にする必要がある。そのために私どもは牛の脳下垂体と呼ばれる部分を三万五〇〇〇個集めた。それを一つ一つ処理して、その中から高血圧の原因物質レニンを純粋にすることに成功した。しかし、三万五〇〇〇個もの脳下垂体を使って純粋になったものは、わずか〇・五ミリグラムだった。このような大変な作業は誰もやったことがなかった。

それを契機に、私どもは高血圧の引き金を引くものの遺伝子の研究に入っていった。私どものグループは、世界の強豪に挟まれ、九九パーセント負けたと思っていたが、最後に不思議なことが起こって、私どもは高血圧の引き金を引くものの遺伝子暗号の解読に一九八三年世界で最初に成功した。詳しくは『生命の暗号』（サンマーク出版）、『生命のバカ力』（講談社＋α新書）などに書いた。そこには感動と興奮のドラマが書いてある。

遺伝子暗号の解読に成功

私どもは、この研究をきっかけに遺伝子の研究を本格化させた。最終的には、ヒトの遺伝子を始めイネの遺伝子など一万六〇〇〇個の遺伝子暗号の解読に成功した。その遺伝子暗号を眺めながら、我がチームを誇りに思っていた。しかし、私は遺伝子を読みながら以前から、あることに気付いていていた。

遺伝子の暗号を書いたのは誰か

遺伝子暗号は読まれる前にすでに書いてあった

それは当たり前のことだが、遺伝子暗号は読まれる前にすでに書いてあった。書いてあったから読める。書いた人と読んだ人とどちらが偉いかと言えば、書いた人が偉いに決まっている。誰がイネの遺伝子暗号やヒトの遺伝子暗号を書いたのか。すべての生き物の遺伝子暗号を書いたのは誰か。人間がヒトの遺伝子暗号を書けるわけがないから、人間ではない。しかも、ヒトの設計図をデタラメに書けるわけがない。

ヒトの遺伝子暗号を全部解読した結果、解ったことは約三二億のA、T、C、Gと略称される塩基から成っているということ。三二億の化学の文字を読める字に拡大すると、一頁千字、一冊千頁の百科事典三二〇〇冊に相当する。これを一ゲノムという。

約三二億の化学の文字

最近、ゲノムという言葉がよくでてくる。すべての遺伝子暗号が入った一セットをゲノムといっている。私たちは父親から一ゲノム、母親から一ゲノムもらう。三二億の化学の文字、三二〇〇冊の大百科事典、それが細胞の中の核の中に全部一セットずつ入っている。万巻の書物が一グラムの何分の一に入っているのか。その答えは、一グラムの二〇〇〇億分の一である。一グラムの二〇〇〇億分の一という超狭い空間に、万巻の書物が書き込んであるという事実。このようなものをつくったのは誰か。

ゲノム

人間ではないから、あとは自然しかない。自然がどのようにしたのか。太陽、月、地球、空気、水、などの自然が、ヒトを含めたすべての生き物の遺伝子暗号をあの微細なところに書き込めるわけがない。すると、これを書いた自然というものは、私たちのよく知っている自然ではない。目に見える自然ではなく、目に見えないけれども不思議な働きをしている自然があるのではないか、と私は考えるようになった。すごい世界があるのではない

つくったのは誰か

か。

本当に大切なものは目に見えないかもしれない。心も目に見えない。命も目に見えない。すべての生き物の暗号を書いて、それを動かしている不思議な自然の働きは見えない。

大切なものは目に見えない

サムシング・グレート

とにかく私は暗号を読んでいて、目に見えないけれども、すごい力があるということを感じだした。それを私は「サムシング・グレート」と表現した。今の科学では到底解らないが、しかしグレートな働きがあるという意味だ。

私のサムシング・グレートの定義は非常に簡単だ。私には両親がある。両親にも両親があった。生き物には親があるはずだ。人間のような素晴らしいものが、親なしで石ころだけからでてくるわけがない。材料は原子や分子だと思うから、石ころのようなものから始まったとしても、人間のようなものが何の思いもなく、何の努力もなく、何のデザインもなく偶然とデタラメが重なって生まれてくる確率は非常に低い。おそらくあり得ない。

サムシング・グレートの定義

私は医者ではないので、なるべく人間を扱わず簡単な生き物を扱って研究している。例えば大腸菌。大腸菌にどれだけ世話になったか分からない。ヒトのレニンを大腸菌でつくるのは非常に簡単にできる。何グラムでもできる。大腸菌のお陰でノーベル賞学者が何人

大腸菌から薬が

でたか分からないくらいだ。例えば、ヒト・インシュリンという糖尿病の薬が大腸菌でつくられ市販されているが、どうしてこのようなことができるのだろうか。

すべての生き物が同じ遺伝子暗号を使っているから、大腸菌はヒトの遺伝子暗号を解読して、ヒトのタンパク質やホルモンをつくることができるのである。このことは、すべての生き物はＤＮＡでつながっているということになる。これは二十世紀の医学・生物学上の最大の発見ではないかと思う。すべての生き物がつながっているということが、科学の言葉で語られるようになった。生き物はみんな兄弟姉妹、先祖はみんな親戚ということになる。

とにかく、大腸菌を使って私たちはいろいろな実験をしているが、いま世界中の学者が全員集まっても、世界の富を全部集めても、細胞一個を元から創ることはできない。コピーはできるのに、なぜ元から創れないのか。大腸菌がなぜ生きていられるのか、命の最も肝心なところについては何も解明されていない。材料については解っている。しかし、材料をいくら集めても命が生まれない。これは現在の生命科学が駄目なのではなくて、細胞一個でもいかにすごいことかということである。まして人間が生きていることは、ただ事ではない。

すべての生き物はＤＮＡでつながっている

材料をいくら集めても命は生まれない

利己的遺伝子と利他的遺伝子

人間は六〇兆個の細胞から成る

　人間は六〇兆個の細胞から成っている。六〇兆個と教科書には書いてあるが、本当は誰も数えたことがない。体重一キログラム当たり一兆個と計算している。兆という数はあまり大きくて庶民感覚にはピンとこないが、地球人口の約六五億という数は何となく分かる。一人の身体の中には地球人口の約一万倍から九〇〇〇倍くらいの小さな生き物が集まっている。それほどの数なのに、なぜ細胞同士の戦争が起こらないのか、いじめがないのか。見事である。

利己的遺伝子

　私たちの細胞は毎日毎日プログラム通りに死んで、プログラム通りに生まれている。その情報が遺伝子に書いてある。だから、遺伝子は自分のコピーをつくることを最優先する。自分の子孫をつくり、自分と同じものを再生する。だから、細胞は利己的であるという理由で「利己的遺伝子」といわれている。

　しかし、利己的なだけでは生きられないと思う。なぜなら、私たちの身体はおそらく四〇〇種類ぐらいの働きの異なった細胞から成っているが、お互いに助け合わなければ臓器の働きなどはできないからである。臓器が助け合わなければ個体は生きられない。なぜこのような見事なことができるのか。医者は自律神経がやっているというが、その自律神経を本当に動かしているものは何なのかは分からない。

このような見事な助け合いが、デタラメに起こるわけがない。何処かに情報が入っているはずである。遺伝子の中に、細胞同士は助け合いなさい、臓器同士は助け合いなさいという「利他的な遺伝子」が入っているのではないかと私は考えている。それが二十一世紀に見つかるかもしれない。できたら、私どもが見つけたい。

利他的遺伝子

これが見つかると、仏陀とかキリストが言った愛や慈悲や助け合いの精神というようなものが、遺伝子の言葉で一部語られるような時代が来るかもしれない。これが二十一世紀の科学だと思う。これが見つかると科学と宗教がつながりだすと思っている。

とにかく生きているということ、特に、人間が生きていることはただ事ではない。一般には、生きていることは当たり前だと思っている。しかし、私どものように細胞や遺伝子を研究している者からすると、生きていることは、ものすごいことで、有り難いことなのだ。

生きているということ

子供は大自然からのギフト

いま日本では「子供をつくる」と言うが、私はだいぶ前から「それは傲慢ですよ」と言ってきた。カビ一つ元から創れないのに、どうして人間の力で赤ちゃんができるのか。きっかけは与える。受精卵をつくるところは協力するが、わずか一個の受精卵から十月十日、

「子供をつくる」

三八週の間に、何十兆個という細胞からなる赤ちゃんをつくるプログラムを書いたのは人間ではない。

人間の場合は、わずか三八週間で生物の進化のドラマを再現していくと言われている。魚類のとき、爬虫類のときなど、生物の進化の歴史は約三八億年あるから、人間の赤ちゃんは、母親のお腹の中にいる三八週間で約三八億年の生物の進化のドラマを再現していることになる。三八週間で三八億年だから、母親の一週間は胎児の一億年に相当する。ものすごいスピードだ。母親が一日酔っぱらったら胎児は一四〇〇万年酔っぱらっていることになる。アルコールは胎盤を通過する。だから、母親が酔っぱらうと胎児も酔っぱらってしまう。これは、母親の生活態度が胎児の発育に大きな影響を及ぼすということだ。

三八週間で生物の進化のドラマを再現

もう一つぜひ知ってほしいのは、母親の胎内で起こっている赤ちゃんが産まれるまでのドラマは、決して人間の力や努力だけではない。もちろん赤ちゃんは両親のものだが、両親のものだけではない。地球生命としてここまで来るのに三八億年かかっている。三八億年かけて、大自然というか、サムシング・グレートというか、いわゆる人間業を超えた大いなるもののお陰で赤ちゃんが誕生する。まさに、赤ちゃんは大自然からのギフトなのだ。

この前、次のような話を聞いた。小さな男の子が、母親に「赤ちゃんはどうして生まれるの？」と聞いた。母親は「そんなことは子供が聞くことではない、大人になったら分かります」と答えた。そして「神様が与えてくれたギフトです」と子供に説明した。子供は

赤ちゃんは大自然からのギフト

分かったような分からないような顔をした。そこに父親が帰ってきた。すると、子供は「お母さん、神様が帰ってきたよ」と言ったそうだ。まさに赤ちゃんは大自然からの贈り物なのだ。

三八億年続いた奇跡

三八億年と一言で言うが、気の遠くなるような時間だ。最初の生物は海で生まれたと言われている。海で細胞のようなものが漂っていた。ある時は、海が煮えくり返っていたようで、殆どの生き物は死に絶えた。しかし、私たちの祖先はそれを乗り越え、陸上に上がってきた。その後、大寒波が陸上をおおった。地球が凍ってしまい、飢えと寒さで殆どが死に絶えた。それをも乗り越えて生き残っていった。

最初の生物は海で生まれた

三八億年の間、遺伝子は一度も途切れていない。三八億年間ノーミステイク、ノーアクシデントで続いている。だから、赤ちゃんは両親のものだが、もし、地球生命で考えると三八億歳となる。三八億年かけてここまでたどり着いた。サムシング・グレートか大自然のお陰で赤ちゃんが誕生する。

自分の年齢に三八億歳を足してみると、少々年をとったとか、とっていないとか言っても、それは誤差のうちにはいる。そういう意味で生命は誠に尊いものである。私は生命科

自分の年齢に三八億歳を足してみると

学の現場で五〇年くらい研究をしていて、生命が科学的に見ても、いかに素晴らしいものなのかを知った。

これから私は、生命の尊さを科学者の立場で説くということと、サムシング・グレートの思いを伝えていきたいと考えている。いままで、サムシング・グレートのメッセージは、宗教家が説いてきた。仏陀だってキリストだって素晴らしいことを説いている。二十一世紀は、科学者もサムシング・グレートのことを、すなわち生命の素晴らしさを話す必要がある。そのメッセンジャーになりたいと思っている。

生命の尊さを科学者の立場で伝えていきたい

参考文献

村上和雄『生命の暗号――あなたの遺伝子が目覚めるとき』、サンマーク出版、二〇〇四年。

――『遺伝子オンで生きる――こころの持ち方であなたのDNAは変わる！』、サンマーク出版、二〇〇四年。

――『アホは神の望み』、サンマーク出版、二〇〇八年。

――『生命のバカ力――人の遺伝子は97％眠っている』、講談社＋α新書、二〇〇三年。

――『笑う！遺伝子――笑って、健康遺伝子スイッチON！』、一二三書房、二〇〇四年。

――『そうだ！絶対うまくいく！――「できる」遺伝子が目ざめる生き方・考え方』、海竜社、二〇〇六年。

――『スイッチ・オンの生き方――遺伝子が目覚めれば、人生が変わる』、致知出版社、二〇〇九年。

村上和雄・棚次正和『人は何のために「祈る」のか――生命の遺伝子はその声を聴いている』、祥伝社、二〇〇八年。

こころとは…

「インド・中国・日本の世界観と心理学的諸観念を融合」し、それらが「含み込んでいた多層的な意味が和合され」、「結晶化」されているのが日本語の「こころ」という言葉なのである。

ジャン＝ノエル・ロベール　フランス国立高等研究院宗教学部教授、パリの碑文・文芸アカデミー会員

パリ東洋語学校及びパリ第七大学の日本語科と極東言語文化科を卒業後、1972年、高麗僧諦観著の『天台四教儀』仏訳で文学修士号取得。1987年、同大学にて文学博士号を取得。現在、国立高等研究院の宗教学部にて日本仏教の担当教授。主な著書に、鳩摩羅什訳『妙法蓮華経』をはじめとする仏語訳書、小冊子『二十一世紀の漢文――死語の将来』などがある。専門は、天台宗の論議と法華経を題にする釈教歌、法文歌（主に慈円、尊円の詠法華経和歌集）。仏教和歌の研究を通じて、宗教と言葉の関係を考察している。1988年、論文「義真の生涯と作品」によって、渋沢―クローデル賞受賞。

ユーラシアの中の「こころ」

——その意味の折り重なりから

ジャン＝ノエル・ロベール

Jean-Noël Robert

日本語の勉強を始めた欧米人がそのかなり最初から気がつくように、日本語の単語の大部分については、それに最も類似していそうな欧米語の単語と意味が完全に重なるということは比較的めずらしいことである。少なくとも具体的なものの語彙以外の範囲ではそう言える。しかしながらその事実を理由にして、ユーラシアの諸言語と文化をそれぞれ独立した現象とみなし相互にたいした交流もなかったのだ、と見なすのも正しくないと思われる。それらが空間的・時間的にいかに離れていたとしても、文化の交流と言語の借用が絶えず行われていたという事実は否定できない。このことを前提にして、ここでは日本語の「こころ」という観念が、独創的なものでありながらも、実際は長い文化的・言語的交流の結果として存在しているのだということを明らかにしたい。

文化の交流と言語の借用

ヨーロッパの言語とインドのサンスクリット

フランス語のクール（cœur）やスペイン語のコラソン（corazon）という単語、そしてイタリア語のクオーレ（cuore）もみなラテン語のコル（cor）を語源とする言葉であることは明らかであり、それぞれの国の小学生だったら言われなくても直感的にわかる事実である。同じヨーロッパの言語の範囲を広げてみると、ドイツ語のヘルツ（Herz）、ロシア語のセルツェ（serdtse）、中期・現代ギリシア語のカルジア（kardia）、古代ギリシア語のケアル（kear）、現代

ヨーロッパの言語

ゲール語のクリー（croi）、古代ゲール語のクリデ（cride）等々が見出される。そして、現在では日本語になってしまったといってもいいほどに流布している英語のハート（heart）もある。それぞれの言葉の間では意味上の細かい相違があろうが、どれもみなおおむね「こころ」や「心臓」という具体的次元と抽象的次元という二つを重ねあわせた意味を持っていると言える。

サンスクリット（梵）語のフリッドとフリダヤ

さらに、インド・ヨーロッパ語の系統はユーラシアの空間をまたがっているが、東の方へ進んで調べてみると、印欧語地帯の東端においてインド文化の根本言語であるサンスクリット（梵）語にぶつかる。この言語にはフリッド（hṛd）とフリダヤ（hṛdaya）という二つの語形があるが、比較言語学に疎い人でも前者が英語のheart、後者がギリシアのkardiaに酷似していることに気がつくであろう。また、仏教が東南アジアへ伝わるにつれて、その単語はなんらかの形でタイ語などにも受容されていた。

キィエルド

以上の単語のそれぞれは、違う言語に属していながら、すべて印欧（インド・ヨーロッパ）語族という言語系統に含まれており、専門家によれば、すべてがキィエルド（*kērd）のような音で表現される語根に復元されうる（以下、*を付しイタリック体にしたものは、どこにも発見されていないが想定される語形）。この共通する語根から発展し東西にわたって多様多彩な変遷を経たにしても、これらの単語は言語学者にとっては明瞭に見分けられるような形式上の統一性を持ち続けてきた。[*1] そして、キィエルドという原印欧語の単語が遠い過去の闇に姿をほとんど消してしまったといっても、現代ヨーロッパ語で生き続けているその諸々の末裔と同じように、身体器官としての「心臓」と、精神や感情のよりどころとしての「心」を指していたことは疑いがないのである。

身体器官としての「心臓」と精神や感情のよりどころとしての「心」

中国語の「心」と仏典の漢訳

それに対して、もとのキィエルドという単語はサンスクリット語のフリダヤという形で中央アジアへ、そして仏法とともに中国に移るとともに、豊かな、そして奇妙な変容をとげることになった。よく知られているように、仏教の経典や論書の翻訳は、おもにサンスクリット語から古典中国語へとなされたのだが、その膨大な事業は一直線に完成されたものではない。チベットの場合には王室の権威のもとで早くから仏教語の定訳の語彙集が纏められ、それによる翻訳が規則的に進められたのだが、中国ではそれとは違って何世紀もの間、集団による翻訳も個人の翻訳もいわば試行錯誤を繰り返しながら少しずつ進められたので、無限に近い仏教語彙が蓄積されることになった。だから、漢字文化圏の僧侶や文人たちは、その無限の語彙の貯蔵庫の中から好きに選び取ることができたのである。

仏教の経典や論書の翻訳

さて、インド独特の観念を中国語に伝えるのには、要約すれば二つの方法があった。一つは、使用されたことは比較的少ないのであるが、いわゆる音写である。ある漢字の本来

音写

の意味を無視してその音だけを借り、原則として翻訳不可能とされた梵語の単語の発音をそのまま真似ようとするものであった。たとえばnirvāna⇒涅槃、ksana⇒刹那、dharma⇒達磨、等々。しかしもう一つには、これらの単語にも「寂滅」、「念」、「法」という立派な中国語訳もなされていたように、中国語の仏教語彙の大多数は音写によるのでなく、正当な翻訳語のタイプに属している。つまり純粋な中国語の単語によって、中国ではまだ知られていなかった観念を何とかして伝えようと努力が払われたのである。しかしチベットなどと違って、中国では早い時期から固定的な定訳のリストがあったわけではなかったために、訳語の使い方や選び方には大きな揺れと多様性が存在しつづけた。二つ以上のサンスクリットの単語に一つの漢語があてられることもあったし（たとえばbodhiとmārga⇒「道」）、一つのサンスクリットの単語にいくつかの中国語の単語があてられる（たとえばnirvāna⇒寂滅、滅度、無為）というような複雑な状況が生じたのである。

観念を伝える

「心」という漢字

そこで先のフリダヤという梵語に戻ると、それを中国語（漢文）に翻訳するのに、音写という方法はほとんど使われたことがなく、一貫して「心」という漢字があてられてきたという事実は注目に値する。この漢字は非常に古く、金石文字が示すように、もとの形は絵文字に極めて近くて、心臓という器官を解剖学的とも言えるような正確さで表すもので

＊1　この点についてJ.P. Mallory and D.Q. Adams の *Oxford Introduction to Proto-Indo-European*, p. 99の表を参照。

あった。それにも関わらず、早い時代から思惟機能を一般的に指す意味でも使われていた。リッチ学院の『中仏大辞典』を調べてみると、『詩経』では〈我心〉という熟語が〈私、私自身〉を意味することがわかる。[*2] また『漢語大詞典』に集められた古い用例を参照すると、[*3] 大昔から具体的な意味と抽象的な意味にくわえて、「中心、核心」のような比喩的意味を備えていたということが明確である。梵語のフリダヤはインドの仏教文献では、「心」の意味のうちの一部だけ、すなわち「心臓」と「核心」という意味にだけ対応している。このような使用法が日本で最も有名な経典『般若心経』では今でも生きており、その「知恵の核心」という意味はフリダヤの意味とうまく重なっている。インド仏教の心理学ではフリダヤという単語は目立った役割を果たしていないが、感情としての「心」即ち「愛、愛情」の意味はsuhrdという複合語に現れる。これは文字通り「善く愛される（人）」のことであるが、漢訳では「心友」という語があてられることもある。

ところが仏典を漢訳した人々は、フリダヤを翻訳するのに「心」という語を用いたのだが、豊かで複雑なインド仏教の心理学に現れるにしてもフリダヤとは明確に区別され器官としての心臓とは関係のないさまざまな術語を、同じ「心」という語によって中国語に翻訳した。その一々の単語をここで挙げるのは煩わしく紙数も取りすぎることになるので、チッタ（citta）、マナス（manas）、ヴィジュニャーナ（vijñāna）という主要な三語に止めておこう。その中のマナスとヴィジュニャーナは他の印欧語族のなかに明白に同じ語源を持つ

中国文化の中で豊穣な意味を持っていた「心」が新しい意味を担うように

単語を有している（たとえばmanas⇒英mind　羅mens　希menos／vijñāna⇒英to know　羅gnoscere　希gnosis）だけでなく、チッタの場合でもあえて言えばスラヴ語の語根*cit-*（「詠む、数える、考える」）と同系のものである可能性も強い。これらの単語はすべて心理的・認識的・反省的機能の領域に属しており、合理的な思惟というものに繋がっていると言える。こういう例から見ると、中国文化の中でもともと豊穣な意味を持っていた「心」という一字が、中国の訳経僧の仕事によって、インドの仏教と心理学に由来する新しい意味を担うようになったことは明らかである。

智顗の「菩提心」

ここまで来れば、中国六代の高僧智顗《ちぎ》によって書かれたいわゆる「天台三大部」の一つである論書『摩訶止観』から、短いけれども非常に興味深い文章を引用する必要があろう。この論書の第一章・第一節「発大心」で、天台大師智顗は「菩提心」という用語の意味を説明する際、梵語の語源から解説を始める。「菩提心」という用語は梵語と漢語の二つの単語を合わせたものであるから、それぞれの解釈の仕方が当然に違う。もとの梵語はbodhi-cittaであり、最初の音写「菩提」を「道」と解釈する。この「道」という非常に古く大変意義深い漢語の翻訳についても色々と注釈を加えたいがここで省略して、複合語の後半すなわちcittaに移ろう。智顗はそれを「質多」という音写の形で表した上で「心」と中国語に訳

＊2 『利氏漢法大字典Ⅰ』*Dictionnaire Ricci de caractères chinois*, I, p.693b.

＊3 たとえば〝夫民慮之於心、而宣之於口〟（「国策」）。

すときに、解説を一歩進めて次のような重要な区別を立てている。智顗によれば、同じ「心」の字がもともとサンスクリット語の二つの単語、一つはフリダヤでもう一つはチッタの翻訳であることを指摘した上で、後者のチッタの方だけが「菩提心」と関係するということに注意を喚起している。[*4] チッタの方が「慮知之心」[*5] すなわち認識する心と定義されるのに対して、フリダヤの方は「草木等心」すなわち植物の心（芯）あるいは「積聚精要」すなわち組み合わせられたものの中心部だと説明されている。智顗はフリダヤのほかの意味に触れていないが、その根本の意味は確かに要領よく伝えられている。また天台大師はこの定義を行うに際して、説明を草木の範囲に限っていることにも留意しなければならない。ひそかに草木成仏の思想を批判していたことはその時期として可能だったのかどうかはともかく、智顗は続いてはっきりとフリダヤの翻訳語としての「心」（即ち「草木等の心」の意味）が菩提心の定義と関係がないものとしてそれを無視するべしと強調する（漢文原文ではそれを「簡非」という）。こういった断言が六世紀の早い時期からなされたためそれ以上の論議が絶たれたのではないかと思われるであろうが、後に慈円に関して見るように、事態は違う方向に進展することになったのである。

大和言葉としての「こころ」

日本における「心」の成り行き

それではインドと中国に続いて、日本における「心」の成り行きをこれから調べてみよう。先に見たように、インド的・仏教的な意味を担ってきた「心」という漢字はかなり早い時期から、少なくとも『古事記』の時代から「こころ」と日本語で読まれるようになっていた。

「こころ」という和語

「こころ」という和語も中国語の「心」と同様にもともとは身体器官を示していたことは疑いない。古歌の句「大猪子《おおいのこ》が腹にある肝向かふこころ」から明らかなように、「きも」と同様「こころ」は古代日本語のごく数少ない解剖学的語彙に属する言葉である。「肺」、「腸」、「胃」などの他の器官がすべて漢語によって指し示されることとは確かに大きな違いだといえるが、他方で、非常に古い時から「こころ」の解剖学上の意味が薄くなってしまったのも事実である。臓器を示す役割はやはり他の器官なみに漢語の複合語「心臓」が果たすようになり、「こころ」は精神的・感情的な機能を指すようになった。「きも」と「肝臓」の両語の意味も同じ道を歩んできた。「肝臓試し」という言い方が存在しないと同様に、「彼はお酒の飲みすぎできもを悪くした」とも言えない。また、「心臓の病気」と「こころのや

＊4 『摩訶止観』T. XLVI, p. 4a21. ここでは智顗の使い分ける「フリダヤ」の二通りの写音字に言及することが出来ないが、恐らく誤りに基づく区別と思う。
＊5 先（＊3）の「国策」引用の文に近い表現。

まい」の意味の違いは日本人にとって一目瞭然であろう。

ところが、日本語には私が敢えて言語学者アンドレ・マルチネの「言語の二重構成」という有名な表現を少し変えて「日本語書法の二重構成」と呼びたい特色がある。つまり、中国で生じた漢字に「大和言葉」の訓読が多少とも勝手に当て嵌めさせられたという特色である。このために、「こころ」からその臓器としての意味がほとんど完全に失われたのに、大昔から漢字の「心」と対応させられたことによって、その言葉から身体器官という意味と精神的なものという意味の二元性を取り外すことは不可能となったのである。この歴史的過程の結果として、「こころ」と「心臓」が言葉としてもはや取り替えられるものではないのに、現代の日本人にとっても「こころ」はなにがしか「心臓」という意味を思い起こさせるものとなっている。これは恐らく漢字の持つ力のためなのである。

「日本語書法の二重構成」

「こころ」と「心臓」

さらに、サンスクリット語、中国語、日本語の相互作用にはもう一つの面がある。先ほど指摘したように、中国由来の漢字に大和言葉の訓読を当て嵌める習慣によって、二つの漢字に同一の日本語の単語を対応させることが可能になった。その結果、もともと区別されていた（中国の）単語が日本語では一つとなってしまう。その重要な例が「意」という漢字である。「意」にはおよそ三つの主要な意味がある。最初に、もっとも一般的には「意」は「精神的機能[*6]」を指しており、仏教経典の漢訳者によってそれに相応しいサンスクリット語のマナスの定訳として用いられることになった。場合によって同じマナスの単語は

「意」という漢字

「心」という漢字に翻訳されることもあったが、原則として「色・声・香・味・触・法」の六つの対象（六境）を知覚する六つの感覚・六根（眼・耳・鼻・舌・身・意）の中の第六覚を指す定訳として使われてきた。この意味で「心」が訳語として使用されることはあまりないので、これが「意」の第二の意味といえる。第三の意味は、やはりまさしくこの「意味」という言葉が示すとおり、「意義」などを指す。「意」という字のこの第三の意味は日本語の「こころ」にそのまま移り、ある言葉の意味や「謎々のこころ」や詩歌の「奥義」などを指す単語となっている。そして私の知るかぎり、中国語では「心」という字が「意」の第三の意味で使われることはない。

慈円の釈教歌から

さて以上の概観を前提にしておいて、以下では「釈教歌」という和歌の特別なジャンルのいくつかの例を挙げて、日本の学僧と歌人がどういう風に大和言葉の含む梵・漢・和の三重の層を徹底的に生かして、もとの三ヶ国語では別々であった意味合いを一緒にして、新しい深さを持つ意味の次元に至ったのかという過程を明らかにしてみたい。その中の

梵・漢・和の意味を生かして

＊6　英語のmind，ラテン語のmensと同系の単語。

もっとも代表的な言葉は言うまでもなく、まさに「こころ」である。ここでは特に、鎌倉初期の偉大な学者で歌人でもあった高僧の慈円（慈鎮大和尚、一一五五～一二二五）によって作られた釈教歌を例にとることにする。慈円の歌集に、鳩摩羅什訳『妙法蓮華経』から百の句題を選びそれぞれに一首の和歌を作り、それを集めた『法華要文百首』（別名は『詠法華経百首』）と呼ばれるものがある。以下では主にこの歌集から例をとったが、[*7] 他の歌集の中から「法華経・方便品」の「十如是」という教義について慈円が詠んだ歌もとりあげた。その釈教歌、より正確には法文歌と呼ばれる歌の魅力は、『法華経』の形而上学的ともいえるほどでこの世のものならぬ教えを日本語と日本の風景の中に巧みに根づかせていることに基づくのだと思われる。中国語と日本語の間で展開される微妙な対話において、結果的に、日本語は和歌芸術の精妙さを使うことによって漢語経典の可能性を限りなくひろげていったのである。さらに、釈教歌に現れる「こころ」という大和言葉は、インド・中国・日本の三国の仏教思想史の終着点として、その歴史をきわめて興味深い仕方で纏めているのだとも言えるのである。

釈教歌の魅力

「こころ」という大和言葉は三国の仏教思想史の終着点

さて、第一の例文にはいくつかの出入りがあるが、代表的な思想を反映するものとして挙げることにしよう。

あだの花　こころをしめて　ながむれば　仏の宿に　伴の御奴　　　2437（35）

こころをしめてながむれば

現代語の意味は「常のない花でも、心を込めてながめてみれば、われわれと同じように、いつかは仏になる清掃夫なのだ」となろう。

この歌で「こころ」は明らかにいくつかの意味を帯びている。その意味としては「集中力」、「詩歌への誠実さ」、「専念」を挙げられる。なぜそうなのかというと、この歌の真ん中に現れる「ながむ」という多義的な言葉の理解のためである。「ながむ」は「眺む」や「詠む」という漢字を当てることによって、「じっと見る」と「詩歌をつくる」という二つの意味を表せる。また、慈円の釈教歌では「花」が普通の花を示すだけでなく、「みのりの花」即ち『法華経』を指すのは通常のことである。この歌では「あだの花」という句は、他の慈円の歌に明確に現れる「みのりのはな」に相応するものである。[*8] また正しく理解するためには、この歌の詠まれた『法華経』の句題の前後も無視することはできない。出典は「信

＊7　これらの定本になる石川一先生による校訂本「拾玉集」（上）の中の「詠百首和歌」（八幡百首）の文に従う。ただ、場合によって、伝統的な、おもに釈教歌集に伝えられた文に依ったところもある。拙書*La Centurie du Lotus*を参照。歌の下の数字は石川先生本の整理番号であり、括弧内の数字は拙書のもの。私のアプローチは慈円の歌の正確な文章を確定するのを目的にするものでなく、釈教歌の伝統で思想的に意義のあるものを重視することである。

＊8　その解釈について拙文《From Jien to Son.en》(IRSJS, International Symposium 18, p. 157) を参照されたい。また*La Centurie du Lotus* 歌35の下を参照。

解品」第四の「窮子の比喩」であるから、「みやつこ」という言葉は言うまでもなく経の中にある「除糞」のような非常に汚い仕事をさせられた貧乏息子のことを指している。その貧乏息子は段々に出世し、大団円ではついに長者のむすこ、即ち仏陀の子としての尊い身分となることが明かされることになる。したがって当然、歌の中の「花」には清掃夫の貧乏息子と同様にいつか仏になるという教えが込められていることになる。この歌では、人間の心と草木の心には平等の地位が与えられているのである。

次の歌は、表面的に違っていても、実はその両方の次元を繋げると見なしてもよいものである。

今日の空に　あまねくそそぐ　雨の色は　皆人ごとに　心にぞそむ　2447（43）

恐らく現代語訳はいらないと思うが、「法華経」の句題を参照すると、この歌では慈円が一種の感覚の転移を行っていると言える。経では「如一雨味」即ち雨の味に法の味がたとえられているのに対して、慈円は「色」という言葉を選ぶことによって違った感覚に話を移し、「色」、「心」、「染む」の三つの縁語を使えるようにしている。多く恋の歌で使われるこの縁語は、愛する人の心が愛される人の思いに染められることを描写するだけでなく、咲く花を眺めて夢中になる人の心地にも使われる。ここにも人間の恋と自然への愛情という

「色」、「心」、「染む」

二通りの意味合いが含まれていると思われる。「薬草品」第五では、仏陀の説教が衆生に与える利益が種々の植物に降るおなじ雨の多様な恩恵に喩えられている。前の歌と同様に、人間と植物の両世界を仲介し繋げる働きを果たしているのは、「こころ」という言葉なのである。

人間と植物の両世界を繋げる

次の歌には「こころ」のもう一つの面が見えてくる。

吉野山　奥に心の　澄みぬれば　散（る）花もなし　咲く枝もなし　2492（89）

特に現代語訳を要しない歌であろうが、吉野山は仏教行者の修行場の別名であるから、ここでは「こころ」というのは至上の清い状態すなわち悟りの境地に達した精神を指すものである。『法華経』の句題では「如来如実知見三界之相、無有生死」（江戸時代の古い読み下しを借りると「如来は実のごとくに三界のすがたをしろしめし見たまえり。生死あることなし」）とあるから、もし歌の「咲く枝」が経に言う「生」に「散る花」が「死」に当たるならば、「奥に心の澄みぬれば」は当然「如来如実知見」即ち「佛知見」に対応することと考えられる。

悟りの境地

こういう観点から慈円の『夏日舎利講演次同詠十如法文和歌』のなかの「如是相」の歌を比較してみると、ますます意義が深くなる。

よしの山　雲か花かと　ながめけむ　よそめはおなじ　心なりけり　(146)
(異本には「よそめはおなじ」の代わりに「こころはおなじ」とある)

この和歌の中の吉野山は、悟りの場というだけでなく、遠くから見て眺める人には春に降った雪は咲いた花や白雲に見えるという錯覚を起こしやすい場所でもある。ただ、覚めた心にはその錯覚はもう意味がなくなり、真実のすがた(相)をそのまま見通すとこの歌は強調する。真実の姿にはもう区別がないから、多様多彩の現象にかかわる見方、すなわち俗世間の見方(よそめ)はあろうが、多様性のかなたに唯心の次元がある。また、「よそめ」を「こころ」とする異本の読み方も大変興味深い。俗世間の中で多彩な錯誤を犯す多心の奥に、真世間の一心があるという意味になるからである。

唯心の次元

こういった解釈は次の歌のなかでより深く表現されている。

悟り行(く)心の水に　染めぬれば　いかなる色も　たがふ物かは　2505 (102)

これは経文にある「皆与実相不相違背」(同じ江戸時代の訓読はそれを「みな実相とあいそむきそむかず」と読ませる)という文を詩歌の形で実にうまく言い換えている歌である。真理の次元の実相を観ることのできる悟った心にとっては世間の諸々の現象的存在は根本的には唯一の現実と変わらないと唱えるわけであるが、最終的な意味は前の歌と極めて近い。特に「たがふ物かは」（＝違うもんか）という文と、前の歌の「よそめ」が「よそから見て見まちがえること。また、その見まちがえた姿」（『日本国語大辞典』）という定義を持っていることを考えあわせると、両歌の意味がどれほど深く繋がっているかが分かる。ここでも「こころ」というのは二つの世界を統一する機能であると言えるであろう。

「こころの水」

しかし、この歌の「こころの水」という表現はなかなか読者の注意を引くものである。どういう心境をその言葉によって描写しようとしているのだろうかという疑問に解答を求めるには、もう一つの「十如是歌」をよりどころにしなければならない。そこでは「こころ」という単語は欠けているだけに、ますます我々の注意を引くものとなっている。

なつの池に　もとよりたねの　あればこそ　にごりにしまぬ　花もさくらめ　（147）

夏の池に咲くところの花は言うまでもなく蓮の花すなわち『法華経』であるが、このことの理解はもう容易に得られるであろう。また、他のところで論じたので[*9]ここでは繰り返さ

*9　拙論「和歌に依る法華経の解釈」p. 8（*Proceedings of the 26th International Conference on Japanese Literature, Tokyo, 14th-15th, Nov. 2002,* National Institute of Japanese Literature 国文学研究資料館）を参照。

ないが、「もとよりたねのあればこそ」と「にごりにしまぬ」の両句は、それぞれ「本有種子」と「不垢」という漢語の翻訳として、「種子識」と「無垢識」（阿頼耶識と阿摩羅識）を指す表現である。さらに、「池」は歌においては「こころ」の比喩として頻繁に現れていることから見ても、この歌全体が仏性の宝庫としての「こころ」を詠んだものであることがおのずからわかる。歌は「如是性」という題のもとに載せられたことからしても、この解釈に疑いの余地をないと思われる。

「池」は「こころ」の比喩

「こころ」と植物との関連は、次の歌で一種の究極にまで達していると言えよう。

木も草も　根つき枝葉も　きざすより　人の心の　たねもさこそは　(148)

同じ「如是性」という題のもとにある歌であるが、ここでは植物の生と人間の生は平等に扱われている。両世界は「根」と「心」を媒介として完全に同一視されている。先にも見たように、「根」は両世界に属する言葉であり、草木の世界ではねっこを指すが、人間の世界では六根（六感覚）を意味する。「心」は人間のこころでもあり、漢字の「心」を通じて植物の「心」（芯）をも指している。慈円は天台宗の偉大な学僧であるが、その天台宗の開祖とも言われる智顗の先述の注意を無視して、チッタとしての心とフリダヤとしての心という二つの意味を一つにしてしまっているのである。このように意味を一つにしてしまうと

「根」と「心」

いうことは天台宗の学僧にとって非常に大胆なことであるが、それは和歌という枠組を上手に使うことによって可能となったことなのである。

以上いくつかの歌を例に挙げて、日本語に独特と思われる「こころ」という言葉の豊富で多様な意味は、なによりも和歌なかんずく釈教歌の世界でもっとも独創的に展開されたという事実を証明しようとした。また、そのような事実の理由も明らかにしようと努めてきた。それは決して偶然の成り行きではない。まさしく世代を経て釈教歌を詠んだ学僧たちが、意識的に詩歌の語彙が持つ意味の可能性と、仏教の教義に関わる可能性を極限まで使いこなしたからこそ出来た成果なのである。

天台宗教義の奥義に通じていた慈円はおそらく、明瞭に相互矛盾している観念を矛盾のままに放っておくことが出来なかったのであろう。天台学僧である慈円は矛盾している文章や教義を解決（会通・和合）して最高の真理に融合させることを知的な義務と見なしており、智顗が『摩訶止観』の冒頭で区別した「心」の意味を歌によって会通しなかったとしたら、一種の知的不満を懐くことになっていたのだろうと思われる。もちろんそれは慈円ひとりにとどまる話ではなかったのであろう。それを天台宗の歌人一般に流布していた傾向と見なした方が適当かもしれないが、慈円こそがその思想傾向をもっともはっきりと代表しているのである。

「こころ」という言葉の豊富で多様な意味

「こころ」の多層性――ヒエログロシアの典型

日本語の「こころ」という単語の成り行きを簡単に纏めてみよう。インドではいくつかの単語、特にチッタとフリダヤの両語は全く独立していたのであるが、中国語への翻訳過程を経て「心」という一字を以って和合された。しかし、文字として統一されたとはいえ、まだそれを解釈するときにはきちんと区別がなされていた。そして、日本の伝統的詩歌の和歌では「こころ」という大和言葉にいたって、インドの言葉と中国文字が含み込んでいた多層的な意味が完全に和合されて、日本語に独特だとよく言われている「こころ」の世界をつくってきたのである。

私は別のところで、[*10] ヒエログロシア（神聖言語制）という概念を提案し、それを言語間の上下関係に基づく宗教と思想の相互影響の歴史と現状を対象とする分野と定義しようとしたことがある。「こころ」という日本語は理想的にともいえるほどに、このヒエログロシア的関係を示していると言える。梵・漢・和の三ヶ国語を連ねて、インド・中国・日本の世界観と心理学的諸観念を融合するものである。その影響関係の末端に位置し、それ以前のインドと中国にあったさまざまな意味を「こころ」という日本語は結晶化しているのである。

ヒエログロシア（神聖言語制）

「こころ」の語源——ある言語学的空想

さて、拙文の最初で、印欧比較言語学の観点からハートとフリダヤの語源に言及しておいた。おおよそ十二言語群に分かれている印欧語族では、ハートの語源を共有している言語群は十一もある。その単語の跡が全く残らないのはアルバニア語だけである。十二言語群のうち十一言語群に共通しているという事実だけでも、復元された語根キィエルド（*kērd）がいかに古いかということが明瞭にわかる。しかし原始インド・ヨーロッパ語が発生する前に、ユーラシアという巨大な大陸空間にいろいろな言語がすでに存在していたことはもちろん疑いない。その古い言語が跡を全く残さずに姿を消してしまったとは想像しにくい。ある言語学者は、ユーラシアに現存している印欧語族、トルコ語族、モンゴル語族、ツングース語族、ウラル語族、あまつさえヘブライ・アラブなどのセム語族も、「ノストラティック」と呼ばれた共通の原始語族に由来していると推定している。この大胆な学説は幻想にすぎないかもしれないが、原始印欧語が出来る以前にも、いくつかの単語がどの語族にも属していないまま、ばらばらにユーラシアの諸言語を通じて東西に漂っていたと想像することはできる。その少数の単語のなかに「こころ」か「キィエルド」のよう

ユーラシアという巨大な大陸で

＊10　拙論《Hieroglossia: A Proposal》

な言葉があったと推定することはできないであろうか。

しかし、その可能性を考える前に「こころ」という日本語の語源についてひと言触れてみたいと思う。周知の通り、西洋の主な言葉では「語源」というのはおおむねギリシア語のetymologiaすなわち「真実の言説」を意味する語にさかのぼる。古代の思想家にとって、ある言葉の語源を知るとはその言葉とそれが伝える観念が本当だと分かることであった。現代の文献学者は語源についておそらくそういう風に考えなくなったと思われるが、それにもかかわらず、正しい語源が分かることによって、ある言葉の歴史と本来の意味について欠かすことのできない知識が得られるものである。「こころ」のような、日本文化の中で中心的な位置をしめる言葉の語源が分かれば、その思想上の発展過程に新しい光があてられることになるということは、誰も否定できない。

「こころ」という日本語の語源

そこで、『日本国語大辞典』の「こころ」の項目の最後についている「語源」の部分を読むと、おもな説が十以上あることが分かる。大雑把に言えば、その説は二つに分けることができる。一つは「凝る」という動詞の変化に基づくという説（たとえば「小凝り」とか）であり、もう一つは「ここら」すなわち「ここのへん」に遡るとするものである。これらの説は、誰でもそれを読めば分かるように、語源としては偽りにすぎない。言語学的方法による学説ではなく、むしろ駄洒落に近い連想ゲームと言うべきである。先に見たように、「きも」と「こころ」は日本語の中でも非常に古い語彙層に属している。それほどの大昔か

こころの俗流の語源説

ら和語の中で存在している単語を、「小凝り」や「こころ」のような、単純というだけでなく、明確に後の時代の比喩の類に帰されるような語源もどきで説明しようとするのは、果たして合理的な方法と言えようか。仮に英語の単語「ハート」に戻って同じ方法によってその語源を明らかにするとすれば、heart（心臓）は hard（ハード＝「硬い」）とか here（ヒアー＝「ここ」）に遡らせようとすることになり、無理で偽りの語源になるのである。言語学・文献学者だけでなく、素人でもそんな駄洒落のような理屈を聞けば抱腹絶倒するであろう。先でも示したように、英語の「ハート」の語源を正確に尋ねようとすれば、印欧語のキィエルド（**kērd*）まで遡るしかない。ただし、その原印欧語のキィエルドという単語そのものの本来の意味に、「心臓」のほかに比喩として説明されうるような要素があったのかどうかという疑問には返事しようがないのであるが。

言語学的方法

　そこで、こういう言語学的方法を日本語の「こころ」の語源探索に適用しようとすれば、どういうことが言えるのであろうか。まず、どんな言語でも、根本語彙層に属する「心臓」のような単語をはっきりした複合語（あまつさえ現代人でもわかるような複合語）として分析しようとするのは無理である。おそらく和語の「こころ」は最初から「こころ」しか意味しなかったであろう。安堵して胸の「こころ」を撫ぜるから「こころ」と言うようになった、という類の説は落語家に任せた方がいい。そうすると「こころ」は、歴史の上で日本語以前の段階まで遡ってみなければならないことになる。だが、ここで当然のことながら、日本語と同じ言語系統の言語があるかどうかまだ分かっていないではないかという反論が出されることになる。さまざまな仮説が昔から提案されてきたが、どれ一つとして決定的に証明されていない。そういう言語学的な暗闇の中で日本語の外部に「こころ」の語源を探すのは、幻を追うような理不尽な努力だとも思われよう。

日本語の外部に「こころ」の語源を探す

しかし、幸いにも、あるいは、奇跡的にもとでも言うべきか、非常にかすかではあるけれども、日本語あるいは日本語の祖語とでも呼べる言語の存在を示す具体的な証拠が、一世紀以上前から確認されている。高麗時代の史書『三国史記』(一一四五年編)の「地理志」の中で、朝鮮半島の北部に紀元前後から唐時代まで続いた王国の地名が百個以上音写の形で記録され、その音写の横にはもとの意味が漢字で表されているのである。この貴重な資料のおかげで、日本語と同系統と思われる言葉が東アジアの大陸に存在していたという仮説がかなり補強されたのだが、この問題をここでは簡略化して一つの事例だけに注意してみたい。その記録リストのなかに[*11]「居戸」という音写があり、その横に漢字で「心」と解釈されている。詳しい説明をここで述べることはできないが、言語学者は「居戸」のことを*kor(コル)と復元するのである。和語の「こころ」と著しい関係がある単語である。他にも、「たに」、「やま」、「三」、「七」などという日本語と直接につなげられる言葉の数を考えてみると(六〇パーセントがそうであるとされる)、偶然と思われない関係にたっているといえる。しかし、言語間の全体的な近親関係を無視して、*korと「こころ」の繋がりだけに焦

*korと「こころ」の繋がり

古代トルコ語のkögüz（胸）

点を絞ると、ユーラシア空間にまたがって類語が見出される。なかんずく現代トルコのgöğüşにあたる古代トルコ語のkögüz（胸）と比較すると、最後のzとrの変換は問題なく可能であるから、完璧といえるほど「こころ」と対応している。実を言えば、高句麗語の*korよりも古代トルコ語のkögüzの方が「こころ」に辻褄よく合うという気がするが、それは『三国史記』の「地理志」に高句麗の地名が記載されたとき、「居尸」の冒頭にあった一字が脱落したと想像するのは難くないことだからである。*kokorという単語が復元され得るのだとしたら、「こころ」の語源の問題が解決されたと言えることになろう。

しかし、もし仮にでも*kokorではなくて*korの形が正しいとしても、もう一つの空想あるいはサイエンス・フィクションに近い言語的関係を想像することができる。ギリシア語では最も古い「心」の単語はkear（kēr）であるが、その単語の活用の与格形（kēri）が示すように、一番古い語根にkardiaに現れるdの音はまだなかった。それは高句麗史料の*korに見事に重なると認めなければならない。また、言うまでもなく、音の上でラテン語のcorと完全に一致することになる。この一致は偶然によるのかもしれず、決して早合点して結論を出すべきではなかろう。けれども、厳格な言語学の枠を超えてよいのであれば、イン

＊11　板橋義三先生の「高句麗の地名から高句麗語と朝鮮語・日本語との史的関係をさぐる」（『日本語系統論の現在』一四三頁、一七一頁）を参照。

ド・ヨーロッパ祖語の時代と、ある言語学者によってトルコ語の祖先とされているいわゆるアルタイ祖語の時代をさらに遡って、ノストラティックという幻の言語の一単語として、ユーラシアの東西にさまよっていた音声的に*kor に似たような言葉があったのではないかと推定できそうである。印欧祖語の*kērd, 古代ギリシア語のkear, 高句麗地名の*kor, 古代トルコ語のkögüz, 日本語のkokoro が偶然の空似ではなく、具体的な歴史以前の交流によって繋がっているという幻想言語学的な推定が仮にも許されるならば、先に述べたような日本文化の中で繰り広げられた「こころ」の豊富な意味は、より広範な文化史的な背景によるものだったのだと認めざるを得ないことになるであろう。

ノストラティックという幻の言語

幻想言語学的な推定

こころとことば——西行とゴーレム

終わりに、「心」と「言葉」の関係について、日本の仏教思想とヨーロッパの一部としての近代ユダヤ教思想の間に現れる奇妙な対照を指摘しておきたいと思う。十三世紀の中葉頃に成立したと思われる、偉大な僧侶であり歌人である西行に仮託される説話集『撰集抄』の一話に「西行(は)高野の奥において人をつくるの事」と題された話がある。[*12] その挿話のあらすじを簡単に纏めると、次のようなものである。西行という歌人が高野山で一人で修行していたころ、月見の折に、おなじくそこに住んでいた行者とよく一緒に歌を詠んだり

「西行(は)高野の奥において人をつくるの事」

していた。が、あるときその仲間の行者が急に別の用事ができたので、西行の相手になることができなくなった。一人で月見するのがつまらないと悩んだ西行は、野山にばらばらと散らばっていた骨を組み立て、人間、というか動く人形を造ることにする。何とかして人間の姿に似たような生き物を造り上げるが、やはり無用な長物にすぎない。なぜなら、確かに声を出せるが、それは歯の浮くような管弦の楽器の音に似たものでしかなく普通の人間らしい話はできないからである。この箇所に『撰集抄』の無名の著者は、非常に興味深い次のような解説を加える。「人は心ありてこそは、声はとにもかくにも使はるれ」、即ち「人間にはこころがあるからこそ、声（＝ことば）をなんとかして使えるものである」。この簡潔な文では、「こころ」というものは言語機能の前提であることが明白に強調されている。ここでの「こころ」は慈円の歌の中の「心」に非常に近い関係にたっているのである。[*13]

以上のように見ると、『撰集抄』の説話は言葉と関連して間接的に二つのテーマを扱っていることになる。一つは、ここで示そうとしたとおり、歌人だけが操れる言葉の力をもって人間を造るということである。もう一つは、言葉と「心」の関係である。ところが、ユーラシアの西端にもこれと驚くほどに酷似したテーマを扱う物語がある。いわゆる「ゴーレ

*12　原文：「西行於高野奥造人事」。ここで西尾光一氏校注の岩波文庫の文章（一五七～一五九頁）を参考にする。

*13　しかし完全には一致しないことは、後段の文章「心のなければ、ただ草木と同じかるべしと思へば、人の姿也」からわかる。この説話のもう一つの場面については、拙論「言葉の力・中世釈教歌の意味論」で言及した。

ム伝説」を伝える諸々の文章である。そのモチーフの歴史を研究した碩学ゲルショム・ショレムの解説によると、ゴーレム伝説は一九一五年にグスタフ・メイリンクの小説『ゴーレム』が出版されてヨーロッパ中に有名になったのではあるが、その伝説は十二世紀晩期に発生して、十六世紀プラハのマハラルという名で知られた人物を中心にした十九世紀の小説を通じて成立したものである。[*14] ここではマハラルのゴーレムと西行の造った人形の相違点を詳しく討論する余裕はないが、一つの点だけは取り上げる必要があると思う。それは、両方とも言語機能が欠けているために完全な人間に成りえていないが、その欠陥の原因についてでは正反対に考えられているという点である。すなわち、『撰集抄』のなかで西行が造った骨の人形には「心」がないがために言葉ができないのだという、言ってみれば心理的な因果関係が述べられているのに対して、ゴーレムという人工人間が無言のものとして造られたことの原因は宗教的・哲学的なものなのである。西行の場合に人形が話せないことに人形がこころを持たないという構造上の欠点があるが、ゴーレムの場合は違う。ユダヤ教の立場から、完璧な人間を造ることは神にしかできない業であり、それをやろうとする人間は自分が神と等しいものになろうとする邪教的な魔術師にすぎず、冒瀆的な行為だとも言える。言葉を話せる人間を造るとは自分を神と等しくするということであるが、人間はこの神業を完成することができない。だからこそ、声を出せるものは造れるが、その声を組織的な言語として調整することは人間には不可能なのである。ショレムの解釈を簡

ゴーレム伝説

言語機能が欠けている

完璧な人間を造ることは神にしかできない

単に纏めるとすると、ゴーレムは人間の最高の機能である精神を欠いているからこそ言葉ができないと、中世からルネサンスまでのユダヤ教の思想家たちは考えていたのだということになろう。[*15]だが、その精神の有無を決める標準はゴーレムの伝説の場合、言語そのものである。すなわち、話せるということ自身が「たましい」があることを証明するものである。そうしてみると、これらの造られた人間は、西行の場合は「心」がないから無言であり、ゴーレムの場合は無言であるから精神がないのだと考えられるのである。[*16]しかし、このように観点が違うとしても、中世日本仏教の環境でも中世ヨーロッパのユダヤ教の環境でも、言葉と心の関連が充分に意識されて、それぞれの文学の中に現れていることは極めて興味深いことなのである。

文学の中に現れる言葉と心の関連

＊14　たとえば、Gershom G. Scholem 著の *On the Kabbalah and Its Symbolism* 中の“The Idea of the Golem”を参照されたい（Schocken Books, New York, 1973, pp. 158-204）. また *Le messianisme juif — Essais sur la spiritualité du judaïsme*（英語原文 *The Messianic Idea in Judaism and Other Essays on Jewish Spirituality*, New York, 1971）中の“Le Golem de Prague et le Golem de Rehovot”.

＊15　“The Idea of the Golem”，特にp. 191“Could golems speak?”以下の文。

＊16　紙数からここで詳述できないが、ここには道徳上の問題もある。『撰集抄』の中の西行は、話せないから役に立たないけれども、その人形を破壊するのを躊躇する。「破らんとすれば、殺業にや侍らん」（それを破れば、殺生という罪を犯すことになる）ので、それをどこかに捨てた。それに対して、ショレムはゴーレムを殺すことが宗教戒律を犯す行為だとは見なされなかったと述べる（同、p. 195）。

参考文献

間中冨士子『慈鎮和尚及び拾玉集の研究』、第一書房、一九七四年。

板橋義三「高句麗の地名から高句麗語と朝鮮語・日本語との史的関係をさぐる」、アレキサンダー・ボビン、長田俊樹共編『日本語系統論の現在』中（日文研叢書三一）、国際日本文化研究センター、一三一～一八四頁。

ジャン＝ノエル・ロベール《Hieroglossia: A Proposal》, in *Bulletin of the Nanzan Institute for Religion and Culture, 30* (2006), pp. 25-48.

――――《*Reflections on Kokoro* in Japanese Buddhist Poetry: A Case of Hieroglossic Interaction》, in *Bulletin of the Nanzan Institute for Religion and Culture, 31* (2007), pp. 31-40.

――――「言葉の力・中世釈教歌の意味論」, in *The Global Stature of Japanese Religious Texts: Aspects of Textuality and Syntactic Methodology,* edited by Yasuro ABE, Graduate School of Letters, Nagoya University, 2008, pp. 171-181.

謝辞

私の下手な文章を読めるような日本語に直すのに大変苦労なさってくださった川添信介教授に深く感謝する。

若者の〈こころ〉とぼんさん

杉若恵亮

SUGIWAKA Eryo

すぎわか・えりょう

日蓮宗法華寺三十五世住職

1959年、京都府生まれ。1988年より毎月開催の「つきいちボンサンと語ろう会〜ボンズクラブ」をスタートさせた。「出逢いあれば別れあり。別れなき出逢いはないが、別れるために出逢うのではない」を信条に、人との出逢いを続けている。コミュニティFM／京都三条ラジオカフェでのメインパーソナリティ（京都三条ボンズカフェ）など、メディアでの出逢いも精力的に進める。宗派の僧侶でつくる「京都立正平和の会」でも活動中。

「ヒガンのチュウニチ」というフレーズに敏感に反応するのは、僧侶として当然の事であるが一般にはどうだろう?等とかつては考えすらもしなかった。安易に「若者」という雑駁な括りですべてを論ずる事が出来るものではないが拙僧の周辺で出会う「若者」は、着実に日本文化に対する知識レベルが低下してきていると言わざるを得ない。ある若者曰く「ヒガンのチュウニチ」は「中日ドラゴンズの悲願の優勝」を略した表現ですか?と拙僧に聞き返して来た。正直自分の耳を疑った。しかし口頭会話のやりとりだけで「ヒガン」と「チュウニチ」をその若者の持ち合わせている語彙から構成すれば確かにそれも否定できない解釈ではある。

「若者」は、どの時代もどのジャンルでも真新しい感覚で古き習慣に抵抗し、反旗を翻し型破りの先駆者であってほしい、などとは望むなかれ……。型破りとは、型にはまる経験があってこそ反動として起こすものであるし、それが日本の文化性でもある。現代日本において「型」への執着、「型」に対するこだわりが完全に欠落してしまったと実感する瞬間を味合わせてくれるのが「近頃の若者」の特徴と言える。戦後、敗戦国日本がサバイバルとして選択せざるを得なかった道を六十余年間歩んできた結果が「近頃の若者」なのかもしれない。

いつの時代も一部の若者を捉えて全体像と見極めてしまいがちであるが、この平成における「若者」論評は、個々の能力は認めた上で全体像を評価する方がむしろ的確だと思うのである。何故なら現代のこの混沌とした不安定な国政にあって「近頃の若者」は一切アクションを起こさないし、ましてや徒党を組んでクーデターを起こすなど今のところまず有り得ないからである。この先もおそらくないであろう。果たして日本人としてのアイデンティティとは一体何であるのかと問う事すら虚しくなる。とはいうもののすべては連鎖であり縁であり、「近頃の若者」と拙僧との関係は互いの存在を認識し合っているが故にこうして評し論じている訳だから、その彼らの心理や思想を批判的に言うべきではないと、「ぼんさん」として相互の理解を求め、「近頃の若者」へのアプローチを普段から試みているのである。

世の中の移り変わりに敏感に反応を示す「若者」は「ぼんさん」との距離をどう置いているか、「仏教」を「若者」にもっと身近に感じてほしいと思い、拙僧や他の青年僧達とで約二十年前から街中の喫茶店を借り切り、「若者」をターゲットにフリートークの会（「ボンズクラブ」という）を開催してきた。現在はジェネレーション問わず参加者を募っているが当初は「若者」がターゲット、だった。

「ぼんさん」との遭遇が希薄になっていった一九七〇年代から一九八〇年代にかけての核家族化、ベッドタウン化等の要因も含め、それに連鎖して新地域の無宗教ゾーンの構築、当然神事仏事との疎遠化が促進していくのである。その時代の変遷に対して宗教側は一体どんな対策を取ったたか、それは社寺運営のための対策であった。

しかし無宗教ゾーンのニュータウンの新核家族にも当然「心」と「命」という人生の根幹に脈々と流れる大命題と真剣に向き合わなければならない日がくるのである。一九八〇年代半ばあたりから当時の「近頃の若者」はやはりその大命題に対し、何をか求めんと動き出した。その頃、拙僧は「若者が心と命に向き合い宗教や精神世界に傾倒していく五〇の要因」と題して拙僧なりに分析していたが、幾つかの新教団はそういう時代の流れをいち早く捉え「若者」の動向を緻密に細分化分析し着実に対策を講じて、人生の大命題に迷妄する日を必ずや迎える「若者」の受け入れ態勢を整えて敷居を低くし門戸を開放し、さらには勧誘や広報までして待ち受けていたのである。

八〇年代後半、数人の青年僧も様々な取り組みをし、拙僧も前述の通り真剣に取り組んできた。あれから約二十年、「近頃の若者とぼんさん」はまた新たな距離感が生まれようとしている。

拙僧が座談会を始めた頃のターゲット「若者」が今もう親となり、その子供達が大学生、中高校生、なかには社会人もいる。彼らもやはりいつか人生の大命題と真剣に向き合う日が来る。「ぼんさん」として「死者儀礼」の導師としての役割だけではなく、時代の変遷の象徴である「近頃の若者」とどう対峙していくか常に触覚を働かせておくべきと考えている。

「個」の幸福感を煽る現代風潮にあって内向的にも外向的にも「個」にとってどうであるかが「近頃の若者」の思考回路の感がある。そこに連帯感は生まれない。慈善活動、文化的探求、自己探求、存在意義等にどの時代も「若者」は関心を示すが、「近頃の若者」の特徴はそれらが「個」にとってどうであるかの匙加減で対応が決まるということではなかろうか。関心度によって枝葉の伸長に差はあるにせよ、まるで「個」との関係に連鎖の無いものは関心すらなくなる。「悲願の中日優勝」と解釈した若者が「彼岸の中日」をまるで見聞きした事がないはずはないと思うのであるが……。

とにもかくにもセーフティゾーンにどう「個」を維持していくかが「近頃の若者」の日常の世渡りであり、その「個」が「孤独」の「孤」へと発展していく盲点に、我々「ぼんさん」は警鐘を鳴らすべきと思うのである。

「個」はやがて「自己」の「己」に気付き、「己」はあらゆる巡りと繋がりで存在していると目覚めて欲しい、と「近頃のぼんさん」は願い訴え続けていくのである。

こころとは…

「自分以外はバカ」と思いこむような「仮想的有能感」をもたらすことがある〈こころ〉。それを避けさせるのは、自らと他者の両方を尊敬しながら、共感的理解をもたらすコミュニケーションの力であろう。

はやみず・としひこ　名古屋大学大学院教育発達科学研究科長、同教授

1947年、愛知県生まれ。名古屋大学教育学部卒、教育学博士。大阪教育大学助教授、名古屋大学教育学部附属中・高等学校長などを経て、現在名古屋大学大学院教育発達科学研究科長。専門は教育心理学。主に、動機づけのメカニズムや発達の研究に従事。最近は感情の問題にも関心があり、感情を中核にした動機づけ理論を模索している。著書に「他人を見下す若者たち」（講談社現代新書）、『自己形成の心理——自律的動機づけ』（金子書房）、『生きる力をつける教育心理学』（共編著、ナカニシヤ出版）、『動機づけの発達心理学』（共著、有斐閣）、『レジャーの社会心理学』（監訳、世界思想社）など。

萎縮しながら膨張する〈こころ〉

速水敏彦

HAYAMIZU Toshihiko

萎縮と膨張と

大方の物体は収縮したり膨張したりする。人間も例外ではない。失敗に打ちのめされ、頭を抱え込み、恥や恐れから外出もしたくないと思う日もあれば、努力が報われたり、運よく意中の人に声をかけられたりして舞い上がり飛び跳ねたい気分になる日もある。そういう意味では、人の心に萎縮と膨張が起こるというのはきわめて正常なことといえる。

その正常な心の萎縮と膨張は通常、本人の体験の質や、外的事象の相違により生じるといえる。しかし、本稿で扱う変化は萎縮している心が何の客観的根拠もなく、いわば自動的、無意識的に膨張する心を導く心理的機制（メカニズム）である。より具体的にはここでいう「萎縮する心」とは大志を抱くことを嫌ったり、リーダーになりたがらなかったり、ウツや無気力の傾向を意味している。他方、「膨張する心」とは悪いことをしても素直に謝らず、悪いのは自分でなく、他人だと主張したり、自己愛傾向が強く、「オンリーワン」を確信していたり、「ポジティブ・イリュージョン」をもって将来を楽天的にみる傾向を指している。この心理的機制は多くの現代人、特に若者たちに形成されているように思われる。

膨張する心

この膨張した心を筆者は本物でない有能感という意味で仮想的有能感と呼んでいる。そして、それは自分がこれ以上萎縮していかないために、勝手に他者を軽視し、「自分以外はバカ」と思いこむことで無意識的に自分で作り上げた有能感である（詳しくは拙著『他人を見下

本物でない有能感

す若者たち』講談社、二〇〇六年、参照)。

人は誰も本来は自由に羽ばたきたいと願っている。しかし、現実にはそれほどうまくいかない場合が多い。自分に劣等感や羞恥心が蓄積すれば自我は自然に萎縮する。しかし、それは自分を無理に狭い空間に押し込むようなものできわめて不快なことではある。最近、ひきこもりぎみの若者が無差別殺人的事件をおこし、世間を驚かせたかったとか、注目されたかったなどという犯罪者本人の陳述が新聞報道されているが、これは萎縮して内に累積されたエネルギーが一気に膨張し、強烈な瞬時的な仮想的有能感として爆発したものとみることもできる。

仮想的有能感として爆発

不安定な自我の収縮運動はいつの時代にも若者に特有のことかもしれない。しかし、膨張のエネルギーが自らの努力によるのでなく、一方的な他者軽視に基づくところに特徴があろう。こうした膨張は確固とした根拠がなく、かつ一時的なもので、そのような自我は早晩、再び萎縮する。

無意識としての仮想的有能感

筆者が問題にしている仮想的有能感はあくまで仮想的なもので本物の有能感ではない。しかも、それは本人自身が意識しているというよりは無意識的なものと想定される。それゆえ、直接、仮想的有能感は測定することはできず、速水・木野・高木は仮想的有能感の顕型である他者軽視を測定する尺度[*1]を構成した。[*2] ところで、仮想的有能感が一時的にせよ自己肯定感を伴うものであるとするとそれを明らかにしておく必要がある。しかし、これまでの我々の研究では、いわば本物の有能感を代表するものとしてとりあげた自尊感情と仮想的有能感にはなんの相関関係もないことが確認されている。最近の研究では先の質問紙で測定したような通常の自尊感情を、意識しうるものとして顕在的自尊感情と呼ぶのに対して、意識されていない自尊感情である潜在的自尊感情というものもあることが指摘されている。だとすれば、無意識的という点で共通する仮想的有能感は潜在的自尊感情とむしろ正の相関関係にあると予想される。西野・小塩・速水は紙筆版ＩＡＴ（Paper and pencil version of the Implicit Association Test）を用いてその検討を行った。[*3]

この測定法の考え方としては、人の態度や行動には意識的部分（顕在的態度）と無意識的な部分（潜在的態度）があるとするところから始まる。[*4] 潜在的態度とは社会的対象に対する感情・思考・好意を媒介する内省的に識別できない過去の経験の痕跡と定義される。他方、顕在的態度はとくに質問紙でおこなう自己の特徴についての評価などによるので自己懸念が高まり、要求特性、印象操作などの反応要因が結果に反映されていると想定される。潜在的態度はそのような不純物がはいらないという点では真実に近いともいえる。そして、この潜在的な側面を測定するものとして潜在連合テスト（ＩＡＴ）が開発されている。これ

他者軽視を測定する尺度

自尊感情と仮想的有能感

潜在的自尊感情

潜在連合テスト（ＩＡＴ）

は原則的には対象概念と属性概念の組み合わせによる分類課題の反応時間を利用し測定しようとするユニークなものである。反応時間は本来パーソナルコンピュータを用いてなされるが、紙に印刷された刺激語を時間内にできるだけ多く分類する紙筆版IATもあり、ここではそれが用いられた。もう少し具体的に言えば、対象概念として「自分」と「他人」の概念をあて、属性概念として「快い」と「不快な」などの概念をあてた。そして、たとえば「自分」または「快い」の概念に属する単語が提示されていれば左側にチェックし、「他人」または「不快な」の概念に属する単語が提示されたら右側にチェックするようにする場合と、「自分」または「不快な」の概念に属する単語が提示されていれば左側にチェックし、「他人」または「快い」の概念に属する単語が提示されたら右側にチェックするよう

＊1　「尺度」とは心理学の調査研究でよく用いられる多くの質問項目からなる検査のことである。仮想的有能感を測定するために我々は、一一の質問項目に五段階評価で答えてもらい、他者軽視の度合いを見るようにした。そうすると、友人から無視された、先生から注意された、周りから信用されていない、といった人間関係で失敗の頻度の高い人ほど仮想的有能感が高い傾向にあった。

＊2　速水敏彦・木野和代・高木邦子「仮想的有能感の構成概念妥当性の検討」、『名古屋大学大学院教育発達科学研究科紀要（心理発達科学）』五一巻、二〇〇四年、一～七頁。

＊3　西野拓朗・小塩真司・速水敏彦「仮想的有能感と潜在的自尊感情の関連について」、『東海心理学会　第五六回大会発表論文集』、二〇〇七年、五五頁。

＊4　Greenwald, A. G. and Banaji, M. R., Implicit social cognition: Attitudes, self-esteem, and stereotypes. *Psychological Review, 102* (1995), pp. 4-27.

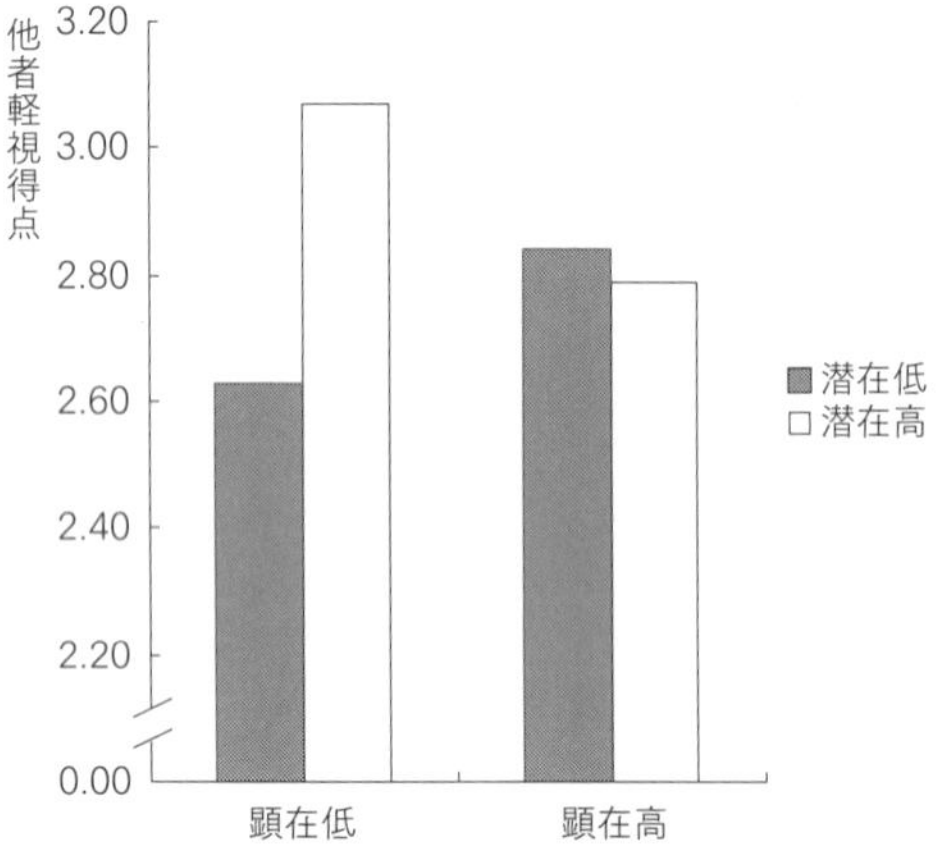

図❶潜在的自尊感情（高・低）と顕在的自尊感情（高・低）の組み合わせと他者軽視（仮想的有能感）の強さの関係

にする場合とで一定時間内に反応数にどれほど違いがあるかをみた。潜在的自尊感情が高いほど前者のような分類（一致課題）は早く処理でき、後者のような分類（不一致課題）は早く処理できないと考えられる。一致課題の正答数から不一致課題の正答数を減算したものを潜在的自尊感情とした。

他者軽視と潜在的自尊感情の相関関係

大学生一二一名について他者軽視、（顕在的）自尊感情、潜在的自尊感情の三つを調べ、相互相関をみたところ他者軽視と自尊感情の関係、両自尊感情の相関は無関係であった。一方、他者軽視と潜在的自尊感情の間には高くはないが正の相関関係が認められた。そして、両自尊感情を高低に折半して四群を構成し、他者軽視の得点を比較した結果が図❶である。この図から顕在的自尊感情が低く、潜在的自尊感情が高い群で他者軽視（仮想的有能感）が最も高いことがわかる。これは逆に言えば仮想的有能感の高い人は総じて顕在的には自尊感情が低いと意識しているが、無意識的には自尊感情が高い、つまり自己肯定的であることを物語っている。

有能感タイプの年齢的変化

全能型、仮想型、自尊型、萎縮型

前にも述べたように他者軽視（仮想的有能感）と顕在的自尊感情は相互にほぼ独立の関係にある。それは人により両方が高かったり、低かったり、一方だけが低かったり様々な関係が生じていることを意味している。そこで他者軽視高・自尊感情高を全能型、他者軽視高・自尊感情低を仮想型、他者軽視低・自尊感情高を自尊型、他者軽視低・自尊感情低を萎縮型というように有能感タイプを定義した［図❷］。

いうまでもなく筆者が始めに想定した仮想的有能感を強く反映しているのは仮想型と考えられる。この無意識的な仮想的有能感は果たして現代の若者に特徴的な傾向であろうか。そこで中学生から六十四歳まで二〇〇〇名以上を対象に調査を実施して各年代別に四つの有能感タイプの占有率を比較したものが図❸である。[*6] なお有能感タイプの決定は全被

＊5　これ以後、単に自尊感情という場合は顕在的自尊感情を意味する。

＊6　Hayamizu, T., Kino, K. and Takagi, K., Effects of age and competence type on the emotions: Focusing on sadness and anger. *Japanese Psychological Research, 49, No.3* (2007), pp. 211–221.

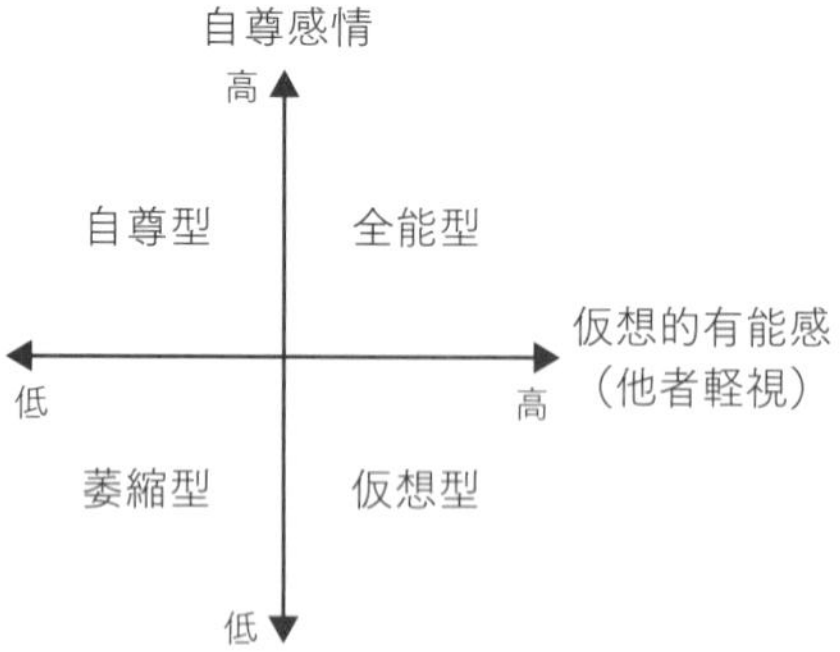

図❷有能感の４タイプ

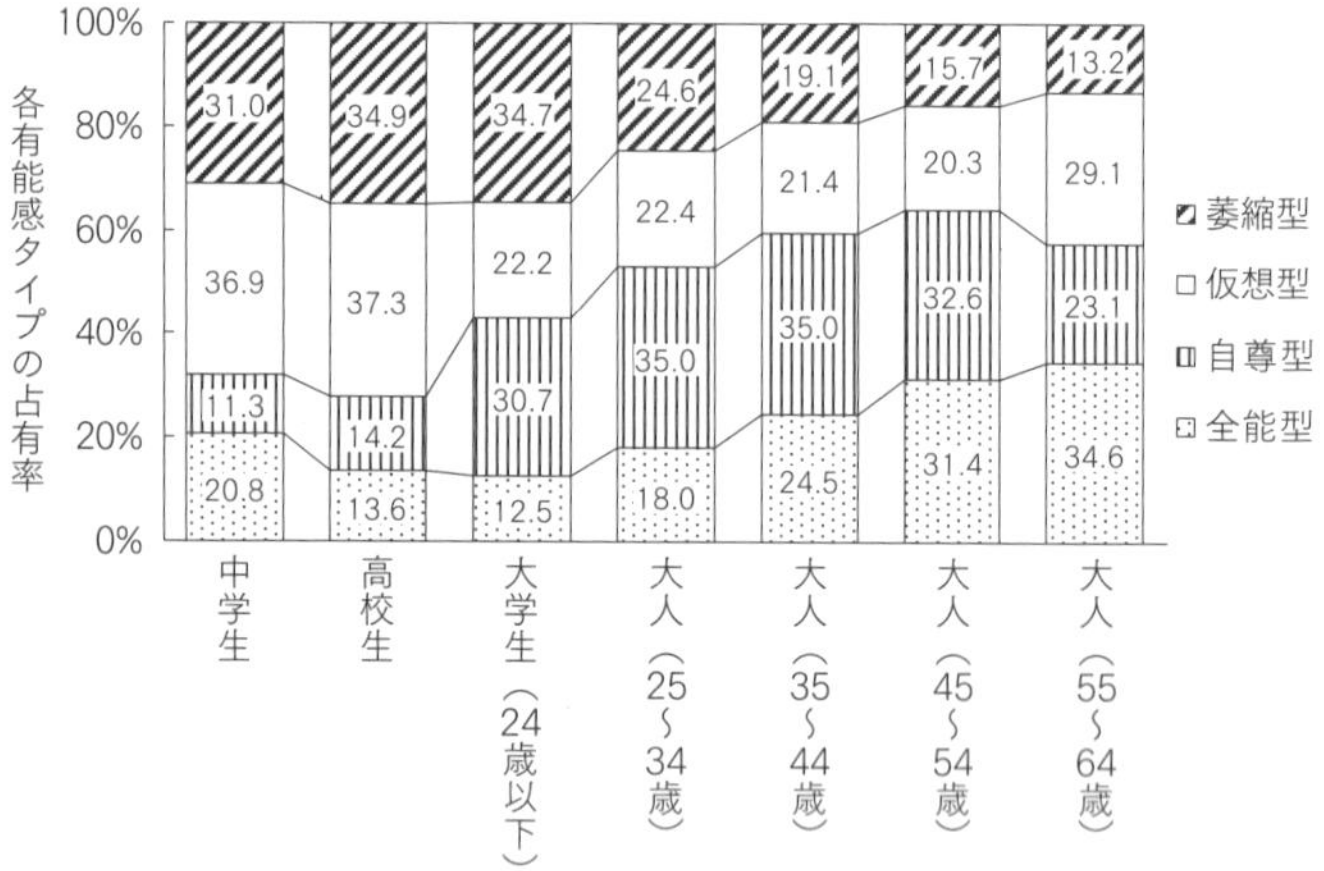

図❸有能感タイプの年代別占有率

調査者の他者軽視および自尊感情の平均値の上下で区分して操作的に求めたものである。この図から若者に該当する中学生および高校生において仮想型の占める割合が顕著に高くなっていることが示されている。これは筆者の考えを支持するものであるが、青年期後期とでもいえる大学生で仮想型の占める割合が急激に減少しているのは予想とは異なるものである。これは中学、高校がごく一般の若者を対象にしているのに対して、大学生の場合は進学率が高くなったとはいえ、全てのその年代の若者を代表しているわけでなく、勤労青年や専門学校生徒は含まれていないことにも関係しているのかもしれない。一方で予想に反して萎縮型が若者に相対的に多いことが目に付く。中学生、高校生、大学生ともに三〇パーセント以上を占めている。特に大学生は萎縮型が最も多いといえる。二つの型は自尊感情が低いという点で共通しており、中・高校生の場合は自分をネガティブにとらえ、防衛的に他者軽視する人が多いのに対して、大学生では自己評価の低さを受容する人が多くなるといえるのかもしれない。萎縮型は年齢が上がるにつれてほぼ直線的に減少する傾向がみられるが、仮想型の割合は大学生からほぼ同じ割合を保ち、最後の五十五〜六十四歳の年代でまた、少し増加するという奇妙なカーブを描いている。

中・高校生は仮想型が多い

大学生は萎縮型が多い

　他方、自尊感情の高いタイプ、全能型は年齢のほぼ単調増加関数である。年齢とともに様々な経験を重ね、自信が増すためかもしれない。もう一つの自尊型は壮年期に最も高く最後には激減している。

この図から現代は確かに若者である中・高校生に相対的に仮想型が多いことが明らかにされた。この仮想型は真の有能感の低さを補償するために、時折、無意識的に他者を軽視することで自己を拡張させようとするという意味で、正しく萎縮しながら膨張する〈こころ〉をもつ人たちといえる。だが、そのような仮想型の占める割合の大きさが時代的、文化的影響なのか、暦年齢の変化による影響なのかは、実は定かではない。どちらの要因が強く働いているかは何年か後に同じような調査をすることでしか決着をみない。

萎縮しながら膨張する〈こころ〉をもつ人たち

仮想的有能感の発生

なぜ、このような仮想的有能感が形成されたのだろうか。先の調査結果からも推論されるようにこのような傾向が昔の人たちに全くなかったとは言い切れないし、どの時代にも特に若者は精神的に不安定な時期なので一定程度仮想的有能感が高まるのかもしれない。しかし、ここでは仮想的有能感が現代的傾向であるという前提でその規定要因について推測してみたい。

第一に文化的要因の変化があろう。日本人は古くは集団の和を重んじ、謙譲を美徳として生きてきたが、特に戦後、アメリカを始め西洋諸国との交流が深まるにつれ個人主義が強まり、子どもはもっと自己主張するように教育されてきた。そして、資本主義が浸透し、

文化的要因の変化

国民全体の生活レベルが向上するにつれて市場原理が横行し、格差社会が現実のものとなりつつある。その結果「自己犠牲」とか「お互い様」という意識はかつての国民には美しい心として尊ばれていたが、現代では自分の利を優先することが当然と考えられるようになった。そのような状況下で敗北者になることを恐れる現代人は、それを予感すると先手を打つようにして他者軽視をして仮想的有能感をもち自尊感情を守ろうとする。個人と個人の境界線が明確になればなるほど、人は仮想的有能感を持ちやすいように思われる。今や個人主義はアメリカやヨーロッパだけでなく、アジアの国々やかつての共産主義国にまで広がっている。その意味では我が国だけでなく、世界の多くの国々の人々にも仮想的有能感が形成されやすい時代と考えられる。個人主義の裏側には競争主義というものが含まれていよう。自由競争があたりまえになれば、「自分は身分が低いから」とか「親が学歴がないから」といった言い訳は成り立ちにくくなる。競争に勝てない者はかつてより心理的に窮地に追い込まれるようになったといえよう。そのような状況から一時的に逃れる手立てが他者軽視して仮想的有能感をえることであろう。

敗北者になることを恐れる現代人

したがって、逆に仮想的有能感が形成されにくい文化とは、おそらく人々の生活の時間がゆっくり流れ、仕事に汲々とせず、競争がなく貧富の違いがあまり意識されないような社会ではなかろうか。現実の世界に今そのような国や社会が存在するかどうかわからないので比較することはむずかしい。しかし、かつてのブータンなどではそのような仮想的有

仮想的有能感が形成されにくい文化

能感を生じにくい文化があったように思われる。今枝由郎の『ブータンに魅せられて』（岩波書店、二〇〇八年）によれば「今でもブータン人と接する外国人の誰もがまず最初に驚くのは、彼らの実直さ・簡素さ、そして心底からの親切さである。そしてブータン人は自国の歴史・宗教・政治・文化に対する誇りは高いけれども、決しておごることはない」としている。そして現在、ブータンではGNPに対してGNH「国民総幸福」という概念が重視されているという。その立脚点は、「人間は物質的な富だけでは幸福になれず、充足感も満足感も抱けない。そして経済的発展および近代化は人々の生活の質および伝統的価値を犠牲にするものであってはならない」という信念だという。

GNH「国民総幸福」

前述のように筆者は個人主義的な考えが、仮想的有能感形成の根幹にあると推測してきたが、ごく最近、それを部分的に疑うようなデータを得た。というのは木野らがシンガポールと日本の中学生に仮想的有能感と相互協調的―相互独立的自己観について調査したところ、日本の生徒では仮想的有能感と、個人主義に近似した概念である相互独立性の間には正の相関関係がみられたが、シンガポールではそのような傾向は見出されなかったのである。[*7] しかもシンガポールの中学生の仮想的有能感は日本の中学生よりやや低かった。相互独立性そのものは日本の中学生よりもシンガポールの中学生の方が高いという結果は納得のいくものではあったが、仮想的有能感との相関の違いは、日本とシンガポールでは個人主義の意味が異なるためかもしれない。

シンガポールの中学生と日本の中学生

人間関係の希薄化

先の文化的要因の変化と関連して、仮想的有能感の形成に関わる第二の要因として、人間関係の希薄化をあげることができる。親密な人間関係が形成された中ではお互いを尊重しあっているので他者を軽視するようなことはないが、人間関係が希薄化するほど他者軽視しやすいと考えられる。現代は家族でさえも、生活時間の相違から食事を一緒にとることも少なくなり、それぞれ個室にこもり、自分、自分の過ごし方をしている時代で、一家団欒などという言葉からはほど遠い生活実態もしばしばみられる。学校は学校で個性重視が唱えられ、集団で協力し合う学習形態というよりは一人ひとりの個性をいかす教育が求められている。このような教育を家庭や学校でうけた人たちは大学でも集団で行動することを嫌うようになっている。大学でも集団規範の明確なクラブで活動しようとする学生は減り、好きな時に好きなだけ、勝負にこだわらず、体を動かすサークルが人気を博しているる。それは他人と関わることが不得手、面倒という気持ちを多くの若者が抱いていることによる。彼らは就職しても職場の上司や先輩たちにはなかなかなじめない。

ITメディアの発達

この人間関係の希薄さはいいかえれば直接的コミュニケーションの低さであるが、これに密接に関係しているのがITメディアの発達であり、仮想的有能感形成の第三の要因といえる。現代は大勢の人と知りあいになる機会が多いが、直接的コミュニケーションに

＊7　木野和代・速水敏彦・岡田涼「仮想的有能感の形成と文化的要因」、『日本教育心理学会　第五〇回総会　発表論文集』、二〇〇八年、二四五頁。

よって相手を深く知るという機会は減っている。それはメールや携帯電話といった間接的コミュニケーションの機器が発達したためであろう。ITメディアの発達は単に直接的コミュニケーションの量を限定させたに留まらない。そのようなコミュニケーションそのものが他者を軽視する感覚を作り上げやすい。ITメディアの中で人は他の人の干渉を受けることなく、自由自在に活動することができる。車中であたりを見渡せば半数近くの人が自分の携帯をさかんに操作している昨今であり、周りにどのような人がいようが、我関せず、である。さらに、メールを使えば、直接面と向かって言えないような強い要求も平気でできるし、特に、近々会う機会がないような人には、平然と悪口なども伝えやすい。最近、子どもたちの間では携帯メールによるいじめが増加していることが報告されているが、間接的なコミュニケーションの方法は直接相手の表情を確かめながらするものでないので抑止がきかず、攻撃欲求や妬みの感情がそのまま反映されることが多い。

携帯メールによるいじめ

次に第四の要因として勤勉さやまじめさへの価値の喪失がある。以前はたとえ結果には反映されなくとも真面目に取り組むことや勤勉さが周りから評価されたが、最近ではそのような結果に反映されない努力はネガティブに評価される。むしろ、苦労せずよい結果を手に入れることが最も賞賛される時代である。過程ではなく結果がすべてといえるかもしれない。それは世の中の変動が著しく、かけられた努力と結果が一致しない場合が多いためでもあろう。株取引や土地売買などで高額所得者がでるという現実や、一方で高学歴で

勤勉さやまじめさへの価値の喪失

パーソナリティ発達との観点から

あっても定職が得られない人たちが少なくないという現実に接することが多くなったためかもしれない。しかし、どんな世の中にあっても現実には失敗に対しては勤勉さや真面目さで対処するしかないのだが、自分の力で失敗を修復しようとしない人たちがとる手立ては勝手に他者軽視することで自分を防衛することである。また、伊田はパーソナリティ発達との観点から仮想的有能感について検討している。[*8] すなわち発達心理学者エリクソンの心理社会的発達理論の第Ⅳ段階「生産性（勤勉性）対劣等感」に注目した。つまり勤勉性の感覚に基づかないみせかけの劣等感の補償としてのコンピテンス[*9]が仮想的有能感ではないかと考えた。実際に彼が有能感タイプで比較したところ、予想通り仮想型が最も低い勤勉性を示した。これは次の発達第Ⅴ段階にも反映され、仮想型はアイデンティティ達成が最も低かった。

＊8　伊田勝憲「エリクソンの第Ⅳ段階「勤勉性」と第Ⅴ段階「アイデンティティ」――児童期から青年期への移行と仮想的有能感」『心理科学』二八巻二号、二〇〇八年、二八～四一頁。
＊9　人に備わっている潜在能力で、発達心理学では、環境に働きかけて自らの有能さを追求しようとする動機づけを含む。

仮想的有能感がもたらすもの

ビッグファイブの特性

仮想的有能感は特定のパーソナリティと関連を有しているだろうか。小塩・小平・久木山はパーソナリティの測定としてビッグファイブ[*10]の特性をとりあげ、それを自己評定と他者評定で測定した。[*11]その結果、仮想的有能感は自己評定の場合は開放性と有意な正の相関が見られ、他者評定の場合は誠実性や調和性の低さと関係していることが示された。これは自己認知と他者認知がズレている仮想的有能感の高い人の特徴を示している。つまり、仮想的有能感の高い人は、自分では開放性が高い望ましい特性を有していると認知しているが、周りの人たちは、誠実性や調和性の乏しい社会的にみて望ましくない特性を有しているとみているのである。

自己認知と他者認知のズレ

このような自己認知と他者認知のズレが生じる仮想的有能感の持ち主が、様々な問題行動を生じるのは容易に予想できる。ここでは社会的な問題と学業的な問題に分けて考えてみよう。

「いじめ」の問題

まず、前者についてであるが、仮想的有能感が他者軽視と表裏の関係にあるとすると、ここ何年か教育現場で問題にされている「いじめ」の問題と無関係ではないと考えられる。他人を見下すという心理的作用は相手を精神的・物理的に傷つけるという行動に繋がりやすい。実際に山本・速水・松本は高校生を対象にして仮想的有能感といじめとの関係を検討した。[*12] ここではいじめは殴る、蹴るなどの身体的いじめ、悪口を言うなどの言語的いじめ、相手を無視するなどの間接的いじめの三種類についてそれぞれ複数の質問項目で尋ねた。具体的にはここ数週間の間にそのような行為をどの程度したか（加害行為）、逆にどの程度受けたか（被害行為）の両方が尋ねられた。生徒にとっていじめについて真実を語ることは校則違反として学校側から罰をうける可能性もあるので、実施に当たっては個人の結果について学校側には知らせないこと、回答し終えた調査を密封して提出することを伝えた。

加害経験

結果はいじめの加害経験については、どのようないじめについても仮想的有能感の高い全能型が仮想的有能感の低い自尊型よりも統計的に有意に多いことが示された。また、

被害経験

被害経験については身体的いじめは、全能型や仮想型が自尊型よりも有意に多く経験し、言語的いじめでは仮想型が自尊型より有意に多く経験し、間接的いじめについては萎縮型が自尊型よりも有意に多く経験していることが示された。仮想的有能感が低く自尊感情が高い自尊型は他の型に比べて、いじめの加害経験も被害経験も極めて少なかった。

＊10　外向性、協調性など、性格特性の五つの因子。

＊11　Oshio, A., Kodaira, H. and Kukiyama, K., Description of people who undervalue others based on Big Five Personality. The 10th Annual Meeting of the Society for Personality and Social Psychology (2009).

＊12　山本将志・速水敏彦・松本麻友子「仮想的有能感からみた高校生の問題行動」、『日本教育心理学会　第四九回総会　発表論文集』、二〇〇七年、三四二頁。

次に、いじめも含まれるかもしれないが、何らかの事件を起こし「非行少年」のレッテルを貼られた人たちの背景にも仮想的有能感は存在していそうである。河野は鑑別所に入所している非行少年と一般少年の有能感タイプの生起率を比較し、非行群では一般群に比べて相対的に自尊型や全能型が少なく、萎縮型や仮想型が多いことを指摘している。[*13] これは仮想的有能感そのものの得点は大差ないが、非行群は一般群に比べて自尊感情がかなり低いことを意味している。また特に四つの共感性にも着目し、非行群の仮想型は他者視点取得（他者の立場に立って物事が考えられる程度）、共感的配慮（他者に対して同情や配慮をする程度）が他の有能感タイプに比べて低く、空想（小説や映画などの架空の世界の人と同一視する程度）や個人的苦悩（緊張する対人状況で不安や同情を感じる程度）は逆に高いことも指摘した。

「非行少年」のレッテルを貼られた人たち

四つの共感性

仮想的有能感は社会的・人格的問題のみならず、学業的問題とも関係する。このところ、我が国の青少年の学力が低下して、勉強時間も減少したとの指摘が多い。学業については現在の評価の方法が絶対評価的なものが多いとはいえ、受験制度などはあまり変更されていないのでどの生徒も相対的位置づけを意識していないわけではない。しかし、評価の次元も多様化してかつてほど相対的位置づけが明確でなくなったこともあり、自分の学業上の失敗や成績が上がらないことを認めようとしなくなった。仮想的有能感の高い人は自分は、本当はできる、だが今回は問題が不適当だ、教師の教え方が悪いと考えたりする。つまり成績不振の原因を内的要因でなく、外的要因に帰しやすい。外的要因に帰属すれば自

学業の相対的位置づけの曖昧化

己に責任を負うことはなくなるので、失敗しても自ら努力しようとしない。努力しないから成績はますます低下するという悪循環を繰り返すことになる。

学業に関する会話

また、学業達成は実は人間関係と無関係でない。たとえば、先生や友人に気軽に尋ねることができる雰囲気があれば、本人は学力向上の手がかりをえやすい。そこでまず、小平・青木・松岡・速水は、教室でどのような学業に関する会話がなされているのかを有能感タイプで比較した。[*14] ここで調査項目としてとりあげた会話内容は、進学、ポジティブな結果、教科の好き嫌い、失敗への不安、批評である。このうち仮想的有能感と関係が見られたのは、ポジティブな結果と批判であった。つまり、仮想的有能感の高い生徒は自分のよかった成績結果などについて他人に話したがり、逆に他人については、たとえば「先生の教え方がよくない」などといったような批判をしばしばしていると推測される。次に友人や先

援助要請、援助行動

生にどのような援助要請をしていたか、逆にどのような援助行動をしたかという点に関して調査した。その結果、特に仮想型の人はわからないところがあっても先生に援助を求めようとしないことが明らかになった。一方、友だちに援助を求められても仮想型は援助を

---

*13　河野荘子「非行少年の仮想的有能感と共感性――高校生との比較から」、仮想的有能感研究　中間報告会、二〇〇八年。

*14　小平英志・青木直子・松岡弥玲・速水敏彦「高校生における仮想的有能感と学業に関するコミュニケーション」、『心理学研究』七九巻三号、二〇〇八年、二五七～二六二頁。

しない傾向が示された。このように、わからなくても先生に尋ねることなく、求められても応じようとしない没交渉的な姿勢が仮想的有能感をもつ生徒の成績を低下させるように思われる。

仮想的有能感を越えて

有能感タイプでの仮想型が若者の典型的タイプで、それが問題行動につながっているとすれば、我々はそれをいくらかでも減少させる努力をすべきであろう。その仮想型とは単純化して考えれば、自尊感情が低く、他者軽視するので自分も他人も大切にしていないという言い方ができよう。従って、まず萎縮する心に対して、容易に萎縮しないように確固たる自己を形成するように働きかける必要がある。一方で、他者軽視し、膨張しやすい自己に対しては日頃からそのようなことが生じにくい環境を整え指導していくことが大切である。そこで、ここではその二つの観点から彼らに必要な働きかけについて考えたい。

ここでいう自分を大切にするというのは自分を甘やかすという意味では断じてない。自分がかけがえのない重要な存在であることを認識することである。言い換えれば、自尊感情を高めることである。自尊感情はさまざまな経験の積み重ねにより形成されるものであろう。自分の努力が報われ、予想通り事が運べば人は、自尊感情を高めることになる。し

自分も他人も大切にしていない

自分がかけがえのない重要な存在であることを認識する

かし、現実には思い通りにいかず、自尊感情が傷ついたり、低下する場合が少なくない。特に中学や高校では成功・失敗は学業達成が中心で、それはよい大学への進学の可能性の有無と直結している。だが、名門大学は少数なので、結果的に多くの生徒は少なからず失敗体験を持つ。運動クラブ活動での達成も県大会、全国大会といった競争が存在し、序列化がなされる以上、そこで自尊感情が高まる者より低下する者が多いといえる。

しかし、自尊感情の形成に寄与するのは実は競争に勝つことや優れた達成を成就させることによってだけではない。他人に勝たなくとも他人に役立ったという経験は大いに自尊感情を高めるように思われる。家庭や学校で実践すべきはこのような他の人に役立つ経験を積ませることである。家庭では、お手伝いのようなことに子どもを積極的に参加させ、親から感謝の意を伝えてやることが大切である。自分は家族の中で重要な存在だという意識が形成され、それが自尊感情につながる。学校や学級においても同じように、そこで生徒のできる仕事を役割分担してきっちり遂行させ、そのことでお互いに役立っていることを認識させることが大切である。自分の力が他人に影響を及ぼすという実感は自分を以前より重いもの、大切なものとして認識することに繋がる。もちろん、家族やクラス仲間だけでなく、見知らない人にまで役に立つようなボランティアの経験なども自尊感情を高めるのに寄与しよう。自尊感情の形成には他者からの受容ということが大きな要因と考えられる。子どもたちが相互に受容しあえるようなしくみを大人が作ってやることが大切であ

他人に役立ったという経験

ボランティア

他者からの受容

る。

自分を軽く捉えてしまう、いわば浮遊感のようなものを感じてしまうのはこれまでの人生の歩みの中で確固とした足場がない場合に生じやすい。それは今の子どもたちの過去や未来に強い感情を伴った係留点がないためであるように思われる。前者すなわち過去に関してはまず、先に述べた観点とも重なるが、たとえば親や周囲の人が自分をなによりも愛してくれているという体験をしていることが係留点としてあげられよう。もう一つは自分が社会の中で生きていくに当たって、何がよいことで、何が悪いことかが明確になっていることである。たとえば、弱者をいじめることが人として極めて卑怯なことだと父親に体罰をもって教えられたことなどは過去の強い感情体験である。つまり大切なのは愛情体験と社会規範に関する感情体験であろう。それらは明確に自分を社会の中に位置づける貴重な感情体験という言い方もできよう。

愛情体験と社会規範に関する感情体験

一方、未来についても全く不確定というのでは浮遊感から逃れられない。本人にとっての目標や理想像があることが未来に向けた自分を定位させる。最近の親たちは子どもが小さい頃から、特別のけいこごとなどをさせ、一定方向に導こうとする姿勢は感じられる。しかし、それはあくまで親主導のもので本当の意味での子どもの目標や理想像につながっていない場合が多い。それどころかあまりに早期から高い期待をかけられ、それに対応できずに傷つく子どもも少なくない。その意味で親の期待を押し付けるというのでなく、本人自身に様々な情報を提供したり、経験を積ませる中で、目標や理想像を時間をかけて追求させることが必要だろう。自分でも納得のいく目標が未来にあるとき、やはり自分を大切に思う気持ち、強く生きる気持ちが生じよう。それは、あこがれという言葉で表現するのが適当かもしれない。子どもたちにとって、あこがれの的になる大人のモデルが存在することが求められる。そのためには大人自身が自分を精進させる努力が必要であるし、もっと積極的に子どもたちに自分の生き方を示していく必要があろう。

さて、もう一つは膨張し、他者軽視する傾向をどのようにして抑制するかという問題である。他者軽視をするのは前にも述べたように周囲の人々とのコミュニケーションが密でない場合に生じやすい。お互いが十分コミュニケーションでき、相互に深く理解し合える関係であれば、他者軽視などすることができないだろう。そのためにまず、日頃から周りの大人たちが、若者や子どもたちとコミュニケーションを密にするように働きかけることが必要である。子どもたちがいつのまにか大人と話をしなくなるのは、大人たちが大人の目線で上から話しかけ、一方的に指示するようになるのを意識するからであろう。若者や子どもたちとコミュニケーションを増すためには大人自身が自分を語る——特に自分の子どもの頃や若い頃について話すことが大切である。子どもたちは大人たちの子どもの頃の失敗談や悩みを聞くことで大人との心理的距離を大いに縮めることができる。先生や会社の上司でも、ほとんどコミュニケーションがなければ勝手に見下げることになるが、日頃

あこがれの的になる大人

心理的距離を縮める

からコミュニケーションが密であれば様々な情報を得ているし、何よりも情意的に好ましいものをもっているのでおいそれと軽視するわけにはいかない。

さらに、最近の大人と子どものコミュニケーションがうまくいかないのは子どもが落ち込んだりした場合、大人が粘り強く対応できないことによることも大きい。大人にとってもネガティブな気持ちを共有することは楽しいことではない、そこで大人たちも、ネガティブな出来事については、一緒に解決しようとするよりも、それを忘れさせようとしたり、楽しいことに話題を向けて回避しようとする。しかし、そのような姿勢は子どもたちからの信頼感を失い、コミュニケーションしようとする気持ちを弱めることになる。ネガティブな話題についてもとことん付き合い、共感的理解を示し、さらに問題解決を共に探ってやる必要がある。

子どもや若者同士の間のコミュニケーションを密にする働きかけも大切である。そのためには一人ではできないが何人かでやればできる、あるいは一人の時よりよりよい成果がもたらされるといった協同体験を与えるのがよいだろう。複数の人の集団の中で、個人がそれぞれ責任をもち、自分の喜びがみんなの喜びになるようにしたい。最近、学校は週休二日制で子どもたちが学校にいる時間が短縮され、そのしわ寄せが体育祭、遠足、キャンプ、学芸会等の学校行事の省略といったかたちで現れているが、コミュニケーションを密にするためにはみんなが力を合わせるそのような学校行事こそ意義があろう。さらに授業

ネガティブな出来事

協同体験

コミュニケーションを密にする

などにおいても協同学習の形態を取り入れ、自然に相互作用し、それが大きな力を生むという経験が有効である。さらには特別活動の時間などを利用して相互理解を深める場をもつことも意味がある。速水・岡田が協同学習などを中心にして仲間同士で支えあうことを目標にして教育が行われている二つの中学校、十七クラスで夏休み前と学年末に二回、仮想的有能感と自尊感情を測定したところ、前者が増大していたのは二クラス、減少していたのは十五クラスであった。[*15] 全体としては統計的に有意に仮想的有能感が低下していた。この結果はクラスのコミュニケーションを密にすることが仮想的有能感の低減に結びつくことを示唆している。

他者軽視をしないためには積極的な意味でコミュニケーションを密にすることが肝要であるが、大人になるための行動様式を身につけるといった社会化を確実に実践することも重要である。現代の親たちは概して個性化には熱心であるが、社会化には熱心でない。社会化は基本的には社会のルールを子どもに教え込むことが中心になるので、親たちにとっても楽な仕事ではない。それが身についたからといって親子が得するわけでもないので、ついつい注目を集めそうな個性化の方に力が入りやすい。しかし、社会は多くの人々によって構成されるもので、社会が効率よく機能するためには、それぞれが勝手に行動して

---

*15 速水敏彦・岡田涼「仮想的有能感と学業に関するコミュニケーションとの関連」仮想的有能感研究　中間報告会、二〇〇八年。

個性化と社会化

いてはままならない。誰もが共通の行動様式を身につけることこそ必要である。幼い子どもたちにも社会化を試みる大人の姿勢が仮想的有能感発生の抑止力になる。

これまで述べてきたように仮想的有能感を低下させるためには自尊感情と同時に他尊感情を高めることが必要不可欠である。他尊感情（Other-esteem）とは他人を大切にする心を意味しHwang, P. O.により命名されたものである。[*16] その他尊感情の側面として以下のようなものがあげられる。一、人の感情を傷つけないこと、二、親密さ、三、礼儀正しさ、四、やさしさ、五、人への尊敬、六、個人差の受容、七、人間関係を大切にする、八、他者を元気付ける、九、他者を応援する、十、自分を傷つけた相手を許すことなどである。そしてこの他尊感情は先に述べた社会化の促進とコミュニケーションを密にすることで、大方は形成されるものと考えられる。

平成二〇年にＮＨＫで放映されたテレビドラマ「フルスイング」で主役の高林先生は卒業式の日に生徒たちに「人を思うことで強くなる、人に思われることで強くなる」というが、他尊感情的なものは実は自尊感情的なものに繋がっているように思われる。

他尊感情は他人を大切にする心

「人を思うことで強くなる、人に思われることで強くなる」

＊16　Hwang, P. O., *Other-esteem: Meaningful life in multicultural society, Accelerated Development*, Routledge, 2000.

客席とひとつになる

鈴江俊郎

SUZUE Toshiro

すずえ・としろう

劇作家、演出家、俳優

1963年大阪府生まれ。シアターコクーン戯曲賞、岸田國士戯曲賞など多数の戯曲賞を受賞。歪んだ社会状況のもと内向しがちな現代人の繊細な会話が持ち味。戯曲は英語、ドイツ語、ロシア語、インドネシア語に翻訳され海外にも紹介されている。著書に『髪をかきあげる』『靴のかかとの月』など。桐朋学園短期大学演劇専攻准教授。

舞台の上にいて、船に乗っている感じを味わうことがある。舞台の上にいる私の呼吸に、客が呼吸を合わせるのだ。舞台の役者が息を吐く。ゆっくり。すると客もあわせて息を吐いている。おそらく自覚せずに。感情移入すると人はそうなる。役者が緊張する。息をとめてしまう。客も。場内、誰も息を吸っていない。……一人一人のひと息など量からすると小さなものだが、それが百人、千人とあわさると、場内は全体でゆったりと揺れ始める。どよめく、静止する、この繰り返しのリズムのおかげで、劇場はひとつの生き物のように感じられる。船に乗る、要約するとこれがライブを演じるもののめざす喜びの瞬間だ。そしてきっと、客が劇場にわざわざ交通機関を乗り継いでやってくる理由もそこにある。

しかし近年、「客席とひとつにならない」上演、芸術表現が増え、評価されてきているように思う。筋立ての不条理。混乱。故意の無意味化。役者の演技の過剰。あるいは無為。わざと了解不能にする演出。素人が見て「呼吸を合わせたくなる」「呼吸を合わせてしまう」具体的な表現対象はそこにはない。そこにある程度客が来る。なぜだろう？

前衛表現の進化だよ、と雑な評論家は言うが、私にはそうは思えない。数十年前日本に出現した不条理劇では「わけはわからないがひとつになっている客席」があり、「どよめく興奮」「水を打った静寂」の繰り返しがあり、確かに、そこに

「共有する情熱」があったのだ。いまは、「専門家」「玄人」「わかる人」「高級な感性」にだけわかればよい感じだ。様子が違う。それは作り手も客も楽しいことなんだろうか？

　ある時、気づいた。「どうせ他人じゃん」とテレビで若者がつぶやいていたのを聞いて。

　私たちの生活は専門家にしかわからない道具に取り巻かれている。生活は一変した。暖房ならわかる。赤い火が見えれば、熱を発するのは感覚的に納得できる。しかしクーラーはどうだ？　どうして冷えるのか？　理屈がわからない。テレビ。ラジオ。電卓。すべて生活レベルの理解を超えた機械だ。どういう仕組みで動くのか？　説明できないし見えないし触れられない技術がそこにある。

　その無能感、不全感は、ほかの面にも及んでいないか？　つまり人間関係、社会関係すらコントロールできないのだ、と。「どうせ他人じゃん」。彼のつぶやきは多数派の声かもしれない。

　となると、むしろ「生活レベルの感覚では理解できない」表現につきあうのは、むしろ普通の感じなのかもしれない。「一体となれない。でもつきあう」という鑑賞行為は、現在の生活感覚の延長なのかもしれない。

　私が「素人さんお断り芸術」をなんとなく好まない理由は、そのどこかに漂う

「無力感」を蔓延させる気配なのかもしれない。「素人たちとの連帯」を拒み、人と人とのつながりを断ち切る態度。「見にこい。そして一体となれないこの時間を共有しろ。これがすぐれた芸術だ。これが君たちが『よい』と思わないといけない芸術だ。これが世界の見本だ。」という作り手の態度を、その表現に読み取ってしまう。客は「一体となれない」けれど、「それをよしとする」感想を持って帰る。理屈ではなく、身体感覚から、「一体となれない」ことになじんでいく。それは幸福な循環だろうか？

それはつまり、この社会の中で起こっている不幸な成り行きに対抗できない、という洗脳に加担していないか？　世界規模で進行する合理化、弱者切捨て、個人の孤立、南北問題、地球温暖化などの暗い見通しを、君たちはコントロールできないのだ、という宣伝を側面から強化してはいないか？

いやしかし、違うのかもしれない。一方では、演者は「確かにほんとうに感じる」ということに厳密に忠実になろうとしている、とも言える。演劇の訓練で「五官の記憶」というものがある。お酒を飲むパントマイム。上手にするには、ほんとに飲んだ感じになればよい。実際に飲んだ時の味覚、聴覚、触覚……その記憶をなまなましく今のそこによみがえらせることだ、という主旨の訓練だ。それを発展させて、昔のある日に、実際自分に起こった感情をよみがえらせてみよう、という訓練をする。「感情の記憶」だ。これはハリウッドの俳優なども受けているオーソドックスな訓練だが、訓練中、実際に感情や感覚が心の中に起こっているかどうかを、教師に少しでもアピールしようと仕草や表情を作る必要はないですよ、と教師は指導する。きちんと集中して、自閉して、課題をクリアしてね、と。だからその訓練はナイーブだけれど、外から見たら退屈だ。前衛作品では、そのようになにかに集中している役者が舞台にいる。了解不能な退屈のありさまは、訓練中の様子に似ている。しかしそれだけでは見世物には価しなかったはずだ。しかし、今の客はそれを許容しようとしている！

　ということなのだろうか。つまり、ほんとうを回復したい、という役者の様子に、客は心寄り添わせているのかもしれない。共感もそこにあるのかもしれない。

　今、このコントロールできない世界の中で、人はせめてまず自分の感じだけを取り戻そうとしているのかもしれない。もしかしたらそこから回復が始まり、世界は人の手に取り戻されるのかもしれない。そのプロセスに演劇は役立っているのかもしれない。客席は今までとちがったやり方で「ひとつになる」のかもしれない。

こころとは…

〈こころ〉や脳には、相手の感じている気持ちを直接感じ取る仕組みが備わっている。〈こころ〉は人とのかかわりによってつねに変化する可能性をもっており、〈こころ〉の成長の秘密もそこにある。

よしかわ・さきこ　京都大学こころの未来研究センター長、同大学院教育学研究科教授

1954年北海道生まれ。京都大学教育学部卒、博士（教育学）。追手門学院大学助教授、京都大学大学院教育学研究科教授を経て、現在に至る。対人コミュニケーションの基盤となる心の働きや、他者の心の理解の基本的な特徴を明らかにすることが研究課題。これまでに、顔の記憶研究、表情と視線の相互作用の研究、表情の認知特性とその神経基盤の研究などの成果を発表してきた。最近は、2者の相互発話行為の研究を開始しており、円滑な対人コミュニケーションを可能にする認知・感情・行動の基礎過程を明らかにすることをめざしている。著書に『顔の再認記憶に関する実証的研究』（風間書房）、『顔と心：顔の心理学入門』（編著書、サイエンス社）など。

こころを「見る」ということ
——心理学のこころみ

吉川左紀子
YOSHIKAWA Sakiko

こころのなぞ

こころの成長

私にとって最大のこころのなぞは「こころの成長」ということです。身体能力や脳機能は年齢とともに衰えますが、人のこころは高齢になってもなお成長を続け、人間的魅力を深化させることができます。人に備わる高次の心理機能の成長を促し、動機づける要因は何なのでしょうか。私は、その鍵は、「感情の豊かさ」「共感する心」「好奇心」「自己統制力」にあるのではないかと考えています。こうした、こころの成長の仕組みを明らかにするには、個人の心の機能に着目するだけでなく他者とのかかわり（対話のような相互行為）の中での心の動きに着目した研究が必要ではないかと考えています。それらを生物学的観点・社会・文化的観点から分析し統合することが、これからの学問的チャレンジになるでしょう。

貴方にとってもっとも大きなこころのなぞは何か

京都大学にこころの未来研究センターが誕生する一年前、二〇〇六年三月に、「未来を生きるこころに向けて：私たちの課題」というテーマのもと、宗教学、環境情報学、人類学、心理学、脳科学、教育学、哲学、精神医学などさまざまな専門分野の研究者が集まって、二日間の公開フォーラムを行った。右の文章は、そのときに講演者全員に対して向けられた問い、「貴方にとってもっとも大きなこころのなぞは何か」に対する、私の回答である。

このフォーラムは、演者ひとりひとりがこの共通の問いに対する回答を用意し、それをめぐる話題提供をしたあとで、ディスカッションするという趣向だった。私はフォーラムの企画に携わったひとりなので、この問かけとそれに対する短い回答は、言ってみれば自問自答なのだが、自分で出した問いに回答を書くのにずいぶん難渋し、時間がかかってしまった。言うまでもないが、「こころ」について未だわかっていないことは無数にある。「対話するこころ」「好きになるこころ」「つながるこころ」。私が知りたいと思う、多くのなぞを考えたあとで、こころの成長、という答えを考えついたとき、私にとっての一番のなぞは「これだ」と腑に落ちた。

私は認知心理学者であるが、認知心理学の教科書にはもちろん「こころは成長し続ける」といったことは書いていない。新設されるセンターで、「未来に向かうこころ」という視点からこころについての研究を展開してゆくには、「こころの見かた」自体が問い直される。過去から未来へと伸びる時間軸の中で、こころの変化と可能性をとらえるには、成長という概念がふさわしいと私には思えたのである。

年齢とともに体力がなくなり、記憶力などが衰えても、こころは成長し続けることができる不思議さ。たとえば、九九歳で亡くなるまで執筆を続けた小説家、野上弥生子について、その生き方を身近で見ていた甥が「毎日、毎日が勉強の人でした。知識欲が強く、精神集中のできる人でした。七〇歳のときよりも八〇歳のときのほうが、八〇歳のときより

「未来に向かうこころ」という視点から

も九〇歳のときのほうが、九〇歳のときよりも九九歳で亡くなるときのほうが偉かった」と記している。しみじみとした、感嘆の気持ちのこもったことばが印象深い。高齢になって創造的であり続ける作家や芸術家の生き方もそうだが、これは、八五歳を過ぎて一人暮らしをしていた父親を見ていて感じた、私自身の素朴な「こころのなぞ」でもある。人は、老いて亡くなるまで、まわりの人がその生き方に影響を受け、見倣いたいと思えるような「こころ」を自ら育むことができるのである。

老いて亡くなるまで「こころ」を育てられる

　人の気持ちに共感できること、自分の気持ちを整えられること、未知のものごとにこころが向かうこと、日常のさまざまな出来事に対して豊かな感情が経験されることなど、「成長するこころ」のなぞに迫るには、まだその仕組みがよく分かっていない、多くのこころの働きについて研究してゆく必要がある。共感するこころや、こころの調整力については、最近、脳科学の研究で新しい知見が報告されており、そうしたこころの働きを支えるハードウェアが少しずつ明らかになってきている。

こころを研究するということ

　自然科学の世界では、なぞを発見し探究する場は、顕微鏡の中であったり、深海やジャングルの奥地であったり、宇宙空間であったりする。それに対して、こころについて考える主要なフィールドは、人が生まれ育ち、生活している場である。日常空間で経験する、こころの不思議やこころのなぞを研究の世界に持ち込んで、どこまで深くこころの知、こころの普遍に迫ってゆけるか。そこに研究の醍醐味があるのだと思う。

　こころを研究するための心理学の方法の根幹は、ひとことでいえば、目に見えないこころの働きを、目に見えるものに変えることといっていいだろう。たとえば、何か課題を行っているときの行動パターンを測定すること、正答率や反応時間を測定すること、調査に対する回答票を分析することなどはみな、こころを「見えるもの」に変える手法といえる。それを手掛かりにして、こころのはたらきについて調べてみると、人が共通にもっている、こころの「くせ」が浮かび上がってくる。

　心理学で取り上げる「こころ」は、日常生活で私たちが直接経験している、自分のこころや人のこころの働きである。そうした、誰にとってもなじみ深いこころの働きの一部を取り上げて研究するので、その結果からわかることは、よく知られた現象に新たな見方や枠組みが示されたり、誰もが信じていた思い込みが修正されるといったものであることが多い。

　簡単な例をあげてみよう。私たちは、「何度も見ているものは正確に記憶しているはず」となんとなく思いこんでいる。

　それでは、百円硬貨に刻まれている花は何だろうか？

目に見えないこころの働きを、目に見えるものに

何度も見ているものは正確に記憶しているはず

授業のときに学生にたずねてみると、一番多い答えは「菊の花」であった。正解は桜の花、である。百円玉のように、おそらく成人では何千回と目に映っているはずの見慣れた図柄でも、人はちゃんと見ていない。網膜に百円玉が映ることと、百円玉を「見る」ことは、違うことなのである。この例は、一九七〇年代にアメリカの心理学者が、一セント硬貨の図柄を題材にして行った記憶研究にもとづいている。一セント硬貨に何が描かれているかを思い出して描く課題や、たくさんの似たような図柄の中から本当の硬貨の図柄を選びだす課題を大学生に行ったところ、正確に思いだせた人や正しい図柄が選べた人は、驚くほど少なかったのである。

もう一つ例をあげてみよう。「今、目の前にあるものは、実際にちゃんと見えている」という思いこみである。これも、あたりまえのことのように思えるだろうが、調べてみると、実際はそうではないことが分かっている。これは「変化の見落とし（change blindness）」という名で呼ばれており、最初にこの現象が報告されてからまだ一五年もたっていない。初めてこの現象のデモンストレーションを見たときは、本当に驚いた。最近はテレビのバラエティ番組でもゲームとして使われているようなので、見たことがある人も多いかもしれない。

「変化の見落とし」の実験では、自然の風景や街中のシーンがちかちかと点滅するようにスクリーンに映される。実は二枚の画像が交互に映っていて、そのうちの一方の画像の中

今、目の前にあるものは、実際にちゃんと見えているはず

「変化の見落とし」の実験

の一部が、もう一方の画像と大きく違っているのである。たとえば、画面中央の飛行機のエンジンの一つが消えたり現れたりするとか、画面の中央を横切るフェンスの高さが、高くなったり低くなったりするのだ。文字にして書いてみると、「こんな変化に気づかないはずはないだろう」と思ってしまう。ところが、実際に点滅する画像をみると、変化に気づくのは非常にむずかしくて、何十秒間画面を見ていても、一向にみつけられないこともまれではない。この現象は、眼に映っているものでも、その部分にしっかり注意を向けなければ、意識にすらのぼらないことを劇的に示している。

他人のこころや他人の気持ちはなかなかわからないが、自分のこころや自分の気持ちは自分が一番よく知っている、というのも、実は「思いこみ」かもしれない。何気なくやってしまう自分の行動のくせを、家族や友人に指摘されて驚いた経験は誰しもあるのではないだろうか。

見る、聞く、思う、覚える、感じるといったごく身近な経験を取り上げて、人が何となく信じこんでいる、こころについてのさまざまな思いこみと、本当の（実際の）こころとの「ずれ」を、具体的な例を通して目に見える形で示し、皆が共有できる知識にかえてゆくこと。これが、心理学の仕事の幹の部分になっている。

思いこみと、本当のこころとの「ずれ」

こころのものさし

こころのものさしとは

「目に見えないこころ」に関してもう一つ大切なことは、こころのものさしの存在である。人のこころの中にはたくさんの「ものさし」や「基準」があり、わたしたちが人やものごとを見るときに使われている。ここでも簡単な例をあげてみよう。

店先に並んでいるりんごを見て、「大きいりんごだ！」と思ったとしよう。そのとき、りんごを見た人の意識には、自分の目の前にある、大きい(という特徴をもった)りんご、があるわけだが、「大きい」という特徴は、こころのものさしが作りだしたものである。その人のこころには、目の前のりんごよりも小さいところに、「ふつうのりんご」の基準が設定されていて、そのものさしで測ると「大きいりんご」と感じられた、ということなのである。

りんごの大きさを判断するものさしは、生まれつきこころに備わっているわけではなくて、その人が今までに見た、たくさんのりんごの大きさをもとにして作られる。同じようなりんご見た経験をもつ人たちがたくさんいれば、その人たちの間ではものさしは共有されるが、「ものの大きさ」のような単純なものさしでも、経験が重ならない場合には、大きなずれが生じてしまうこともある。以前、アメリカを旅行したときに、サンフランシスコのマーケットで売られていた長さ五〇センチくらいの太く細長い緑の野菜に、きゅうりというラベルがついているのを見て、「これがきゅうり?・」とびっくりしたことがある。日本人のものさしでアメリカのきゅうりを見ると、アメリカの「ふつうのきゅうり」が「巨大なきゅうり」ということになってしまうのである。

人はどれだけのものさしを使っているのかと考えてみると、見る、聞く、嗅ぐ、触る、味わうなどの五感だけでなく、「やさしい―こわい」などの対人的な判断、「正しい―間違っている」などの倫理的判断、「美しい―汚い」などの感性的判断など無数にある。

五感だけでなく、無数のものさしが

このものさしはどのように作られるのか？　どれほど精密なのか、アバウトなのか？　経験を通して、アバウトなものさしから精密なものさしに「磨き上げること」はできるのか？　それは、時と場合によって、あるいは年齢によって、どのように変化するのだろうか？　そもそも、ひとりひとりのもっているものさしは、どれほど一致しているのだろうか？

こころのものさしをめぐって、このように多くの問いをたてることができる。人のこころを理解する、考え方や価値観を理解する、というのは、それぞれの人のもっているこうしたものさしの特徴を知ることだといえるだろう。何となく気が合う人やウマが合う人というのは、お互いのもっているものさしの種類や目盛の細かさが似通っている人なのかもしれない。

しかし、自分がどんなものさしを使ってものごとを見たり判断しているのかを自分の感覚だけで気づくのはそれほど簡単ではない。たとえば、気温を感じるものさしの原点は、暑くもなく寒くもない状態のところにセットされており、快不快を判断するものさしの原点はうれしくもなくいやでもない、「ふつうのできごと」にセットされている。このように、「注意が向かない状態」や「気にならない状態」が、自分にとってのこころのものさしの原点、基準点になるので、自分自身のもっているものさしについて常に意識することはないのである。

「気にならない状態」が、こころのものさしの原点

顔を見ること・覚えること

ここで、「顔を覚える」という身近な研究例を手がかりに、こころのものさしについて、もう少し具体的に説明してみたい。

一九八九年、当時勤めていた大学から一年間の在外研究の機会を与えられ、私はイギリスのノッティンガム大学に滞在して、「顔の認識モデル」を提案して当時話題になっていた認知心理学者、ビッキ・ブルースさんの研究室で過ごした。ブルースさんの著書 *Recognising Faces* を翻訳しながら、日本から持っていった日本人の顔写真を素材にイギリス人の学生に参加してもらって、他人種効果に関する記憶実験を行うのが目的だった。

他人種効果

他人種効果というのは、「自分と人種の異なる顔を記憶するのは自分と同じ人種の顔の記憶よりもむずかしい」という現象である。外国映画などを見ているとき、登場人物の顔

がよく似ていて区別がつかない、と思った経験はだれしもあるのではないだろうか（私は、インド映画を見ているときに、このことを実感する）。心理学の研究としては、一九六〇年代初頭には他人種効果の研究論文がぽつぽつと報告されており、古くから知られている現象であるが、十分な検証は行われていなかったのである。

当時、ノッティンガム大学には日本からの留学生や日本人研究者はほとんどおらず、日本人に会ったことのある学生もほとんどいなかったので、記憶の他人種効果の研究にはうってつけの場所だったのだ。

研究室で、私が持っていた日本人の顔写真を研究室の大学院生たちに見せると、「みんなよく似ている！」「全然覚えられそうもないよ」という反応だった。準備を整えて、学部生の人たちに来てもらって実験をしてみると、果たして結果は予想通り、白人の顔写真の記憶成績よりも日本人の顔写真の記憶成績のほうが悪かった。日本に戻ってから、同じ実験を日本人の大学生を対象に行ったところ、イギリス人とはちょうど逆の結果になることもわかった。

この実験を行うときに実験の参加者を二群に分け、目の大きさや顔の形などに注目しながら顔を見る群と、顔写真の人物に対する印象判断をしながら見る群とで、顔の記憶しやすさに違いはあるかどうかも調べてみた。すると、顔を見るときに印象判断をしながら見た群のほうが、全体として顔の記憶成績は高くなったけれども、他人種効果への影響はないことがわかった。つまり、「その人がどんな人か」を考えながら顔を見ると、日本人の顔の記憶はむずかしいことには変わりないが、日本人とイギリス人のどちらの顔でも記憶成績が高くなったのである。

この記憶実験の結果からは、二つのことが明らかになった。一つは、「どんな見かたで見ても、見慣れない人種の顔は覚えにくい」という他人種効果の頑健性であり、もう一つは、「他人種の顔でも、その人がどんな人なのかを考えながら見ると、記憶成績はそれなりに良くなる」ということである。

同じ顔写真を見ても、日本人では日本人の顔、イギリス人ではイギリス人の顔がよく記憶される。このことから、問題は「見る人と見られる顔との関係」、つまり、「こころのものさし」の使われ方の問題であることがうかがえる。

見る人と見られる顔との関係

その後に行った調査から、日本人とイギリス人では、顔を見るときの「目のつけどころ」が違っていることがわかってきた。日本とイギリスの大学生に、日本人とイギリス人の顔写真を見せて、それぞれの顔だちの特徴をできるだけたくさん挙げてもらうと、同じ顔写真に対する記述でも、「特徴」として記述される部位の頻度や記述内容が異なるのである。たとえば、イギリス人が顔写真を見たとき、その顔の特徴としてもっとも多く挙げたのは、頭髪や目の特徴で、日本人の顔写真についても、イギリス人の顔写真についても、「髪がブロンド」「髪が黒い」とか、「目が濃い茶色」「目が黒い」といったように、色の記述が多かっ

「目のつけどころ」の違い

た。一方、日本人大学生の回答を見ると、顔の特徴としてもっとも多く登場したのは、目や眉についての記述であった。ただし、目の色を特徴としてあげる人は少なく、一重まぶたか二重まぶたか、目が大きいか小さいかという記述が多かったのである。

イギリス人が日本人の（アジア系の）顔を見るときに、髪の色や目の色をその顔の特徴として挙げ、日本人がイギリス人の（白人の）顔を見るときに二重まぶたであることや目の大きさを特徴として挙げる。それは、ふだん出会う機会の多い、自分と同じ人種の人たちの顔を識別するときに使っている「ものさし」を、異なる人種の顔を見るときにも使用してしまうという、こころのくせを反映している。イギリス人が日本人の顔を見るときに、「髪が黒い」「目が黒い」と特徴を捉えても、日本人ひとりひとりの顔を区別するのに役立つ情報ではないし、日本人が白人の顔を見て「二重まぶたである」ことを特徴として捉えてもその顔の個性を識別する助けにはならない。それでも、思わずそうしたふだん顔を見るときの「ものさし」を当てはめて顔を見てしまうのである。

こころのくせ

顔を見るものさしについては、気恥ずかしい思いをした経験がある。スコットランドにあるアバディーン大学で、顔のモンタージュ写真を作る装置が開発されたと聞いて、見学に出かけたときのことである。装置の開発に携わった心理学者が、「デモをお見せしますので、事件の目撃者になったつもりで顔を見てください」と説明し、私に一枚の顔写真を見せてくれた。その直後、「では、質問に答えてください」と言われ、「髪の色は何でした

顔のモンタージュ写真を作る

か？」「目の色は何でしたか？……」。私はこの最初の二つの質問からつまずいてしまい、答えられなかったのだ。内心、「髪や目の色には注意してませんでした！　日本人ですし……」と言いたかったのだが、自己紹介のときに「顔の記憶について研究しています」と言った私としては、格好のつかないことになってしまった。

ところで、ノッティンガムで行った実験では、顔写真の人物の人となりを推測しながら顔を見ると、人種の違いにかかわりなく記憶が促進されることが分かった。これは、ちょっと意外な結果だった。その人がどんな人かを推測するのは、ふだん見慣れている人種でなければむずかしいと思っていたからである。しかし、先に書いたような、顔を見るときの「眼のつけどころ」の違いは、その人の人物印象の判断にはあまり影響しないようなのだ。実際、イギリス人の大学生に、日本人の顔写真の印象を尋ね、外向的―内向的、知的な―知的でない、しっかりした―頼りない、などの尺度で一人ひとりの顔の印象判断をしてもらったところ、この課題を行う前は、「日本人はほとんど知らないから、印象判断なんかできないよ」と言っていたが、日本人大学生の結果との相関は非常に高かった。こうした判断には、日本人をよく見ている、イギリス人をよく知っているといった経験の違いは影響しないのである。

人が、顔の印象をどのような情報を手掛かりに判断しているかを考えるうえで、ブルンスウィックという知覚心理学者が五〇年以上前に発表した、シンプルな図顔［図❶］の印象

人となりを推測しながら

図顔の印象判断の研究

判断の研究が参考になる。この研究では、目の間隔、額の広さ、口の高さなど五つの特徴次元を変化させて組み合わせ、二〇〇枚近い図顔を作成して、若さ、知性、陽気さ、好ましさなどの評価尺度で印象判断課題が行われた。

図❶の左はもっとも「陽気」と判断された顔、真中は「知的」と判断された顔、右は「老

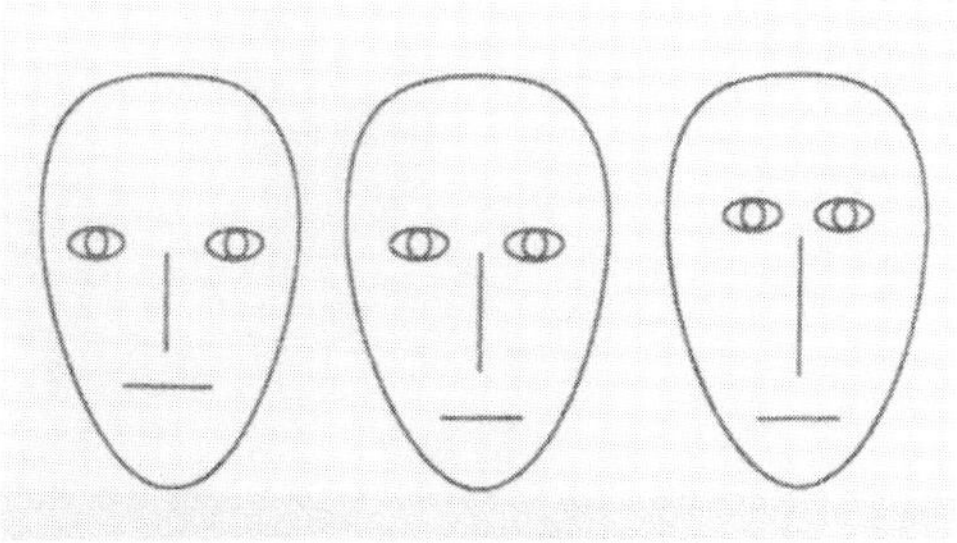

図❶ブルンスウィックが用いた図顔

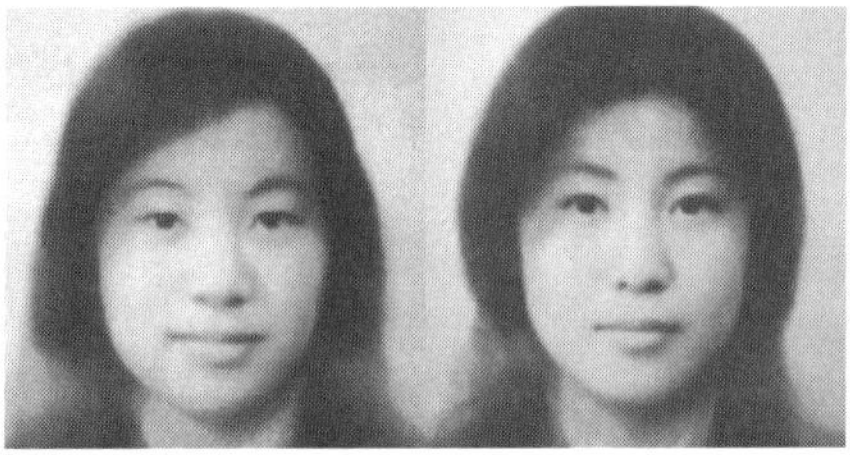

図❷複数の顔写真を合成して作った「平均顔」

いた」と判断された顔である。目や鼻や口の位置を少し変化させるだけで、人物印象は微妙に変わっている。

一方、図❷の二枚の顔写真は、複数の日本人女性の顔写真を合成して作った「平均顔」である。平均顔というのは、複数の顔の輪郭線や目鼻口の特徴をトレースして、その平均的な形態や色調をコンピュータの画像処理によって合成した顔画像で、個々の顔のもつ個性を消して、性別や年齢、人種などの特徴が顔のどのような部分に表れるか調べるのに役立つ画像である。図❷左は、多くの人によって「外向的」と判断された顔写真を合成したもの、右は「知的」と判断された顔写真を合成したものである。この二枚の顔写真と図❶を比べてみてほしい。図❷の平均顔の目の間隔、目と口の配置のバランスが、図❶の左と真中の図顔のそれにそれぞれ似ていることに気づかれるだろうか。顔からうける人物印象の判断には、目や口の「配置情報」が使われており、これらの配置から、人は人種が異なっても人物印象を読み取ることができるのだ。そうした印象判断のものさしを使うことで顔は覚えやすくなるのである。

平均顔

少し話が込み入ってしまったかもしれない。

顔を見てその顔を覚える、という日常的なこころのはたらきに焦点をあてて、日本とイギリスで比較研究を行ったところ、ふだん見慣れた顔の識別に使っている「こころのものさし」を他の人種の顔にも当てはめてしまうことが、顔の識別や記憶のむずかしさを生じさせる原因の一つであることが分かってきた。一方、人物印象に注目することが人種の違いによらず顔の記憶には効果的であった。顔を覚えることは対人関係を築くための第一歩である。見慣れた集団の顔を見分けるのに役立つものさしと、相手の人柄を読み取るものさし。こうした性質のちがうものさしを使うことで、人とのつながりの基礎が作られるのである。

顔を記憶するときには

表情を見るとこころがつながる？——共感するこころの原点

日常生活の中で、私たちは相手の顔に浮かぶ表情を手掛かりにしてその人のこころを推測することが多い。人を怒らせてしまうようなことをしたときに、相手が言葉では「怒っていないよ」と言っていても、表情が不機嫌そうであれば、ひとは、言葉よりも表情に、その人の本心が表れていると感じるだろう。「表情」という表に表れたものから「こころ」という内側にあるものを人はどのように感じ取り、読み取っているのだろうか。最近、脳科学の分野でのある発見を契機にして、こうした共感や感情理解のこころの仕組みが大変注目を集めるようになってきた。

表情に表れる「こころ」

一九九〇年代、サルの脳の神経活動を記録していたイタリアの神経科学者が、他のサルがエサをとるといったような行動をしているのを見ると、見ているサルの脳でも、自分が同じ行為をする時に活動するニューロン（神経細胞）が活性化することを報告した。これは、あたかも他者の行為を自己の行為にうつす、鏡のようなはたらきをするニューロンという意味で、ミラーニューロンと名付けられた。これは、脳の中に他者と自己を結びつける、共感の仕組みがハードウエアとして備わっていることを示す、画期的な発見だった。

ミラーニューロンと共感の仕組み

その後、同じような仕組みが人間の脳内にもあることが分かってきて、現在たいへん注目を集めている。私の研究室でも、二〇〇二年から脳科学の研究プロジェクトに参加してｆＭＲＩ（機能的磁気共鳴画像法。機能的脳画像法ともいう）を用いた表情認知の脳科学研究を始め、それが思いがけず、ミラーニューロン系と関連する研究に進展することになった。

表情認知の脳科学研究

機能的脳画像法や、その他さまざまな脳科学研究のテクニックはこの二〇年ほどの間に、急速に普及し、心理学者にとっても身近な研究手法になりつつある。これは何か課題を行っているときの脳領域の活動の強さを、血流量の変化を手掛かりにして視覚的に表す手法であり、まさに「こころのはたらきを目で見る」方法といえるだろう。

認知心理学は、対象を「認知する」過程を明らかにすることが目標なので、「表情の知覚から視覚処理を経て、それがどんな感情を表すのか判断するところ」までに焦点をあてて研究を進めるのがスタンダードな方法である。けれども、脳科学の表情研究からは、そう

認知心理学と脳科学

したアプローチでは説明しきれない現象が報告されていた。たとえば、扁桃体の機能が損傷などによって低下してしまうと、恐怖の表情を読み取ることが極端にむずかしくなるが、他の表情の認知にはそれほど影響しない。また、脳出血などによって島皮質に損傷を受けると嫌悪の表情だけが読み取れなくなることも知られている。もし、怒りや喜び、悲しみといった表情の意味を理解するときに、それぞれの表情の視覚的な特徴だけに基づいて識別し判断しているとしたら、恐怖や嫌悪などの、特定の表情の認識だけが極端に悪くなることはとても奇妙なことに思える。しかし、表情を見てその意味を理解するには、その表情を見ている人自身の感情喚起のプロセスが関わっていると考えると、感情を司る脳領域の損傷が特定の表情認知を困難にすることはなるほどと理解できるのである。

感情喚起のプロセス

脳機能画像を用いた研究を始めたころ、「恐怖表情と中性表情を見たときの脳活動の差をみると、恐怖表情を見ているときに扁桃体が高く活動する」という論文を見つけて、その追試のために、私自身も実験参加者のひとりとしてｆＭＲＩ装置に入ってデータをとってみた（途中でよく眠ってしまうので、共同研究者にがっかりされたりもしたが）。私たちが脳機能画像研究を始めた頃には、すでに、人の社会性にかかわる脳神経システムが注目されるようになっており、人が顔を知覚したときに強く活動する脳領域（紡錘状回）や、他者の視線に対して敏感に反応する脳領域（上側頭溝）などがぞくぞくと報告されていた。二〇〇〇年から二〇〇五年の五年間で、顔や表情にかかわる脳科学研究で公刊された論文数をみてみる

恐怖表情を見ているとき

と、一九九〇年から一九九五年の四倍にもなっている。しかし、ほとんどの研究で静止画の表情写真が用いられていて、コミュニケーション場面で私たちが見ているような、変化する表情の認知研究は大変少ないように思えた。

変化する表情を見ているときの脳活動

そこで、私たちは、変化する表情を見ているときの脳活動に焦点を当てた研究を進めることにした。真顔から笑顔や恐怖の表情に変化する短い表情映像を作成して、そうした表情を見ているときに活動する脳領域を調べる研究を行ったのである。すると、笑顔でも恐怖でも、変化する表情を見たときには、写真の表情よりも、顔や表情の視覚処理に関係する広範な脳領域に強い活性化が生じることや、真顔から恐怖に変化する表情を見たときには扁桃体がとくに活性化することが分かった。さらに、この研究で私たちが注目したのは、前頭葉の運動前野の活動だった。運動前野という脳領域は、人が何かしようと行為の準備をしている時に活動し、ミラーニューロンがあるといわれている領域である。

表情を知覚したときの脳活動を調べた研究を発表してから、私たちは、変化する表情を見ているときの、見ている人の表情変化を見てみたらどうだろう、と考えた。もし、fMRI研究が示した、変化する表情を見ているときの運動前野の活動が、ミラーニューロン系の活動であるなら、表情を見ている人の表情も、ミラーのように、見ている表情と同じように変化するのではないかと考えたのである。

顔と顔を見合わせるコミュニケーションでは、一方が笑顔になったり悲しそうな顔になったとき、もう一方の人も、思わず笑顔や悲しみの表情になるという表情のやりとりは自然で共感的なやりとりである。相互に同じ気持ちであることが伝わりあうこのようなやりとりが、生後間もない赤ちゃんでも見られることを示す発達心理学の研究がある。大人が赤ちゃんと正面に向きあい、頬をふくらませたり、唇を突き出すような表情をすると、赤ちゃんも頬をふくらませたり、唇を突き出したりするのである。人の赤ちゃんには、大人の表情を見たときに自分も同じ表情を返して、同じ気持ちを共有するこころの仕組みがそなわっている。

表情のやりとりで同じ気持ちを共有

では、大人の場合はどうだろうか？　映画やテレビドラマの登場人物に感情移入し、共感して見ているとき、登場人物と同じように笑ったり泣いたりした経験はないだろうか。おそらくそのときの表情は、共感している相手の表情と同じ感情を表しているのではないだろうか。そうした、「思わず表れてしまう」共感的な表情が大人でも見られるかどうかを調べるために、表情を見ている人の表情の変化を調べる実験を行った。

「思わず表れてしまう」共感的な表情

大人の場合は、ビデオカメラが自分の表情を映していると意識するだけで、顔は緊張して表情も固まってしまう。それで、テレビ局でニュース原稿を読むアナウンサーの顔の撮影に用いられるプロンプタという装置を使い、ビデオカメラの存在がわからないようにして、表情を見ている人の表情を撮影した。実験室にきた参加者に、まずお茶を出して一服してもらう、などリラックス効果の演出を工夫したところ、モニタ上の笑っている表情を見るときはふっと口角が上がり、怒りの表情を見たときには眉根が寄るというように、見ている表情と類似した表情の動きが、見ている人の表情にも表れることを示す映像が得られたのである。

このように、変化する表情の映像クリップを作成して、脳機能画像研究や実験参加者の表出表情の分析を行い、「表情を見る人の表情を見る」研究を進めてきた。その結果分かってきたのは、こころとこころがつながるというのは、単に言葉のレベルの「お話」ではなさそうだということである。人の脳やこころのはたらきの基本的な部分に、相手が感じている気持を直接感じ取ることのできる仕組みを人は持っている。不思議なことに、大学の授業でも国内外の学会でも、この「表情がうつる二人の映像」を見せると、「この気持、分かる！」というような笑いが、見ている人たちの間に生まれるのである。表情と表情が伝わり合うのを見ると、それを見る人たちにも同じような感情が一瞬のうちに伝わってゆく。こころとこころが意図せずに「つながる」ことを実感した。

こころとこころがつながる

こころ研究の将来像――「つながるこころ」を示す

心理学は、これまで長い年月をかけて、こころのなぞに迫る方法、つまり見えないものを見えるものにする方法を探し洗練してきた。その研究対象は、人が日常生活で経験する、身近な「こころのはたらき」であり、その背後にある仕組みが、思い込みとの「ずれ」という形で鮮明に浮かび上がってくる。「ずれ」を示すための実証研究の手続きは、多少面倒で時間もかかるが、その結果「今まで気づかなかったけれど、この結果を見れば、確かにそうだ！」というこころの姿のリアリティが見えてくるところに、研究の醍醐味がある。

また、今から20年前であれば、こころの研究と脳の研究の間にまだ大きな距離感があって、「脳が解明されたとして、それでこころは解明されるのか?」という問いが、懐疑的なニュアンスで議論されることも多かった。しかし今は、両者を切り離して議論することが困難なほど、脳との関係を基礎にしてこころのはたらきを考えることがふつうであり、当たり前の前提になっている。さらに、先に記した「表情を見る人の表情」の研究が示すように、こころの働きは、一人の中に閉じているのではなく、たくさんの人たちの間でもつながりあっているのだ。

今までの心理学的研究、実証研究の多くは、知覚はどうか、記憶はどうか、感情はどうかといったように、こころの働きの一部分に焦点を当てて研究を重ねてきた。そうした中で、それぞれの研究の専門化が進み細分化されてゆくにつれ、ローカルな真実はたくさん蓄積されていくが、その中から人のこころの全体像を「復元」することがむずかしくなってきている。

大切なのは、方法Aと方法Bという選択肢を示し、どちらを取るか、どちらが正しいか

こころの研究の醍醐味

といった発想ではなくて、方法Aと方法Bをうまく組み合わせることや、方法Aと方法BをつなぐCという道を探しつつ、等身大の「こころ」を見失わないことだろう。そのためには、心理学と隣接する多様な学問分野との連携がこれまで以上に求められる。おそらく、今後こころについての研究を進めるには、複数の見かたや複数の方法を組み合わせつつ研究することが不可欠になると思われるからである。

私の今の関心事は、人が他者のこころを知り、他者に自分のこころを伝えて、共感し合ったり誤解し合ったりするこころの仕組みである。人と人との相互作用によって、意識や行動が変わってゆく仕組みを知りたいと思う。そこに人のこころの成長の秘密があると思うからだ。そのためには、目の前にいる人とのやりとりだけでなく、記憶や知識の中の人、想像上の人などいろいろな「他者」の影響力について検証する必要がある。認知心理学の方法では、目の前にいる人やものに対する反応の分析が中心なので、あこがれの人や理想の人の存在、つまり「目の前にあるお手本」ではなく、こころの中の存在がその人自身の行動を作り変えてゆく可能性にまでたどり着くのはまだしばらく先になるかもしれない。そうしたこころの性質まで、いつか心理学的に解明してゆきたいと思っている。

等身大の「こころ」を見失わない

人と人との相互作用によって

こころとは…
〈こころ〉が身体に影響を与えるプラシーボ効果。それが有効になるのは、病者に「あなたは今のあなたで充分よいのです」と語り続けながら、「出口の見えない状況でも宙ぶらりんの状態を耐え続けるネガティブ・ケイパビリティ」で接することによってなのである。

ははきぎ・ほうせい　作家、精神科医
1947年、福岡県生まれ。東京大学仏文科卒業。TBS勤務ののち九州大学医学部卒業、医学博士。現在、精神科医（通谷メンタルクリニック院長)。1993年『三たびの海峡』で第14回吉川英治文学新人賞、95年『閉鎖病棟』で第８回山本周五郎賞、97年『逃亡』で第10回柴田錬三郎賞を受賞。最新刊の『水神』のほか、『聖灰の暗号』、『国銅』、『エンブリオ』、『受命』、『臓器農場』、『安楽病棟』、『ヒトラーの防具』、『精神医学の二十世紀』、『ギャンブル依存とたたかう』など著書多数。

プラシーボに現れる〈こころ〉

帚木蓬生
HAHAKIGI Hosei

はじめに

人の〈こころ〉に接する〈こころ〉の効用

医学・医療のなかで精神医学が地歩を固めたのは、十九世紀初頭のフィリップ・ピネル（一七四五〜一八二六）からだとされる。ピネルというと、それまで鉄鎖につながれていた精神病患者を解き放した人物として知られるが、彼の本来の業績はもっと奥深いところにある。それは、患者とかかわる医療従事者の態度によって、病勢が良くもなれば悪くもなるという事実の発見である。これこそがいわば精神療法の原型であり、ピネルの指摘以降、もはや人は精神障害者に冷眼や背中を向けることができなくなった。つまりこのとき、人の〈こころ〉に接する〈こころ〉の効用が明らかにされたといえる。

〈こころ〉の座としての〈脳〉

ところが、精神医学はピネルの発見と実践を一方で深化させつつ、他方では〈こころ〉の座としての〈脳〉を科学する執念をいだきつづけた。前者の代表が暗示療法や催眠療法、精神分析であり、後者の成果は、二十世紀後半から開発されてきた向精神薬である。脳科学の後押しをしたのは現代医学の発展に負うところが大きく、時代が下るにつれて肥大化し、他方かつて重視された〈こころ〉の問題は、南海の大波をかぶる小さな珊瑚礁のように、医療概念から消えようとしている。現代医療で重宝されるのは、急発展をする検査機器と薬物療法、外科的介入、放射線療法である。この抗しがたい潮流にのって、精神医学でも、統合失調症やうつ病はもちろん、不安障害や強迫性障害、認知症に至るまで、薬物療法が主流になってきている。日常の診療においても、〈こころ〉の出番は少なく、存在そのものさえ精神科医の眼にはいりにくくなってしまった観がある。

一般医療からも、まして精神医療からも〈こころ〉が消えてしまったらどうなるのか。本当の医療危機や医療崩壊の懸念は、そこにあるのかもしれない。それはまた精神医療そのものがピネル以前に立ち戻ることを意味する。

この消えてしまったかに見える〈こころ〉を、確かな存在として取り出し、医療の場で発揮するその効果を具体的に示すのが本稿の目的である。

消えてしまったかに見える〈こころ〉

そのために、まず精神科臨床における重要な基本事項を、アフリカの伝統治療師の技法と照らし合わせ、その技法を遂行するために治療者に要求される能力について考察する。ついで、医療の場で紛れもなく露出している〈こころ〉の実態としてのプラシーボ（偽薬）効果を、厳密かつ科学的な視点で分析する。そして最後に、〈こころ〉こそが脳を変化させているのだという、最近の医学研究が解き明かしつつある仮説を提示する。

精神科臨床と伝統治療師

精神科医になりたての頃、祈禱師やメディシンマン、いわゆる伝統治療師のたぐいを軽蔑していた。非科学的な治療で患者をたぶらかしている詐欺師だと思っていたのだ。私の

伝統治療師

偏見が打ち砕かれたのは、精神科医になって一〇年過ぎた頃、比較精神医学の成書を翻訳したときだった。そこには次のように書かれていた。

精神療法家は、医学教育を受けた者であれ、そうでない者であれ、伝統的占い師の直接の継承者とみなすことができる。現代精神医学の勝利は薬理の領域内においてのものであり、社会的処遇の面ではそうとも言えない。この分野は伝統治療師のほうがよく実践している。（ジュリアン・レフ（森山成梯・朔元洋訳）『地球をめぐる精神医学』、星和書店、一九九一年、二二一頁）

精神療法家は伝統的占い師の直接の継承者

伝統治療師が用いる手技は、大別して二つある。ひとつは占いで、色のついた象牙のかけらをいくつか放り投げて、依頼人の取るべき道を指示する。これによって依頼人は、突き進む道に意味を見出す。二つめは悪魔払いないし病魔退治である。病人の身体にべとつく飯粒を塗って呪文を唱え、乾いたところをはがす。かと思えば、病人の横たわる部屋で乾草を焚いていぶし、むせ返らせて、体内の病魔をあぶり出す。病人はこの象徴的な行為に意味を見出し、あたかも病気そのものが快癒に向かったような錯覚に陥る。

難治の病人に対して

それでもどうにもならない難治の病人に対して、伝統治療師が講じる究極の手法を読んで、私は思わずうなってしまった。家族や親族を呼び、遠い山の頂上に生息する植物に効力があると言い、取りにやらせるのだ。そこに辿り着き、戻って来るまでには十日か二十日はかかる。息子や兄弟、甥や叔父は何人か集まって、指定された植物を採りに出かけるのである。

ここで重要なのは、おそらく薬草そのものの効果ではない。家族と親族が病人のために危険をおかして長旅をし、帰ってくるという事実ではないだろうか。病者は希望をもち、薬草が届くまで待ち続ける。届いた薬草は貴重なものだから、病人の期待も大きい。期待が大きければ、たとえその薬草の薬効が小さくても、ひと月くらいは効いた感じがして一過性に元気になるかもしれない。あるいは、その間に病いが峠を越し、自然治癒力によって快方に向かう可能性もある。

そして仮に不幸な転帰に至ったとしても、病人は家族と親族の尽力に感謝して永眠する。周囲も、やるべきことはし尽くした思いで、悲しみながらも悔いは少ないに違いない。

〈日薬〉

この原始的な治療の場に働いている要素は三つある。ひとつは、わが国でも古くから言われている〈日薬〉である。どんな病気も、時間的基盤が保証されなければ快方に向かわない。特に、生物にもともと備わっている自然治癒力に頼らざるを得ない場合は、数日、旬日、数ヵ月、あるいは年余の時間が必要になる。前述の伝統治療師は、病人の近親者を遠くの山に遣わすことによって、平たく言えば時間稼ぎをしているのだ。病人が薬草の到着を待ちつつ、自らを鼓舞しながら生きているうちに、事態や状況は好転する。その未来に延びた時間軸の可能性に、伝統治療師は賭けていると言える。

二つめの要素は、私なりの用語を使えば〈目薬〉である。もちろん点眼薬のことではない。治療者が病人の辛さや苦痛から眼を離すことなく、見守っている目をいう。人は誰でも、見守る目や他人の理解のないところでは、苦難を乗り越えにくい。主治医であるこの私が、あなたの苦しみはよく理解しているし、あなたの努力と奮闘ぶりは知っていますというメッセージが患者に伝われば、患者は持ちこたえられる。

伝統治療師が病人に手渡すお札やお守り、あるいは家の四隅に置くように指示する塩なども、おそらく〈目薬〉の代わりをすると考えていい。治療者がそこにいなくても、病者は治療者に見守られているという安堵を感じるのである。

伝統治療師が用いる第三の要素は、認知行動療法の用語を使えば、〈ＵＳＡ〉である。Unconditional Self Acceptance、つまり〈無条件の自己受容〉をさす。伝統治療師は、依頼人を前にして「そんな生き方をしてきたから、こんな悪い結果になった。考え方、生き方を完全に変えなさい。さもないと大変なことになる」とは決して言わないだろう。

依頼人は、仮にそう注意されたところで、途方にくれるだけであり、これまでまがりなりにも生きて来た自分の信条や流儀は、そう簡単には訂正できない。ましてや、過去を全否定されると、よって立つ基盤がなくなり、立ち直るとっかかりさえも見出せなくなる。

治療者が助言できるのは、「できればこうしたほうがいい」というマイナーチェンジである。その他に関しては、「あなたの心構えがどうであれ、それはあなたのもの。だからそれ

〈目薬〉

〈ＵＳＡ〉つまり〈無条件の自己受容〉

でいいのです」と、病者のよって立つ足元を保証してやったほうがいい。それでこそ病者は、〈日薬〉と〈目薬〉のもとで、新たな一歩を踏み出すことができる。

以上のような一連の技法を、見えない形で繰り出していく伝統治療師の能力とは、いったいどういうものであろうか。通常われわれが使っている〈能力〉とは、いささか次元の異なる〈能力〉のような気がしてくる。

バリ島の精神科病院にて

数年前、精神科の同僚と一緒に、インドネシア・バリ島内陸部にある精神科病院を見学したことがある。二百数十床の病院に、医師と看護師の数は比較的充実していたが、使用する向精神薬の種類の少なさに驚かされた。薬の選択の幅が限定されるうえに、薬剤自体も古い時代のものだった。患者の大半は医療保険にはいっておらず、高価な薬は到底処方できない。しかも受け持つ地域の人口の多さに比して、病床が圧倒的に少なく、患者は長く病院に置いてはおけない。家族に連絡しても迎えに来ないときは、病院の車で患者を自宅に連れて行き、置いてくるのだという。

あまりにないない尽くしなので、見学後の会談の席で私は思わず訊いていた。

「これで患者を治せるのでしょうか」

院長は笑顔をくずさず、少し考えたあと答えた。

トリートメントはできる

「治すことはできないかもしれませんが、トリートメントはできます」

私には、啓示にも感じられる言葉だった。医学生になって以降、トリートメントという用語は何万回見聞きし、口にしたかしれない。しかしそれはいつも〈治療〉、つまり治癒を目ざしての行為を意味していた。

ところがそこで耳にしたトリートメントは、治療というよりも、美容室で行うトリートメントを連想させたのだ。傷んだ毛髪を元通りにするのではなく、ひどくならないように手当て、つまりケアをしてやるのが、美容師が行うトリートメントだろう。これなら、ないもの尽くしの病院でも、医療従事者がしてやれる余地は充分ある。

ネガティブ・ケイパビリティ（陰性能力）

前項で述べた〈日薬〉と〈目薬〉、そして〈USA〉といういわば三種の神器を使う治療者は、どういう能力を要請されるだろうか。伝統治療師が身につけている能力であれば、その後継者とも言うべき現代の精神科医も、当然獲得しなければならない資性である。

ネガティブ・ケイパビリティ（Negative capability　陰性能力）とは、詩人や作家に求められる資質として、十九世紀初頭の英国の詩人キーツ（John Keats　一七九六～一八二一）が唱えた概念である。「性急に事実や理由を求めず、不確実性や不可思議さ、懐疑のなかにいることができる能力」であり、キーツによればシェイクスピアがこの才能を十二分に備えていたという。

「性急に事実や理由を求めず、不確実性や不可思議さ、懐疑のなかにいることができる能力」

私がここで注目したいのは、「事実や理由」という箇所である。それらの用語を医療の場に置き換えれば、現在盛んに言われている〈エビデンス〉と〈原因〉に相当するのではないだろうか。

エビデンス（根拠）に基づく医学

ある治療法が本当に効くかどうか、そのエビデンス（根拠）はあるのか。ここ数年ＥＢＭ（Evidence Based Medicine　エビデンスに基づく医学）が、医療界を席捲している。〈エビデンス〉がはっきりしない治療法は、まやかし、あるいはひとりよがりの主観的な効果だとされて一蹴される。今までじっと坐っていて何の害も他に及ぼさない砂漠のスフィンクスが、歩き出し、街を濶歩するように、〈エビデンス〉は、医療の場を肩で風を切って歩いている。

疾病の原因究明

もう一方の〈原因〉は、医学の発展のためには原動力の役目を果たしてきた。疾病の原因究明がなされれば、治療法にもやがて手が届くようになるからである。しかし医学のなかで究明された〈原因〉は、誤謬の歴史であったと言っても過言ではない。Ａとされた原因が否定されてＢが提唱され、またそのＢも訂正されて、やっとＣに行き着いたというような紆余曲折がある。この紆余曲折は、複数の原因がからみ合っている場合、いやがうえにもひどくなる。いまだに原因不明の疾患が山ほどあるのも、おそらくはそのせいだろう。

そうなると、詩人や作家だけでなく、伝統治療師もそして現代の治療者も、「不確実性や不可思議さ、懐疑のなかにいることができる能力」を持つ必要がでてくる。

詩人や作家の存在意義は、不確実性や不可思議さそのものを丸ごと掬いとり、そのままで提示するところにある。物事の事実の開示や理由づけでは、詩の味わいも奥行きもなくなり、作家も人間の複雑極まりない営みを表現はできまい。このネガティブ・ケイパビリティがあったからこそ、シェイクスピアは、オセロで嫉妬の、マクベスで野心の、リア王で忘恩の、そしてハムレットで自己疑惑の、それぞれ深い心の動きと綾を探り当てて描き出すことができたのではなかったか。つけ加えるならば、わが国の紫式部にもこの能力が備わっており、源氏物語のなかで、宮廷社会の世事を背景にしながらも、現代にも相通じる男女のさまざまな愛憎のあり方を描けたのだと私は思う。

ネガティブ・ケイパビリティを初めてキーツが記述してから百五十年後、精神医学の領域でこの概念に光を当てたのは、やはり英国の精神分析医ビオン（Wilfred R. Bion　一八九七〜一九七九）である。生身の人と人が接する精神療法の場において、治療者が保持しなければならないのが、この能力だと力説した。

私なりにかみくだくと、〝問題〟をせっかちに措定せず、生半可な意味づけや知識でもって、その〝問題〟に拙速に帳尻を合わせず、未解決のまま宙ぶらりんの状態をもちこたえるのがネガティブ・ケイパビリティである。

しかしこれは容易なわざではない。というのも、ヒトの脳には「分かろう」とする生物としての本来の方向づけが備わっているからである。目の前のわけの分からないもの、不可思議なもの、嫌なものがそのまま放置されていると、気持は落ちつかず不安にかられる。

シェイクスピア

紫式部

精神医学におけるネガティブ・ケイパビリティ

未解決のまま宙ぶらりんの状態をもちこたえる

そうした困惑状態から早く抜け出すために、当面している事象にとりあえず意味づけをして、何とか「分かろう」とする。社会的な事件や自然現象、身体の病気や心理的な事象に対しても、さまざまな意味づけをして「理解」し、「分かった」つもりになろうとする。ヒトの脳にはそういう力が備わっており、だからこそ、ヒトとしての進化を獲得したのだとも考えられる。

マニュアル化の落とし穴

宙ぶらりんの状態にあるとき、脳が悩まなくていいように考案されたのが、ノウハウものやハウツーものであり、窮極のかたちがマニュアル化である。マニュアルがあれば、あらゆる〝問題〟はこと細かく網羅され、その後に展開する事象も「分かった」ものとして片づけられ、おのずと対処方も定まってくる。脳は少しも悩まなくてすむわけである。

しかしここには大きな落とし穴が待ち受けている。「理解」がごくごく低い次元にとどまってしまい、より高い次元にまで発展しないという陥穽である。ましてや「理解」が仮のものであったり、間違っていた場合、悲劇はさらに深刻になる。これは精神療法の場を例にとると明らかである。

精神療法

この種の患者にはこういう態度をとり、こうした訴えにはこういう返事をする、というようなマニュアルがあったとして、精神療法は果たして成り立つだろうか。項目を千にも二千にも増やしたところで、治療の場は殺伐なものになるに違いない。何よりもそこには血が通い合わないのだ。患者の人となりや生い立ちも境遇も千差万別であり、症状も多彩であって、しかも刻々と変化する。また治療者の性格や生活信条、育った文化的な背景もまた多様極まりない。さらに患者と治療者が相対峙する治療の場も、ピンからキリまである。音の遮断された閉鎖空間であったり、区切りはカーテンのみという雑駁な診察室もある。すべてが多種多様であって、それが四重にも五重にもからみ合うのだから、マニュアルが役に立つはずがない。

だからこそ、ビオンが警告を与えたのも、まさしくこの点で、精神療法は、「記憶」も「欲望」も「理解」もないところでこそ、最大の効果を生むとまで言い切る。治療者は、自分の「知識」を頭から消し去り、患者をこう導いてやりたいという「欲望」にもとらわれず、我田引水的に患者を「理解」しようともせずに、患者と接するべきだと説いた。生まれたばかりの赤子のような新鮮な態度と無垢の気持で、患者と接することにより、治療者と患者の出会いの価値、交わされる心情と言葉が力をもってくると主張したのである。しかしこうした状況は、ヒトの脳には耐えがたいはずであり、だからこそ治療者にはネガティブ・ケイパビリティが要請されるのだと結論づけた。

マザー・テレサ

私はここに、貧者と病者の世話に生涯を捧げ尽くしたマザー・テレサの行動と相通じるものを感じてしまう。あるジャーナリストが、マザー・テレサに向かい、「あなたの行為は誠に偉大で、心打つものですが、それで貧困や病いがなくなるとお思いですか」と訊いたという。マザー・テレサの返事は、「神がわたしに課されたのは、貧困や病気の問題を解決することだとは思われません。ただこうするように課されたのだと思います」であった。

確かにそこには、「記憶」も「欲望」も「理解」もないのだ。またそれは、精神療法でよく言われる、〈受容〉や〈共感〉とも微妙に違う。もっと根源的で無垢な、ヒトとヒトとの交流のように思える。

私たちは〈能力〉といえば、ネガティブ・ケイパビリティとは反対のポジティブ・ケイパビリティ（positive capability 陽性能力）だけを想像しがちである。つまり才能や才覚、物事の処理能力で、これこそ現代の学校教育において不断に追求されている能力でもある。特に医学教育ではこの考え方が濃厚で、生じた問題に対して的確かつ迅速に対処する能力が、医学生、研修医時代を通してひたすら養成される。

ポジティブ・ケイパビリティ（陽性能力）

しかしこの種のポジティブ・ケイパビリティのみでは、表層に浮かんだ〝問題〟のみをとらえがちで、深層にある本来の問題は見過ごすことになりかねない。またそもそも問題の解決策がないような状況に立ち至ると、ポジティブ・ケイパビリティばかり磨き上げた治療者は、そこから逃げ出すより他にない。あるいは、初めからそこには近づかないだろう。

問題の解決策がないとき

不治の病いや慢性病の患者、死にゆく病者を前にして、医療従事者が背を向けず、何度もベッド脇に立ち戻り、共に時間を過ごすことができるのは、他ならぬこのネガティブ・ケイパビリティが備わっているからである。

しかしなにもこうした宙ぶらりんの状況というのは、医療の場に限って立ち現れるわけではない。家庭内での子供の不登校や、逸脱行為にしても、容易に解決策は見つからない。それどころか、どこに問題があるのかさえつかめない。おそらくそれは、問題がひとつではなくいくつもからみ合った結果なのだろう。従って、あたかも分かったような顔をして〝問題〟を抽出したところで、見当はずれになりやすい。そうして取り出した〝問題〟に対処方を考え出すと、的はずれの度はますますひどくなり、事態は悪循環しはじめる。それよりは、まさしく〈困った〉気持のまま、論理では解決のつかない、どのようにも決められない、宙吊りの状態を回避せず、耐え抜くほうがよほどましである。それこそこれまでに縷々述べてきた〈日薬〉、〈目薬〉、〈ＵＳＡ〉が働いて、事態はいつか好転するに違いない。

〈困った〉気持のまま耐え抜く

私はアフリカ・セネガルのひとつの格言を思い出す。「人の病いの最良の薬は人である」なるほどかつてのセネガルには薬もなければ発達した医療機器もないから、そう言えたのかもしれない。しかし、私は医療の発達した現代の先進国においても、その格言は輝きを失わず、いや現代だからこそますます輝きを増すのではないかと思う。

「人の病いの最良の薬は人である」

徒手空拳の人と人とのつながりのなかで、一体何が生じているのか、次項でその具体例を見ていく。

プラシーボ効果の実際

プラシーボの原義

〈こころ〉の働きをうかがい知るための窓

プラシーボの原義はラテン語で「私は喜ばす」を意味する。プラシーボ効果とは、本来効力のない物質の投与や処置に対して、効力があるように生体が反応することをさす。このプラシーボ効果は、たとえるなら登り窯の覗き窓と同じで、〈こころ〉の働きが身体の状態にいかなる影響を与えているか、唯一うかがい知ることができる窓である。

前項までに、医療の場で治療者が病者に与えうるトリートメント、あるいはケアを成り立たせる要素について述べた。〈日薬〉や〈目薬〉、〈USA〉、ネガティブ・ケイパビリティは、いわばケア力を高める基本的な要素である。しかし、具体的には、そこにどういう作用が働いているのか、通常の手段では把握しにくい。幸い、私たちの手元には、短いながらもプラシーボ効果についての研究史がある。その成果をつぶさに辿ることによって、医療の場における〈こころ〉の存在が浮き彫りになってくるはずである。

プラシーボ効果の差

まず一九七〇年代に始まったのが、薬剤の投与法や錠剤の色と大きさ、内服する錠剤の数によるプラシーボ効果の差である。投薬は、医師がしたほうが看護師よりも効果は大きい。錠剤よりも注射のほうが効きめがあるし、大きい錠剤のほうが小さな錠剤よりも、プラシーボ効果は出やすい。しかし極少の錠剤は、並の大きさの錠剤よりも効きやすい。錠剤よりはカプセルのほうが効果があるという結果が報告された。

薬剤の色に関しては、薬学部の学生を対象にした実験がある。成分はまったく同じ青とピンクの錠剤を用意して、「これは気分を変える薬です」と言って、飲んでもらった結果が興味深い。三割の学生が気分の変化を実感し、青色の錠剤を飲んだ群は気分の落ち込みを、ピンクの錠剤を試した群では気分高揚を体験している。しかも一錠を飲んだ群より二錠服用した群のほうが、気分の変化が大きいのである。

一九八〇年代初頭に実施された実験も、ついついこちらが微笑したくなるような結果になっている。八三五人の頭痛を訴える女性患者を四群に分けて、A群はただ単に〈鎮痛薬〉と書いたプラシーボ、B群は有名な鎮痛薬のブランド名を書いたプラシーボ、C群は〈鎮痛薬〉とのみ記されたアスピリン、D群はB群と同じく有名ブランド名を書いたアスピリンを投与した。一時間後に頭痛がどの程度軽くなったかを点数化して問うたところ、鎮痛効果はDCBAの順だったのである。プラシーボよりアスピリンが効果があったのは確かであるが、表示された薬の名称でその効きめも変わってくる。

また二百人の不定愁訴の患者に対して、医師が四とおりの対応をして、症状の改善率をみた実験も見逃せない。A群の患者に対して医師は診断名を告げて、「たいしたことない。すぐよくなります」とのみ告げる。B群にも同じ対応をするが、プラシーボとしてビタミン剤を手渡し、「この薬がよく効きます」とつけ加える。C群に対しては、首を捻って、「分からない病気だ」と告げて帰し、D群には同じことを言いながらも、「この薬が効くかもし

「これは気分を変える薬です」

表示された薬の名称で効きめが変わる

れない」と伝えて、ビタミン剤のプラシーボを渡している。果たして改善率はどうだったか。A・B群が六四パーセント、C群が五六パーセント、D群が四三パーセントである。つまり、ちゃんと診断をつけてやり、「効果のある」薬を投与することこそが、最大の治療効果をもたらす。

このようなプラシーボ効果が最も発現しやすいのは、疼痛に対してである。一九七〇年代の後半、親知らずを抜歯したあとの痛みに対して、抜歯二時間後、鎮痛剤と称してプラシーボの生理食塩水を静脈注射した実験がある。一時間後にほとんどの患者が痛みが減ったと報告したその時点で、今度は一方の群にやはり生理食塩水、もう一方の群には、脳内麻薬物質であるエンドルフィンの効果を遮断するナロキソンを静注した。すると、プラシーボ群でさらに痛みの軽減が起こったのに対し、ナロキソン群では痛みが増すという衝撃的な結果が得られた。すなわち、プラシーボの投与は、単なる暗示で(気のせいで)痛みを減弱させるのではなく、脳内麻薬物質であるエンドルフィンを分泌させて、痛みをやわらげている事実が判明した。

脳内麻薬物質エンドルフィンを分泌

一九九〇年代後半になると、さらに巧妙に工夫された実験が登場する。痛みを惹起させるのは、血圧測定のときに使うマンシェット(腕帯)である。痛みを1(痛みが全くない)から10(耐えられない痛み)までに段階づけをし、7の痛みに達した頃に、操作を加える。つまり、ここで被験者は三群に分けられ、A群は患者が知らないうちに生理食塩水、B群は同じく患者には知られないようにしてナロキソン、C群は「今から鎮痛剤を注射します。何分かすると痛みはやわらぎます」と言って、生理食塩水を注射するのである。そうすると、A・B群ではどんどん痛みの度合いが上昇していき、およそ三五分後には10の痛みに達する。反対にC群は五分後から痛みの度合いが下がりだし、二五分後には痛みは5まで下がり、以後は横這いになる。

しかし巧妙なのは、この先の第二段階の実験で、C群が、隠された注射によってさらに三つの群に分けられた。注射をするタイミングは、痛みが横這いの5まで下がる二五分後より逆のぼること一〇分前、つまり実験開始からは一五分後になる。三群ともに、注射をされたかどうかは分からない仕組みになっている。その時点で(a)群には生理食塩水、(b)群にはナロキソン、(c)群にはプログルマイドを注射する。前述したようにナロキソンが生体内麻薬物質であるエンドルフィンの分泌をブロックするのに対して、プログルマイドは逆に、エンドルフィン効果を加速させる性質をもつ。隠れた注射から一〇分後、つまり実験開始から二五分後にどうなったかというと、(a)群の痛みはそのまま5のレベルにとどまったのに対し、(b)群では痛みが増して7のレベルにまで上がり、(c)群では痛みが4まで下がり続けたのである。

この実験が明確にした重要な事実は二つある。ひとつは、生理食塩水静注のプラシーボ効果も、被験者が前もって説明を受け、自分の眼で見ていないと発現しないということで

実験が明確にした重要な事実

ある。二つめは、この鎮痛効果は〈暗示〉でも〈気のせい〉でもなく、実際に脳内麻薬物質エンドルフィンの分泌によるものであり、その阻害剤のナロキソンを投与することによって、効果は消失する。逆にエンドルフィンの分泌を加速させるプログルマイドによって、鎮痛効果は促進される。

最近になって、プラシーボによる鎮痛効果をより細かく調べるために、機能的磁気共鳴画像（fMRI）、ポジトロン・エミッション・トモグラフィ（PET）や近赤外線スペクトロスコピー（NIRS）などの機能的脳画像研究が盛んになった。それによって、プラシーボによるエンドルフィンの放出は、脳の前頭葉前方が活性化されることに起因するという事実が明らかになった。前頭前野こそは、痛みを評価し、不快な気分や嫌悪感とつなげるいわば司令室のような場所である。つまり、プラシーボはこの司令室に働きかけ、トップダウン方式で痛みを和らげていると解釈される。この知見こそは、プラシーボ研究の歴史において、画期的な進歩だと位置づけられる。

脳の前頭葉前方が活性化される

ここで、痛み以外の内科的疾患におけるプラシーボ効果にも眼を転じてみる。高血圧の患者に、降圧剤と称してプラシーボを投与すると、血圧は下がる。狭心症の患者にニトログリセリンのプラシーボを投与しても、できる労作が増し、心電図の異常も確かに減少する。実際、ニトログリセリンの摂取量を増やさないために、プラシーボの投与を考慮する内科医もいるくらいである。腹痛や下痢を頻繁に繰り返す過活動性腸管症候群でも、プラ

痛み以外の内科的疾患におけるプラシーボ効果

シーボの投与によって症状は軽くなる。ここでも、痛みを体験として集積する複雑な神経回路に、プラシーボが働いていると推測されている。

それでは外科系ではどうであろうか。薬を使う内科系と違って、外科系ではプラシーボ効果など存在しないと誤解されやすい。しかし外科手術でも、プラシーボ効果は絶大な力を発揮する。この場合、プラシーボとなるのはsham surgery（手術のまねごと）である。

今でも語り草になっているのが、一九五〇年代に、狭心症の患者に対して実施された内側乳房動脈結紮《けっさつ》術である。この動脈を縛れば心臓に到達する血流が増加し、狭心症の症状が良くなるという仮説が根拠になった。結果は九一パーセント改善、六四パーセントは治癒と報告された。その数年後、今度は本当の手術を一三名に行い、残りの五名には、動脈結紮をしない以外は何から何までそっくりに行う手術を施した。結果は本物の手術一三人のうち改善は一〇名、三名は治癒だった。しかしプラシーボ手術を受けた五名もすべて改善、二名は治癒していたのである。つまり差がないという理由で、この術式はあっという間にすたれてしまった。

整形外科の領域でも、この種の例は事欠かない。膝関節症に対して関節内視鏡による手術は今でもよく実施されている。この術式を三群に分けてその成果を調べた研究がある。A群の術式では膝に小さな切開を加え、いかにも内視鏡を挿入したような印象を与える手術。B群では実際に内視鏡を挿入して関節内を洗浄する。C群では洗浄後、軟骨表面の凹凸を削って円滑にする。一八〇名の患者にインフォームド・コンセントを取りつけ三群にほぼ六〇名ずつ割りつけた。術後効果を二年間追跡したところ、三群とも改善率は五〇パーセントに達していた。いったい何が効いたのか、首をかしげたくなる結果である。

整形外科では今ひとつ面白い実験が存在する。径骨骨折の癒合が、間歇的に磁場をそこにかけることによって促進されるという報告がなされ、一時ブームになった。しかし実験では、改めて患者を二群に分け、A群には実際に骨折部位を磁場にさらし、B群はコンセントを抜いた同じ装置の中に入れ、二四週後に癒合の状態が調べられた。するとどうだろう。スイッチをONにしたA群九名中の五名、OFFにしたB群七名中五名で、骨がつながっていたのである。つまり磁場そのものの癒合効果は否定的になった。

つい最近も、脳外科の分野で、パーキンソン病の患者を対象とした二つの実験が出た。これも一時期大いに取沙汰された手術法で、パーキンソン病の患者の脳内に、胎児脳の黒質を移植するという、倫理上も問題のある術式である。パーキンソン病では、脳内の黒質の減少からドーパミン分泌が少なくなっている。それを、拒絶反応の少ない胎児脳で補い、黒質を増やすという目論見による手術法である。当初効果は確かめられたが、頭蓋に穴を開けるだけで、胎児脳の移植は行わない見せかけの手術でも、やはり同様の効果が得られ、この術式もまたたく間に放棄された。この実験では、移植術に対する患者側の期待が大きいほど、手術後の経過がよくなっている。

同じくパーキンソン病の患者の視床腹側部に、催吐剤のアポモルフィンを投与する治療法も一時話題になった。筋強剛の程度が軽減するというのである。しかしこれも、生理食塩水を注入しても同等の良い結果が得られるに至って、アポモルフィンの作用だとは言い切れなくなってしまった。

さて〈こころ〉を扱う肝腎の精神科領域におけるプラシーボの研究はどこまで進んでいるか。ここではうつ病に焦点を絞ってみる。うつ病に対しては、抗うつ薬による薬物療法が専ら主流になってきているが、この抗うつ薬の効果に占めるプラシーボ効果は、五〇パーセントから七五パーセントと評価されている。しかも、最近は、抗うつ薬に関する世間の評価が高くなっているので、プラシーボ効果そのものがこの一〇年で七%上昇したという報告もあるくらいである。

最近の機能的脳画像所見や量的脳波の分析が明らかにしたのは、鎮痛効果同様、うつ病に対する抗うつ薬の作用機序と、プラシーボ効果の発現の仕方が異なるという事実である。抗うつ薬によって脳血流が増加するのは、脳幹や海馬といった大脳皮質下部であるのに対し、プラシーボでは皮質下には変化なく、右半球の前頭葉前方が活性化される。逆に抗うつ薬は、まさにその部位を抑制する傾向がみられる。

右半球の前頭葉前方は、ヒトの脳の自己制御（自己治癒）のありかとされているので、プラシーボによる抗うつ効果は、まさしくそこを賦活しているといえ、逆に抗うつ薬のほうは、そこを介さずに別の経路で抑うつ状態を軽くしていると考えられる。もう少し端的に言えば、プラシーボ効果は、うつ病が自然に回復する過程をそのままなぞっているのに対し、抗うつ薬は逆にそこを素通りするか、反対に〈邪魔〉をしつつ、脳幹を中心とする古い脳を無理に動かしていると結論づけられそうである。つまり、鎮痛効果の場合と同じく、プラシーボがトップダウン方式でうつ病を軽快させているのに対し、抗うつ薬はボトムアップ方式でうつ病を緩和させていると言える。

以上、医療の分野にかい間見えるプラシーボ効果を、多面的に検証してきた。果たしてこれらの研究成果からうかがわれる〈こころ〉はどう解釈すればいいのだろうか。

自然に回復する過程をそのままなぞる

プラシーボ効果の現代性

病気を治療するとき、そこには三つの要素が働いていると考えなければならない。①病気そのものの自然経過、②プラシーボ効果、そして③治療（投薬や手術）による効果である。この三大要素はそれぞれが突出することなく、均等に考慮されなければならないはずなのに、現代医学がひたすら強調し過ぎてきたのは、③の治療の効果だけではなかったろうか。

どんな病気にも、経過がある。あとがないような悪い状態でも、持ちこたえていれば、文字どおり持ちこたえて、快癒することも少なくない。それこそ生体が有している自然治癒力の賜物であり、一二七頁で、私が〈日薬〉と称したものの実体である。まさに、時間こそが治療者である。

自然治癒力

前項で、つぶさにプラシーボ効果の具体例を辿った。改めて見直すと、医療の歴史そのものがプラシーボの歴史だったと言えるのではないだろうか。その代表が、瀉血《しゃけつ》かもしれない。病人から血液を抜きとる治療法で、十八世紀後半から第一次世界大戦後まで、百五十年の長きにわたって正当な治療法として、感染症や貧血のみならず、あらゆる疾患に適用された。なるほど利尿薬がなかった当時、脳出血やうっ血性心不全の患者には有効だった可能性はある。しかし、一七九九年、感染症による喉頭閉鎖に陥った米国のワシントン大統領に対して実施された合計二・五リットルもの瀉血は、致命傷になってしまった。当時医師は、これこそ最新の治療法だと信じ、患者も同じように瀉血の効果に期待していたといえる。

医療の歴史はプラシーボの歴史

プラシーボ効果への評価が一転したのは、第二次世界大戦後である。薬品の開発にあたって、プラシーボとの効果比較が義務づけられるようになった。二重盲検法が主流であり、患者も医師も、本物の薬かプラシーボかを知らないまま投与し、あとで第三者が効果判定をするという方式である。以来、製薬会社にとって、プラシーボ効果は邪魔であり、消し去りたいものであり、敵視まではいかなくても、無視するか、最大限に過小評価すべ

プラシーボ効果への評価が一転

き対象になった。

他方、プラシーボ効果について熟知しておかなければならない心理学者たちも、本気で研究を進めようとはしなかった。その理由のひとつはプラシーボ効果があまりに漠然としていて焦点が絞りにくいこと、さらには予見困難性、再現性にも困難がつきまとうからであろう。二つめは、プラシーボの研究に動物実験がしにくいこともあげられる。どう考えてもネコやイヌ、ラットでプラシーボ効果は起こるまい。少なくとも、チンパンジーの知能水準を要するのではないだろうか。

加えて、医療行政側もプラシーボ効果には全く無縁であった。プラシーボ効果の実際に無知なために雲をつかむような話で、保健行政に生かそうにもすべがないのである。

その結果、人類の医療の歴史が始まって以来最大限に利用されてきたプラシーボ効果は、この半世紀で医療界から排除されてしまった感がある。世界の代表的な内科学の教科書として流布しているハリソンの教科書にも、プラシーボの記述は一行もないという情ない状態が続いている。

逆に、このプラシーボ効果に目をつけ、金儲けの道具にしてしまっているのが、一部の医療機器やサプリメントを売りつける悪徳商法である。彼らは利用者に宣伝文句を浴びせ、信頼を勝ちえ、数十万円単位で商品取り引きを成立させる。

現代の医療のなかで、私たちが今一度把え直さなければならないのは、悪徳商法にプラシーボ効果を売り渡すのではなく、古来より伝統治療師たちが、意識的にしろ無意識的にしろ、実践してきたプラシーボ効果の正しい使い方ではないだろうか。

プラシーボ効果の正しい使い方

前項で網羅したプラシーボ効果に関する多くの実験をひとくくりにしてみると、そこでは〈意味づけ〉と〈期待〉が必須条件になっていることに気がつく。患者は、施されている治療行為に何らかの意味を見出し、期待をする。意味が把握できず、期待もできない治療法では、プラシーボ効果は出現しようがない。まさしくプラシーボ効果の根幹は、〈意味づけ〉と〈期待〉によって〈こころ〉が希望の光を見出すところにある。脳には希望の光を察知する能力はない。〈こころ〉が感知し、脳に伝達し、生体を自己治癒の方向に導くのである。

〈意味づけ〉と〈期待〉によって〈こころ〉が希望の光を見出す

言うまでもなく、このときの〈意味づけ〉は極めて文化的な行為であり、時代や地域で千差万別である。例えば、現代の日本において、アフリカの伝統治療師が行う枯草を使っての病魔のあぶり出しは、プラシーボ効果を生まないだろう。

本稿の冒頭で、私は現代の精神科医と伝統治療師の類似について述べた。両者で共通して使われている手法は、〈日薬〉〈目薬〉〈USA〉そしてネガティブ・ケイパビリティの四つであった。時間を稼いでいるうちに、病気は好転する。それも治療者がしっかり見守ってくれている場のほうが、いい。その間、病者を全面的に容認し、あなたは今のあなたで充分よいのです、というメッセージを伝え続ける。このとき治療者に要請されるのが、出口の見えない状況でも宙ぶらりんの状態を耐え続ける能力である。

しかしこれらは精神科領域にとどまらず、医療のすべての分野で、プラシーボ効果を最大に引き出す基盤ではないだろうか。

二十世紀の後半は、まさにプラシーボ効果にとっては受難の歳月であった。二十一世紀こそは、失われた天与の治療法として、プラシーボ効果を真剣に活用する時期にようやく立ち至ったといえる。

おわりに――〈こころ〉が脳を変化させる

〈こころ〉の在り処を調べるのも難しい。〈こころ〉を測定するのも容易ではない。しかし、だからといって〈こころ〉が存在しないなどとは、到底言えない。

〈こころ〉を同定し、数値化しようとして、二十世紀の脳科学は必死に研究を重ねてきた。その結果、〈こころ〉は脳の働きの派生物ではないかと言われるまでになってしまった。どこか本末転倒の結論ではある。

しかし、古来医療の場においては、〈こころ〉はしばしば、いや頻繁に顔を出していたのである。伝統治療師たちは、その点を熟知し、あらゆる病気や悩みに対して、〈こころ〉を自家薬籠中のものとしてきたといえる。もちろん、プラシーボという概念は彼らにはな

古来医療の場に頻繁に顔を出していた〈こころ〉

い。

かった。プラシーボという術語が医学辞書に現れたのはたかだか十八世紀後半に過ぎな

不幸なことに、医療に現れる〈こころ〉にプラシーボという命名がなされたとたん、近代医学はその効果を神棚から引きずりおろすことにやっきになりはじめた。あたかも、犯人の化けの皮をはがす刑事のように、プラシーボ効果を見つけては糾弾した。おそらく、〈こころ〉の代用物としてのプラシーボ効果など、〈科学的〉なものの考え方とは相容れなかったのだろう。

そうした貶め運動に輪をかけたのが、第二次世界大戦後に急速に普及した薬物の臨床試験である。新薬はどうしてもプラシーボに勝たねばならず、プラシーボ効果を最小限に抑え込みたくなる。その行き着く先は、プラシーボ効果の過少評価であり、否定である。

プラシーボに現れる〈こころ〉

しかしようやく二十一世紀にはいり、脳画像解析の手法を手にした医学は、本気になってプラシーボ効果の研究に回帰しつつある。つかみどころのなかったプラシーボに現れる〈こころ〉が、脳内物質の同定や、脳の各部位の賦活によってかい間見れるようになったからである。

脳と〈こころ〉の関係

プラシーボ効果は、もはや暗示や気のせいでもなく、真正な治療として、これから見直されていくに違いない。しかも、本来の薬物とは異なる作用をしている事実が、脳と〈こころ〉の関係に新たな光を投げかけている。

プラシーボの鎮痛効果は、通常の鎮痛薬と違って、脳の深い部位に作用するのではない。いわばもっと前頭葉の高い次元に働き、トップダウン式に、エンドルフィンの放出を促す。同様に、プラシーボの抗うつ効果が働きかけるのは、ボトムアップ式の抗うつ薬の作用機序とは異なり、ヒトの脳としては最も新しく進化した前頭葉である。まさにそこにこそ、生体としてのヒトの制御センターがあると考えられ、〈こころ〉はそこを通じて、トップダウン式に心身の安定をもたらすと考えられる。言い換えると、〈こころ〉は単なる脳の働きの派生物ではなく、逆に脳の可塑性を司り、脳を自在に変化させていくのである。

〈こころ〉は脳を自在に変化させていく

私は一三六頁で、アフリカ・セネガルの格言を引用した。

――人の病いの最良の薬は人である。

プラシーボに現れる〈こころ〉を検討し終わったいま、この格言の重みに圧倒される。

kokoroの

ユビキタス

II

kokoro, the entity which can be found everywhere and anywhere .

〈こころ〉は人間だけでなく、動物やものにもあるのだろうか。パートII「kokoroのユビキタス」は、「いつでも、どこでも、だれでも」というユビキタスのキーワードのもと、ゴリラやロボットにおける〈こころ〉から、生命の遺伝子、文化遺産まで、多角的に〈こころ〉に迫る四つの論考と二つのコラムから構成されている。

日本人は古くから動物が人間でなく、動物としての自然の〈こころ〉を持っているとみなしてきた。〈こころ〉は目に見えないがゆえに、しぐさや表情といった視覚から観察することが重要であると、霊長類学者でゴリラ研究の第一人者である山際寿一は「ゴリラ・〈こころ〉・人」で主張する。山極は日本霊長類学五十年の歩みを振り返りながら、一頭一頭の個体を識別してその行動を記録していくという日本人が考えだした独特な方法で観察した結果、ゴリラ社会がじつは強者の自己抑制によって成り立つ絶対的対等性で築かれていることを発見したと報告。いじめなどで病める現代社会が学ぶべき点があるのではないかという指摘は示唆に富んでいて興味深い。

ロボットに〈こころ〉を感じる上で、聴覚機能が重要であると指摘するのが、人工知能、ロボット聴覚の研究に携わる奥乃博。「ロボットと〈こころ〉」の中で、複数の人間の同時発話を聞き分ける「聖徳太子ロボット」の研究開発に従事してきた経験から、ロボットに〈こころ〉を持たせる方向性の研究は難しいと指摘。むしろ、聴覚機能を有し、多様な環境からどれかの音に注意を向けて反応するようなロボットであっても、人とのインタラクション（やりとり）や情動共有型コミュニケーションに使っていくことで、人間が自分自身の感受性を高め、感情移入能力を向上させる方向性のほうが重要だと結論する。

生命科学者・大橋力と音の芸術家・山城祥二という二つの顔をもつ大橋は、「〈利他的遺伝子〉と〈超知覚音〉の優越性——「こころの未来」への自然科学的接近」の中で、京都提言２００７につながる自身の二つの研究トピックスを紹介。パフォーマンス・グループ芸能山城組の中に設立した文明科学研究所での研究成果をもとに、すべての地球生命はそのＤＮＡの中に自発的な自己解体を伴う死のプログラムを宿しており、死に際して、他のすべての生命に最も利用しやすいパーツへと自己の躰を分解した上で土に還す「慈悲深く利他的な仕組」を普遍的に備えているという。また、人間に聞こえない超高周波の音が、じつは生理活性と精神活動を一括統御する基幹脳を活性化させるハイパーソニック・エフェクトを発見したとしている。

建築史が専門の鈴木博之は、「文化遺産——そのオーセンティシティ」で、人間は過去の記憶なくしては生きられないし、たんなる懐かしさだけでない「歴史の全体性」を宿す記憶の拠り所のなかで、建物ほど多くの記憶を多くの人々に伝えるものはないと、建築遺産の保存の重要性を訴える。建築遺産におけるオーセンティシティ（真正性、真純性）の概念に触れながら、グローバル化で均質化が進む現代世界で、特定の場所に存在し、長い歴史を宿す建築遺産の保存と継承こそが文化の多様性の保持に大きく寄与すると指摘する。

御所人形師伊東久重のコラム「人形に〈心〉を入れる」は「人形師とその人形を大切に可愛がっている人の思いが一つになった時に（人形に）心が入る」といい、お香の老舗社長である畑正高は、コラム「匂いを、そして香りを感じる」で、嗅覚情報に大きな楽しみを見出すことができるかどうかは「私たちの心の在りようにその可能性がゆだねられている」と指摘、京都の伝統文化を担う当事者の言葉として含蓄に富んでいる。このパートの一部は〈こころ〉を主題としていないように見えるかもしれないが、ここで読者はあらゆるものに浸透している「ｋｏｋｏｒｏのユビキタス」の世界に逍遙することができるであろう。

（吉澤健吉）

こころとは…

人間でもゴリラでも、〈こころ〉は目に見えないために、外から行動を丁寧に観察するしかない。そのとき、ゴリラが〈こころ〉を持っていると日本人が自然に見なしてきたことが、対等を重んじ自分の力を抑制する社会を持つゴリラに学ぶことを可能にしたのである。

やまぎわ・じゅいち　京都大学大学院理学研究科教授

1952年東京生まれ。京都大学理学部卒。理学博士。(財)日本モンキーセンターリサーチフエロー、京都大学霊長類研究所助手を経て、現在京都大学大学院理学研究科教授。国際霊長類学会会長。屋久島でニホンザル、アフリカ各地でゴリラとチンパンジーの野外研究に従事。現在のテーマは霊長類の共存と共進化。類人猿の行動や生態を基に初期人類の生活を復元し、人類に特有な社会特徴の由来を探っている。また、ゴリラと人との共存を目指すNGOで国際的に活動している。著書に『家族の起源』(東京大学出版会)、『父という余分なもの』(新書館)、「暴力はどこからきたか」(NHKブックス)、『サルと歩いた屋久島』(山と渓谷社)、『ヒトはどのようにしてつくられたか』(岩波書店) など。

ゴリラ・〈こころ〉・人

山極寿一

YAMAGIWA Juichi

人間以外の動物はいったいどういうこころをもっているのだろう。それを人間はどう解釈してきたのだろうか。さまざまな民族に伝わる民話や寓話には、人間のように言葉を話したり、人間にわかるようなメッセージを送る動物たちが登場する。それは動物に姿を変えた人間だったり、神だったりする。しかし、世界には動物自身が人間と交流する能力を持つと見なす文化が数多く存在する。とりわけ日本人は、動物が人間ではなく、動物としての自然のこころをもっていると見なしてきた。そこに日本人は人間のこころの多様性を映し出し、ときには人間が許容できる範囲を超える精神世界を映し出してきたのではないだろうか。

しかし、動物でも人間でもこころとは目に見えないものである。ことばをしゃべる人間でも、こころはことばよりしぐさや表情によって判断されることが多い。それは人間が視覚的な動物だからである。百聞は一見にしかず、と言われるように、人間は感知した現象を見ることによって評価する性質を持っている。何か気がかりな音や臭いがしたら、私たちはまずその発生源を見ることによって確かめようとする。人間にとって、見ることこそ、わかることなのだ。いくらことばで事細かに説明しようと、人間のこころはその外見を大きく超えることはできない。だから人間の理解を超えるこころを想像しようとすれば、まずその外見が人間とは大きく異なっていなければならない。ただし、姿かたちが人間とあまりにも異なっていれば、人間と重なるこころを持つとは見なされず、精神的な交流も閉

人間以外の動物のこころ

ざされてしまう。妖怪や悪魔など、想像上の怪物はそのような条件の下に創られてきた。つまり、人間的な外見を残しつつ、はっきりと人間とは違う姿をしていなければならなかったのである。

こころをもつ想像上の怪物

ゴリラは、不幸にもそういった条件をすべて満たしていた。人間に近縁な霊長類の仲間で、唯一人間より大きな体格をしていたからである。そのため、人間は長い間ゴリラを悪の権化のようなこころを持つと考えてきた。それが大きな誤解と判明したのは二十世紀も後半になってからのことである。実は、ゴリラの本当のこころを知るには、日本人が考え出した独特な方法を用いて野生のゴリラを観察する必要があった。すでに、日本の霊長類学者がアフリカへゴリラの調査へ出かけてから五〇年になる。この半世紀をかけて、どんな調査が行われたのか。そして、ゴリラのこころとはいったいどんなものだったのかを探ってみようと思う。それにはまず、ゴリラがどんな誤解を受けてきたのかを知るところから始めよう。

ゴリラの本当のこころを知るには

ゴリラとキングコング

西洋人によるゴリラの発見

ゴリラが西洋人によって発見され、新種の類人猿として記載されたのは一八四六年である。発見者のサベージというアメリカ人の宣教師は、ゴリラを極めて凶暴で好戦的と説明

図❶ゴリラのオスのドラミング。この行動が19世紀の探検家に銃を発砲させる原因になった。

している。サベージの同僚のウィルソンも、ゴリラを見たときの印象を、「その真っ黒な顔がひどくゆがんだ性格を表している。全体の印象は、非常に残忍な狂人の表情以外のなにものでもない」と語っている。いったいなぜ、二人はこのような印象を持ったのだろうか。ゴリラに近縁なオランウータンやチンパンジーは一〇〇年以上も前の十七世紀に西洋社会に知られており、ゴリラのような凶悪なイメージを与えられてはいない。これまで私はアフリカ各地でゴリラの調査を試み、地元の人々に昔からのゴリラの印象について尋ねてきた。たしかに人々はゴリラの力が強大であることは認めたが、その性格が残忍であるとは誰も見なしてはいなかった。各地に伝わる昔話にもゴリラが登場するが、決して特別凶暴な性格を与えられているわけではない。十九世紀の欧米人だけが、ゴリラに対して凶悪な印象をもったのである［図❶］。

凶悪な印象

　ゴリラの性格は、その後アフリカにゴリラを探しに行った探検家のポール・デュシャーユによってさらにおぞましいものに創り上げられた。一八六一年に著した『赤道アフリカの探検と冒険』の中でデュシャーユは、「昔の画家が描き出した半人半獣のおぞましい生き物」のようだとゴリラを見なしている。そして彼は、目の前で「怒り狂って胸をたたきながら恐ろしい叫び声を上げようとした」ゴリラを銃で射殺する。それは、自己防衛のため当然のことだったというわけだ。デュシャーユの本は多くの人に読まれ、欧米社会に悪魔のようなゴリラのイメージが広がった。おかげでゴリラは人々の好奇心をあおり、ハンターたちの格好の的となった。巨大なオスゴリラの死体の前で銃を手に得意そうにポーズをとる白人ハンターたちの写真が多く残されている。生け捕りにされて欧米の動物園に送られたゴリラも多かった。何しろ悪魔の化身とされたのだから、捕らえられたゴリラがどういう扱いを受けたかは想像に難くない。捕らえる際にも多くのゴリラが殺されたことだろう。動物園に収容されてからも、頑丈な檻に鎖でつながれ、自由な動きを奪われることがふつうだった。暗く湿った場所を好むと思われ、肉食と見なされたので食事には生肉を与えられることがあったという。野生のゴリラの主食は果実や葉などの植物で、たまに昆虫を食べることはあっても決して肉は食べない。日本の上野動物園でも、ゴリラが初めて入園した一九五〇年代には馬肉のスープを与えていたと聞いた。これではゴリラらしい生活が送れるわけがない。ゴリラが初めて欧米の動物園にお目見えしたのは一八五五年のロンドンであるが、最初に子どもが生まれたのは一九五六年のアメリカのコロンブス動物園である。実に一〇〇年もの間、ゴリラはいくつもの動物園で子どもも作れないような苛酷

動物園での処遇

な環境に置かれていたのである。

不幸な誤解

なぜ、ゴリラはこれほど不幸な誤解を受けたのか。それは当時の欧米人の世界観を考えてみるとよくわかる。十九世紀は、ヨーロッパ諸国がアフリカの各地を植民地にしてしのぎを削っていた時代だった。同時に黒人奴隷を解放し、すべての人間は平等という精神から新たに人間社会を作っていこうという機運が生まれていた。アフリカ大陸を暗黒の大陸と見なし、黒人社会を支配しようとしていた欧米人にとって、この未知の世界と人々をどのように扱うか大きな葛藤を抱えていたのである。そんなときに登場したのがゴリラだった。人間を超える体軀を誇り、勇壮に胸をたたいて闘争を宣言する、暴力の権化のようなゴリラを暗黒大陸の象徴とすることによって、欧米によるアフリカ支配を正当化したのである。アフリカのジャングルは邪悪なこころを育む世界であり、そこは暴力によって支配されている。ゴリラはその世界の王者である、黒人たちもその世界で生きることによって邪悪なこころに染まっている。それを欧米文化の光を当てることによって改善し、人間らしいこころを教育することこそ自分たちの使命である、と考えるようになったのだ。

進化論

十九世紀の後半は欧米に進化論が生まれ、人間がサルに近い祖先から進化したということが人々の間でささやかれ始めた時代だった。一八五九年にチャールズ・ダーウィンは『種の起原』を出してすべての生物は共通の祖先から分岐して進化したことを主張し、一八七一年に著した『人間の由来』では人間も進化の例外ではないこと、形態的に類似しているゴリラやチンパンジーが生息しているアフリカが人類の故郷であることを示唆した。人々は遠い祖先の姿やこころをゴリラやチンパンジーと重ねて想像し始めていたのである。ゴリラは人々にある連想をさせるのに格好の対象となった。それは、ゴリラは遠い祖先が決別した種であり、黒人は最近になって分かれた人種だという考えである。人間の祖先はアフリカで生まれたとしても、ゴリラのような邪悪なこころと暴力が支配する世界を克服し、ヨーロッパへわたって慈愛に満ちた文化を作り上げた。その文化と高邁な精神を用いて暗黒の世界に囚われている黒人たちを救い出さねばならない。ゴリラのこころは変えられないが、黒人たちのこころは教育によって開くことができる。だから凶悪なゴリラは撃ち殺し、厳重につなぎ止めねばならず、黒人は間違った文化を捨てさせ、欧米の文化で洗い清めねばならない、と考えたのである。

そういった欧米人の思想を見事に反映させたのが一九三三年にハリウッドで公開された「キングコング」という映画である。舞台は南海の孤島でアフリカではないが、熱帯アフリカのコンゴ王国を連想させるコングと名づけられた巨大な類人猿が主人公である。その姿はゴリラそっくりで身の丈は一六メートルもある。現地に暮らす黒人はコングを神と仰いでおり、コングは圧倒的な暴力によって人々を支配している。人々はその暴力を静めるために若い娘をいけにえとしてコングに差し出す。これはかつてデュシャーユが著書の中で現地の住民から聞き込んだこととして伝えた逸話に基づいている。ゴリラが村を襲って若

映画「キングコング」

い娘をさらうという話である。しかし、私はアフリカでそんな話を聞いたことがない。キングコングは、デュシャーユの聞き込んだ作り話を誇張して作られたゴリラの物語だったのである。映画の中で、コングは探検に同行してやってきた白人の娘アンに惹かれ、誘拐して岩山へ連れ帰る。決死の覚悟で探しに来た航海士の助けを借りてアンは脱出するが、それを奪い返そうとしたコングは探検隊に捕らえられ、ニューヨークに連れて行かれて見世物にされる。コングは途方もない力を発揮して鎖を断ち切り、逃亡する途中でまたしてもアンを連れ去る。追い詰められ、アンを抱きかかえてエンパイアステートビルによじ登ったコングは、飛来した戦闘機と戦い、地面に墜落して非業の死を遂げる。それを見て、コングをニューヨークへ連れてきた映画監督がいう言葉が振るっている。「飛行機がコングを倒したんじゃないよ。美女さ。やはり美女が野獣を殺したんだ」（ウォーレス&クーパー著、各務三郎訳『キングコング』、角川文庫、一九七六年）とつぶやくのである。もちろんゴリラが人間の女性に恋をすることなどあろうはずがない。しかし、当時の人々はそういったイメージをゴリラに重ねて見ていたのである。そこには、動物は人間より劣った存在であり、人間のようになりたいと渇望しているが、欠落している能力のために人間に屈服してしまうというシナリオが読み取れる。その欠落している能力とはこころ、すなわち人間の精神の働きに他ならなかった。

人間のようになりたいが、こころが欠落

日本の霊長類学と名づけ

探検隊がアフリカのヴィルンガ火山群へ

ゴリラがキングコングとは全く違う性格や暮らしをしていることがわかったのは、二十世紀の後半になってからのことだ。一九二〇年代から四〇年代にかけてアメリカ、イギリス、ベルギーの博物館が、マウンテンゴリラの標本を作製するために探検隊をウガンダ、ルワンダ、コンゴ民主共和国の国境にそびえるヴィルンガ火山群へ派遣している。モダン公爵として知られた蜂須賀正氏も一九三一年から三二年にかけてベルギー隊に参加してヴィルンガ火山群を訪れ、このときゴリラを目撃している。しかし、いずれの探検隊もゴリラの襲撃に驚かされ、銃を発砲してゴリラを撃ち殺している。一九四二年にはアメリカのヤーキス研究所によって派遣された心理学者ビンガムがゴリラの観察を試みるが、やはりゴリラの突進に耐え切れなくなって銃を撃っている。とても野生のゴリラを間近に観察するなどということは不可能だと思われた。

一九五〇年代になると転機が訪れる。ドイツ人のワルター・バウムガルテルがヴィルンガ火山群のムハブラ山のふもとにトラベラーズ・レストを建てて、ゴリラ観光を企画したのである。彼は、日本の霊長類学者が野生のニホンザルを餌付けし、高崎山などで多くの観光客がサルの観察を楽しんでいることを伝え聞いた。そこで、ゴリラを餌付けして観光の目玉にしようと考えたのである。バウムガルテルは広告を出してゴリラの餌付けと観察に取り組んでくれる研究者を求めるとともに、日本の霊長類学者にぜひ現地を訪れるように要請した。これを受けて組まれたのが、日本モンキーセンターによる第一次アフリカ類人猿学術調査である。日本霊長類学の創始者である今西錦司は、ニホンザルの社会の解明に成功した後、人間社会の起源を求めるために、その最もふさわしい研究対象としてゴリラを研究しようと考えていた。一九五八年、今西は高崎山でニホンザルの研究を成功させた伊谷純一郎とともにアフリカを旅し、ゴリラの調査に適した場所を探し歩いた。その途中で、今西たちはバウムガルテルを訪問し、餌付けと個体識別の方法を伝えたのである（今西錦司『ゴリラ』、文藝春秋新社、一九六〇年）。オズボーン、ドニスソープという二人の女性が次々に餌付けに取り組み、一九五九年には河合雅雄と水原洋城がここで調査を試みた。しかし、ゴリラたちは人間のまいた餌に手を出さず、人間の接近を許さなかった。

ゴリラの敵意を解いて、近距離での観察に成功したのは、餌を用いずにゴリラに接近する人付けという方法だった。アメリカ人のジョージ・シャラーは、同じヴィルンガ火山群のミケノ山の中腹で自分の姿をわざと見せて辛抱強くゴリラの跡を追い、ついに少し離れた距離からゴリラたちの行動を観察できるようになったのである。残念ながら、シャラーの調査は一九六〇年に勃発したコンゴ動乱によって中止を余儀なくされるが、一九六七年に調査を始めたアメリカ人のダイアン・フォッシーによってゴリラの人付けはめざましく進展した。フォッシーはゴリラにとがめられずに群れの中で過ごし、好奇心を抱いたゴリ

日本モンキーセンターによる第一次アフリカ類人猿学術調査

餌付けと個体識別

人付けという方法

ダイアン・フォッシー

ラたちから接触を求められるようにまでなったのである。後年、私はフォッシーからゴリラの人付けと調査法を学んだが、彼女は日本の霊長類学の方法から得ることが多かったと語っている。餌付けはゴリラの調査に適用されなかったが、一頭一頭の個体を識別してその行動を記録していく調査法は日本の霊長類学者からフォッシーに引き継がれたのである。その後フォッシーのもとでゴリラの調査を行った若い研究者たちも、この個体識別法を駆使して研究を展開することになった。これは当時の欧米の動物学者が行っていた調査法としては極めて異例のことだった。

日本の霊長類学者たちがニホンザルを餌付けし、個体識別をして各個体の行動からニホンザルには優劣順位や血縁に基づいた確固とした社会秩序があることを発表したとき、欧米の学者はその発見に懐疑的だった。餌付けはサルたちの行動を人為的に変えてしまうし、サルに名前を与えて記録するのは動物の行動を人間のように解釈する誤った方法だというのである。たしかに、ジュピター、ヒヨシマルといった神話や歴史的人物の名前をサルにつけるのは特別な人格を与えてしまう危険がある。しかし、言葉を持たないサルたちも互いを何らかのイメージで識別しながら日々の交渉を行っていることは間違いない。その社会的知覚力を知ることこそが霊長類学の大きな目的の一つである。名著『高崎山のサル』(光文社、一九五四年)でニホンザルの見事な社会構造を描き上げた伊谷純一郎は、名づけに擬人的な危険が潜むとしても観察で得られる知見の大きさは計り知れないものがあると

サルに名前を与えて記録

述べている。動物たちのこころの世界を知るためには彼らの行動を見るよりほかなく、それはわれわれ自身の認識の方法に頼る以外にない。アカゲザルの個体に番号をつけて識別することは、一九三〇年代にカヨサンチアゴ島でカーペンターによって行われていた。しかし、伊谷は番号ではサルたちのもつ社会的知覚の大事な側面を見過ごしてしまうという。名づけに伴う擬人的な解釈の危険は、長期にわたる観察によって回避できると考えたのである。

こころの世界を知るために行動を見る

ヴィルンガでフォッシーが行ったゴリラの調査は、まさしく伊谷たちが目指した霊長類学の方法そのものだった。シャラーに習って餌付けこそしなかったが、フォッシーはゴリラの一頭一頭に名前を付け、彼らの行動を一三年にわたって記録し続けた（羽田節子・山下恵子訳『霧のなかのゴリラ』、早川書房、一九八四年）。その結果、ゴリラの驚くべきこころの世界が明らかになってきた。

ゴリラの驚くべきこころの世界が明らかに

ゴリラのコミュニケーション

まず、両手で交互に胸をたたくドラミングという行動が、決してゴリラの好戦性を意味していないことがわかってきた。デュシャーユをはじめ、十九世紀の探検家たちはゴリラのドラミングを威嚇と闘争の宣言ととらえ、ただちに射殺しなければ自分たちの命が危な

ドラミング

いと考えた。しかし、オスばかりではなくメスや子どものゴリラを身近で観察し、彼らの一日の生活を追えるようになると、ドラミングはすべての個体が示す行動であることがわかってきた［図❷］。母親の手を離れてやっと歩き始めたばかりの赤ん坊のゴリラでさえ、二足で立ち上がって胸をたたくのである。これはどういうことだろう。ゴリラは生まれながらにして戦い好きということなのだろうか。

図❷若いオスと子どものゴリラのドラミング合戦。こうした光景は遊びの中で頻繁に現れる。

よく見てみると、背中の白いシルバーバックと呼ばれる大きなオスが胸をたたくのは、敵を目の前にしたときばかりではない。休息時間を終えて採食に出かけようとしているときや、雨上がりでそれまで隠れていた木の洞や草のシェルターから出てきたときに、行われることが多い。それは戦いを宣言しているというよりは、群れ全体の行動を切り替えようと主張しているように見える。そもそも、敵を前にしたときでさえ、ドラミングをして戦いが開始されることは稀なのである。二つの群れが出会った時、双方の群れのシルバーバックはまず胸をたたき合う。そんなとき、メスや子

シルバーバック

どもたちはいくぶん緊張気味にシルバーバックのほうを見つめることもあるが、のんびり採食していることもあるし、シルバーバックに合わせて自分の胸をたたく子どももいる。こうして、少し距離を置いたまま、接触せずに離れあってしまう出会いが大半だ。ドラミングは二つの群れのシルバーバックが相互に主張し合い、互いのメンツを保ったまま戦わずに引き分ける巧妙な社会技法なのである。

メンツを保ったまま戦わずに引き分ける

ゴリラの社会では、メスが群れ間を移籍する。ただし、単独生活を送るメスはいない。メスが群れを離れるのは、他の群れと出会った時か、単独生活を送るヒトリオスが群れに近付いてきたときだけだ。こうした出会いで、メスが別の群れやヒトリオスのほうへ移ろうとすると、オス間に強い敵対関係が生じる。もはや距離を置いて胸をたたき、メンツを保っている場合ではない。双方の群れのオスは近づきあって胸をたたき、横に走って草木をなぎ倒し、互いの力を競い合う。それでもどちらかが引き下がらなければ、シルバーバックどうしの衝突が起き、正面から組み合って、頭、肩、胸を互いに噛み合う。これはすさまじい迫力に満ちている。何度か私も目撃したことがあるが、シルバーバックは深手を負い、何日も不自由な動きを強いられたり、場合によってはその傷がもとで死亡することさえある。しかし、こんな激しい戦いはめったに起こらず、たいがいはメスが電撃的に移籍し、二つの群れが即座に離れあってしまうことが多い。メスが移ってしまえば、元のオスにそのメスを取り戻す手段はほとんどないといっていい。

ゴリラのコミュニケーションの手段

こういった観察を積み重ねた結果、ドラミングはゴリラの社会に独特なコミュニケーションであることがわかってきた。それは、人間の会話のように、離れてやり取りをするコミュニケーションの一つである。人間の言葉のような指示的な意味を持たないが、自己を主張し、相手との関係を調整し、相手の行為を促す、操作的なコミュニケーションと見なすことができる。ドラミングは戦いをも辞さない強い自己主張であるが、決して戦いの宣言ではない。実は、私たちの社会でもこのドラミングに似た行為が起こることがある。

野球の試合でもドラミングに似た行為が

野球の試合で、審判が不当な判定をした時、監督は真っ先にダッグアウトから飛び出して審判に食ってかかる。まるで審判を張り倒さんばかりの勢いで迫る。しかし、誰も監督が審判に殴りかかるとは思っていないし、判定がくつがえるとも思っていない。選手たちが監督を止めに入り、監督はまだ怒りで全身を震わせながらダッグアウトにもどる。なぜ、こんな無用なことをするのか。それはチームを率いる監督が率先して自己主張しなければ、チームの士気が落ちるからである。無駄と分かっていながらも監督が怒りをぶつけることで選手の気持ちは収まる。そして、監督も選手が止めに入ってくれるおかげで、メンツを失わずに引き上げることができるのである。シルバーバックのドラミングはこれとよく似ている。二つの群れが出会ったとき、リーダーであるシルバーバックが率先してドラミングをすることで群れのまとまりは維持されるし、周囲のゴリラがなだめに入ることによってシルバーバックはメンツを保って離れあうことができる。十九世紀の探検家の大き

図❸口を尖らせて不満そうな声を出す子どもゴリラ

な過ちは、人間の日常生活に現れるこうした行為をゴリラに当てはめられなかったことにある。デュシャーユたちが少しでも自分たち人間の生活を振り返り、ドラミングがはったりだと見破っていれば、これほど大量のゴリラが殺されることはなかっただろうと思う。

ゴリラの群れの中に入って朝から晩まで観察していると、さまざまなゴリラの表情や行動に出会う。人間に似ているものも、人間とはずいぶん違っているものもある。たとえば、ゴリラは不満を表明するのに口をとがらせて「こっこっこっ」と咳のような声を発する[図❸]。これは人間の表情に似ていて、私にもよくわかる。迷っているときは上下の唇を噛みしめるし、遊んでいるときは「ぐこぐこぐこ」と楽しそうな笑い声を出す。しかし、私が当初ゴリラが何をしようとしているのか判断に困った行為があった。それは、「のぞき込み」と私が名づけた行動である（山極寿一『ゴリラ』、東京大学出版会、二〇〇五年）。

あるとき、シリーという若いオスが私のそばにやってきて、じっと私の顔をのぞき込み

不満なとき

迷っているとき、遊んでいるとき

「のぞき込み」

始めた。困ったことになった、と私は思った。それまで私が研究していたニホンザルでは、優位なサルが近づくと劣位なサルは視線を外す。相手の顔をじっと見つめるのは威嚇の意を表しているからである。劣位なサルは相手の顔を見ないようにして、あるいは歯をむき出して笑うような表情を作り、自分が敵意のないことを示さなければならない。そういった経験から、近くで私を見つめるシリーを見て、威嚇しようとしているのではないかと思ったのである。若いとはいえ軽く一〇〇キログラムを超える巨体である。飛びかかられたらとても太刀打ちできない。私はかすかに恐怖を感じながら、そっと目をそらした。

ニホンザルなら、私が挑戦的に見返さなければ、すぐに関心を失ってもどっていく。ニホンザルにとっては、相手が自分との優劣関係を認めれば、それ以上かかわる必要はないからである。しかし、ゴリラの場合は違った。シリーは関心を失うどころか、さらに近づいてきて、二〇センチメートルほどの近距離まで顔を近づけ、私の顔をまざまざとのぞき込んだのである。私は生きた心地もなく、じっと下を向いていた。すると、気の遠くなるほど長い時間（実際は二、三分だったのだろうが）私の顔を見つめた後、不意にきびすを返して五メートルほど退くとシリーはドラミングをした。そして、そこから再び私の顔をじっと見つめると、不満そうにうなって立ち去ったのである。私は狐につままれたような気持ちで立ち尽くしていた。

シリーはいったい何をしたかったのだろうか。どうやら私に劣位な態度をとらせたかっ

図❹ゴリラの「のぞき込み行動」

図❺ゴリラの遊びの誘い。誘われたゴリラが口に笑いを浮かべ、遊びに合意のサインを送っている。

たわけではないらしい。ここにゴリラのコミュニケーションの秘密が隠されているかもしれない、そう思った私は、それからゴリラたちの行動を注意深く観察してみた。すると、それまで何もしていないと思っていた彼らが、近づいて顔を見合わせることがしばしばあることがわかってきた[図❹]。出会うと大仰に反応するニホンザルを見慣れていたので、ただ顔を見合わせるだけの行動が意味あるものとは考えていなかったのである。のぞき込み行

顔を見合わす

動は遊びや性交渉の誘いに現れた。近づいてじっとのぞき込んだとき、相手が顔に笑いを浮かべたり、胸をたたいたり、追いかけてみろとばかり大仰な態度で逃げだせば、遊びは成立である［図❺］。あるいはのぞき込んだ相手に向かって、「ほろほろほろ」と鳴き声を発すれば交尾が始まる。また、おいしい食べ物を口に入れているゴリラに近づいて、その顔と手にしている食物を交互にのぞき込む。すると、のぞき込まれたゴリラは食べている場所を明け渡すことが多い。面白いことに、食べている個体にのぞき込んで採食場を獲得するのは体の小さなゴリラのほうが多い。体の大きいほうがのぞき込んでも相手に拒否されることがあるのに、体の小さいほうがのぞき込むとなぜか大きいほうが食物を譲るのである。これは　ニホンザルとは正反対の現象である。常に個体間の優劣に基づいて行動しているニホンザルは、食物を目の前にすると必ず体の大きいサル、優位なサルが食物をとる。劣位なサルが優位なサルに食物をねだるなどということはまず起こらない。なぜ、ゴリラでは劣位と思われる個体が食物を前にして、自分よりずっと体の大きい優位なゴリラに自己主張できるのだろう。

しばらくすると、私は思いもかけぬ出来事を目撃した。私の観察していた集団には二頭のシルバーバックがいたが、あるとき互いに自己主張し合い、双方が胸をたたいて一触即発といった状態になった。すると、この二頭よりもずっと若い青年のオスがするすると二頭の間に割って入り、それぞれのシルバーバックに顔を近づけてのぞき込んだ［図❻］。二頭

図❻シルバーバックどうしのけんかを青年オスが仲裁する

は興奮してふうふうと荒い息を吐いていたが、やがて離れあって採食し始めた。青年のオスは二頭の闘いを仲裁し、シルバーバックの衝突を未然に防いだのである。これも劣位なゴリラの主張を優位なゴリラが認めて自らの行為を抑制した一例である。ニホンザルでは決してこんな仲裁は見られない。劣位なサルが優位なサルどうしのけんかに介入したら、必ず反撃を食らってしまう。他のサルのけんかをどちらにも加勢せずに止めることができ

衝突を未然に防ぐ

るのは、最優位のサルだけである。ゴリラのシルバーバックが若いオスの主張を入れて闘いを止めるのは、それが双方のメンツを保ったまま引き分ける最良の方法だからだ。もし優位なゴリラが仲裁したら、それは優位なものの指図に従うことになってしまう。仲裁者がどちらのゴリラよりも劣位だからこそ、双方は自己の主張を折ることなく引き分けることができるのである。こうした例から、私はゴリラの社会が個体どうしの対等性に基づいて築かれており、それを維持しているのは優位な立場にあるものの抑制であることに気づいた。

個体どうしの対等性に基づいた社会

ゴリラの社会とこころ

劣位であることを示す表情やしぐさがない

ゴリラには、自分が相手より劣位であることを示す表情やしぐさがない。ニホンザルでもチンパンジーでも、優位な相手に接すると歯をむき出したり、目をそらしたり、お尻を向けたり、といったように相手にこびるような態度を示す。ところが、ゴリラはどんなに体が小さくてもこういった卑屈な表情やしぐさを示さないのである。それどころか、体の大きいゴリラに見つめられても、体の小さなゴリラはその顔をじっと見返すことが多いし、わざわざと思えるほど大仰に腕を立てて威張って歩くことがある、それでも優位な立場にあるゴリラがそれをとがめるといったことは起こらない。

それは、ゴリラが個体間に起こったトラブルを互いの優劣を反映させて解決するということをしないからである。ニホンザルは餌を前にしてどちらがとるか、二頭の間に緊張が高まれば、必ず劣位なほうが自制して食物に手を出すことをせず、優位なほうが当然のように食物を占有する。優位なほうが劣位なほうに食物を譲るといったことは決して起こらない。また、サルたちの間でけんかが起これば、周囲のサルは必ず優位なサルに加勢する。追われて逃げ出したサルも、自分よりさらに劣位なサルに攻撃を転じれば、今度は自分が追う立場になることができる。このように、ニホンザルの社会では攻撃が優位なほうから劣位なほうへ向かうようになっており、サルたちもこの原則に従って行動する傾向がある。つまり、勝者を決めてトラブルを解決するという方法である。勝敗がつけば、それ以上争う理由はない。優劣の順位は攻撃の方向をあらかじめ定めて秩序を守る働きをする。

ニホンザルとの違い

伊谷純一郎は、霊長類の社会性の進化を系統に沿って検討した上で[*1]、「人間平等起源論」という仮説を立てた。この説は、十八世紀にジャン・ジャック・ルソーが唱えた「人間不平等起源論」の不備をとがめ、社会の規矩の進化から人間社会の本質をとらえなおそうとした意欲作である。ルソーが人間社会の原初的姿を自然状態における平等に置き、社会制度が不平等を生み出したと考えたのに対し、伊谷は不平等から出発して条件的な平等を達成したのが人間であるとしたのである。霊長類は夜行性の単独生活者として出発し、オスとメス一頭ずつのペア社会を経て、複数のオスやメスが共存する集団社会へと進化した。

「人間平等起源論」という仮説

単独生活とペア社会では雌雄の体格が等しく、個体間に優劣の認知がない。このペア社会を原初的平等社会と伊谷は呼んだ。しかし、集団社会ではわずかな例外を除いてオスがメスより大きく、オスもメスも互いに優劣の認知に基づいて暮らしている。優劣の認知は複数の個体が一つの集団で共存するために必要な規矩であり、これを伊谷は先験的不平等と名づけた。人間の社会はこの先験的不平等に基づいているが、さまざまな状況でこの不平等をないもののようにしてふるまう傾向を持っている。劣位なものは優位なものの立場を認めるが、いつも劣位な立場に甘んじているわけではない。ときには優劣が逆転したり、優劣が反映しないようなつきあいをする。これは人間がさまざまな条件を与えて多様な関係を作り出す能力を持っているからである。

対等な関係を重んじるゴリラの社会

しかし、伊谷はゴリラのような不平等に基づかない対等な関係を重んじる社会があることを見逃していたのではないか、と私は思う。おそらくゴリラは不平等な社会を祖形に持たず、優劣の認知を発達させない方向へ進化した。ペア社会と違うのは、雌雄の間に大きな体格の差があるということと、対等性が体の大きなものの抑制によって維持されているということである。ゴリラはけんかが起こった際、勝者を決めて解決しようとはしない。第三者が介入し、勝者をつくらずに解決しようとする。そのため、仲裁者も周囲のゴリラ

*1　伊谷純一郎「人間平等起原論」、伊谷純一郎・田中二郎編『自然社会の人類学——アフリカに生きる』、アカデミア出版会、一九八六年、三四七〜三八九頁。

もけんかの当事者のどちらかに加勢するのではなく、けんかそのものを止めようとする。私は実際に始まってしまったシルバーバックどうしのけんかを、金切り声をあげながら子どもゴリラたちが双方にしがみついて止めるのを見たことがある。子どもたちは自分たちの頼るオスどうしの闘争が集団の平和を大きく壊すこと、それが自分たちの共存と安全に危機をもたらすことを察知していたに違いない。シルバーバックたちも彼らとの共存を望むゆえに闘争を止めたのである。先に述べたゴリラの採食場所の譲渡も、こういった共存への志向が働いた結果であると思う。ゴリラの社会ではオスもメスも集団を出る自由を持っている。どんなに力を誇るオスでも、仲間に嫌われればひとりぼっちになってしまう。食物を譲ることによって、仲間たちは自分の近くに留まることを好むようになる。これがゴリラの社会の本質であり、ゴリラの集団とはメスや子どものゴリラがリーダーとなるシルバーバックを選んで集まっていると考えることができる。リーダーは力で他を制することによって地位を守ることはできない。他者から選ばれなければならず、そのためには力の行使だけでなく、力を抑制することが重要になるのである。

共存への志向

力の抑制が必要になるのは、体格の違う複数の個体が遊ぶときである[図❼]。レスリングでも追いかけっこでも、体の大きいものがそのまま力を行使したら遊びにならない。自分の力を抑え、相手に同調しながら、役割を交代していくことが遊びを長続きさせる秘訣となる。ゴリラはこれがうまい。巨大なシルバーバックでさえ、自分の体重の数十分の一し

力の抑制

かない小さな子どもとよく遊ぶのである。遊びではドラミングがよく使われる。相手の力を推し量り、相手を挑発し、相手に同調していくために、ドラミングはまたとない手段なのである。

人間、チンパンジー、ゴリラの遺伝子

人間はゴリラよりもチンパンジーに近縁である。人間の体を構成する遺伝子はチンパンジーと一・二パーセント、ゴリラと一・六パーセントほど違うからである。これによって、人間の祖先は七〇〇〜九〇〇〇万年前にゴリラとの共通祖先から分かれた後、五〇〇〜七〇〇万年前にチンパンジーとの共通祖先と分かれたことになる。人間はチンパンジーと共通な性質をより多く受け継いでいるのである。しかし、これは人間がゴリラと共通な性質を全く受け継がなかったという意味ではない。現代のチンパンジーには、人間との共通祖先と分岐した後に独自に発達したと考えられる特徴も数多くあるからだ。たとえば、発情するとメスがお尻を大きく腫らす特徴は人間にもゴリラにもない。これはチンパンジーの系統が人間との共通祖先から分岐した後、最近身に付けた特徴と考えることができ

図❼大きなゴリラが力を加減して子どもゴリラと遊ぶ

る。

チンパンジーは個体間の優劣に敏感で、個体が頻繁にくっついたり離れたりする融通無碍な集団を作る。オスたちはメスたちよりもつるんでいっしょにいる傾向があり、連合して他集団のオスたちと激しく敵対する。こういった特徴は人間の社会と似ているかもしれない。しかし、人間は優劣に敏感であると同時に、優劣を強く否定しようとするこころを持ち合わせている。だから、人間はゴリラに憧れる。ゴリラたちの行動を見てチンパンジーより美しいと思うのは、ゴリラが互いの優劣を表面に表さず、対等性に基づく抑制のきいた付き合いをしているからだろう。伊谷は人間社会が先験的な不平等を否定するような規矩を発達させたと考えた。しかし、ゴリラの対等社会を見ていると、人間社会は不平等をあまり発達させずに、対等な関係への強い志向性を残したまま社会を作ったのではないかと思えてくる。

その好例が家族である。人間の社会は複数の家族がいくつも集まってできている。ゴリラのようにそれぞれの家族集団で男女が平等な繁殖生活を営むことによって、繁殖上対等な関係を維持している。チンパンジーのように、集団内で優位なオスが交尾を独占するというようなことは起きない。人間社会では家族を離れた多くの仕事で複数の男女が協力関係を結ぶ。そこには優劣の差をもとにして作られる協力関係もある。しかし、それぞれが再び家族のもとへ戻っていくことで、対等性を志向するこころの平和は保たれる。

優劣に敏感であると同時に、優劣を強く否定しようとするこころ私たちは、言葉をしゃべらないゴリラの本当のこころは理解していないのかもしれない。彼らの内面の精神の動きは彼らの行動を見て判断するしかないからだ。しかし、私たち人間ですら、他者のこころを探るのに言葉ではなく、表情やしぐさを用いることが多い。私たちもゴリラと同じく他者の行為を目で見て評価する視覚優位の世界に生きているのである。そこには誤解が起きる危険もひそんでいる。かつてシルバーバックのドラミングを見てゴリラが暴力的だと感じたのも、現代の人間がそこに対等性に基づく平和な共存を見抜く力を失っていたからである。人間が遠い過去に決別し、いまなお憧れ続けている絶対的対等のこころをゴリラはもち続けているのかもしれない。対等を重んじる社会で他者に同調するには自分の力を抑制しなければならない。そして、同調によって可能になるのは他者への共感である。人間はその共感を用いて他者への優しい配慮と多様な分業にもとづく大きな社会を完成させた。しかし、いじめや陰湿な暴力に満ちた昨今の人間社会を見ていると、その原則は大きく崩れていると思わざるを得ない。[*2] どこかで人間は自らの社会の本質を見失っているに違いない。今一度、原初の精神に戻る必要があるのではないだろうか。そのために、ゴリラの社会は重要なヒントを与えてくれると思う。

視覚優位の世界にひそむ危険

他者への共感

＊2　山極寿一『暴力はどこからきたか――人間性の起源を探る』、ＮＨＫブックス、二〇〇七年。

こころとは…

特定の音を聞き分けて反応するロボットには〈こころ〉が感じられる。その聴覚機能を持つロボットとインタラクションを行う人も、自分の〈こころ〉の動きを感じ、情動を共有するコミュニケーションの重要さをしることになる。

おくの・ひろし　京都大学大学院情報学研究科教授

1950年神戸生まれ。東京大学教養学部基礎科学科卒、東京大学博士（工学）。日本電信電話公社、NTTの基礎研究所に26年半勤務後、科学技術振興事業団、東京理科大学理工学部教授を経て、2001年より京都大学大学院情報学研究科教授。人工知能、音環境理解、ロボット聴覚の研究に従事。日本で最初のHTML文書（日本国憲法）を日本語で作成。現在は、「混合音を聞き分ける」を標語に、基礎技術の研究開発に従事し、聖徳太子のように複数人の同時発話を聞き分ける「聖徳太子ロボット」の実現を目指している。また、音響信号をシンボル化し、それを音響事象と結びつけることによって、言葉が創発する過程にも興味を持つ。著書に『インターネット活用術』（岩波科学ライブラリー）、『知的プログラミング』（オーム社）など。

ロボットと〈こころ〉

奥乃 博

OKUNO Hiroshi G.

ロボットにこころがあるか、それは人工知能が出現して以来繰り返し問いただされてきた課題である。私は、これまでに音を聞き分ける「聖徳太子ロボット」の研究に従事してきた。その経験から、聴覚機能がこころを感じるうえで重要であることを指摘したい。ロボットがちょっとした音に気が付き、それに反応をする、という単純な機能が人に意外感をもたらす。本稿では、聴覚機能、とくにロボット聴覚について現状を述べ、現在の機能からどのようにロボットとのインタラクション（やりとり）が設計できるかの試案を提示したい。

ロボットにこころがあるか

ロボットとのインタラクション

ロボット学におけるこころの扱い

これまでのロボット学では、「こころ」を持つロボットを「作り込み」し、飽きのこないインタラクションが可能なロボットの構築、あるいは、それを実際の人とのインタラクションに使用し、どのような印象を人に与えるのかを測定するのが主たる研究動向である。当然、このようなアプローチに対する批判は、一九七〇年代に行われた人工知能研究、特に、人からの入力に対して単純な応答しかしないのに一見知的な応答をするかのように見えるＥＬＩＺＡシステムへの批判と軌を一にするものである。ユーザーが「困ったことがある」と入力すると「なぜ『困ったことがある』と言うのですか」とＥＬＩＺＡは応答し、「母親

ＥＬＩＺＡシステム

が病気で」と入力すると「ご家族について教えて下さい」と応答する。このような単純な対話戦略のプログラムであるＥＬＩＺＡシステムに没入する人が出たということは、そこにこころを、あるいは、自分自身のこころが投影されているのをＥＬＩＺＡに没入するユーザは見たのではないだろうか。ＥＬＩＺＡは一時期カウンセリングにも有効な手段としてもてはやされた。

人工知能（Artificial Intelligence, AI）研究では、最近では、人のような強力な知的システムを構築するという「強いＡＩ」という立場を取る人は少なく、ごく限られた範囲で知的な活動を行う「弱いＡＩ」という立場を取る人が多い。本稿はマイクロソフトのワードを使用して執筆しているが、用語の間違い、文章のぎこちない点などが随時波線で指示されることがある。これは、多数のルールから構成される人工知能技術の応用である。つまり、ワードの文章チェック機能は弱いＡＩの一例である。

ロボットとのインタラクションを通じて人がロボットにこころを感じるには、ロボットが環境、特に、話し相手や自身も含めた音環境をどれだけ知覚しているか、という点が重要なのではないかと、私は考えている。瀬名秀明氏の『ロボット学論集』（勁草書房）はロボットのこころについてのこれまでの多くの研究を概観しており、こころを考える上での重要な書籍である。ただ、聴覚という視点がほとんど触れられていないのは残念である。

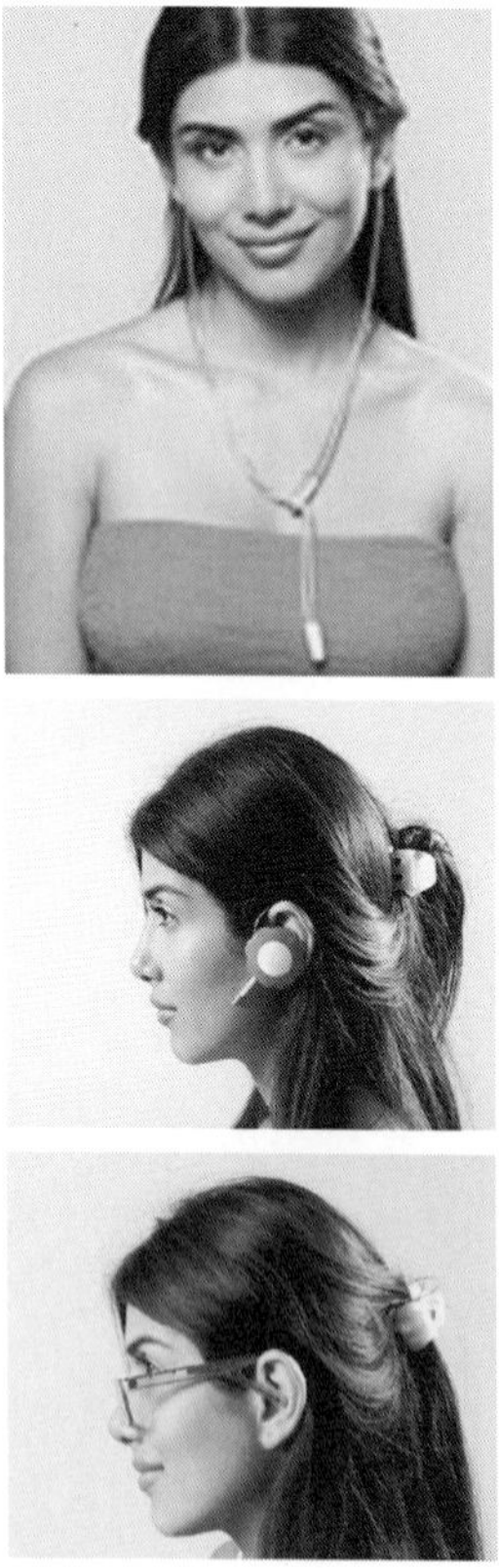

図❶ヴィクトリア・アンド・アルバート博物館でのHearwearの展示　http://www.london-net.co.uk/ln/guide/about/art_ldf_hearware.html 2005年10月29日ダウンロード

こころにとっての聴覚機能の重要性

二〇〇五年六月〜二〇〇六年四月、ロンドンのヴィクトリア・アンド・アルバート博物館でHearwear（ヒアウエア）という展示が行われていた。聴覚障害者が装着している補聴器を一般の人も装着して、より快適な音環境を享受していこうという方向性の提示である【図❶】。メガネが実用的な装具に加えてファッションとしての側面も持っているように、補聴器も将来は実用的な装具に加えて、ファッションとしての側面も持っていくのであろうか。実用的な側面からは、より快適な音環境の提供や音の明瞭度の向上などが考えられる。たとえば、やかましい環境であっても静かな生活が送れる、快適に会話ができるといった騒

補聴器でより快適な音環境を

音公害への対策も可能であろう。メガネと組み合わせて、骨伝導で音を聞き、明瞭度を向上させる、メガネに仕組まれたマイクロフォンアレイで特定の音源の音を聞いたり、聞こえにくい音を増幅することにより音声による情報伝達を円滑に行うなど、従来の人間の聴覚機能の拡張ともなろう。ファッションの側面からは、最近登場しているデザイン重視のポータブルプレイヤー、歌手のワイアレスヘッドセットマイクロフォンなど、機能だけでなく、アクセサリとしての価値も出てこよう。

図❷パナソニック補聴器のTVのCM

二〇〇九年には、パナソニックが擬人化されたウサギが装着したステレオヘッドホンスタイルの補聴器の宣伝をTVで放映している【図❷】。キャッチコピーは「これ、実は補聴器なんです。」両耳に耳かけ型のイアホンを装着しているので、通常の音楽プレイヤーとなんら区別がない。高齢化社会の急速な進展により、聴覚機能が衰えてきた人口の増加が、Hearwearの急激な展開の契機となっていくだろう。

最近は携帯音楽プレイヤーや携帯電話・携

帯端末を片時も離さず使用する人が増えている。目は電話の液晶ディスプレイに釘付け、耳は音楽に集中し、自分だけのパーソナル空間に没入。電車の車中であっても、街中であっても、どこでもパーソナル空間に入り浸れる利便性が向上している。その一方で、人の持つ豊かな五感という感性はだんだん失われていくように見える。ある意味でIT技術に合わせて、人の感覚器官の退化が始まっているのではないだろうか。いや、逆の見方をすれば、IT技術に適応するという人の「進化」が進行中ととらえることもできよう。そのような中で、これまでに人が進化してきた過程、すなわち、聞く、聞き分けるということの大切さが忘れられようとしている。鈴木淳一と小林武夫の両氏は『耳科学——難聴に挑む』（中公新書）で次のような指摘を行っている。

聴覚は人間にとって最も重要な感覚である。言語によるコミュニケーションが聴覚によって成立することは容易に理解されるが、「ヒトは聴覚によってのみ言語を獲得し、そこに文化が生まれ、継承される。書かれた言語は目によって伝承されるが、話す言葉は耳からしか得られない。話し言葉があって書く言葉が生まれる」ことを、多くの人が理解していないのは残念なことである。

今一度、聴覚機能の大切さを私たち自身が噛みしめることが必要なのではないだろうか。胎児は受精後一八週で聴覚器官の形成が始まり、受精後三〇週で完成し、その後は羊水の

ＩＴ技術と感覚器官
聞く、聞き分けるということ

中で母親の出す様々な音だけでなく、環境の音を聞いている。赤ちゃんが生まれたときにはまだ目が見えず、音だけが聞こえている状態である。音を手掛かりに環境を知覚しようとする。最初は親、とくに母親の顔を覚え、だんだん人の顔が認識でき、区別ができるようになる。生後七ヶ月頃になってようやく声と顔の情報が一致するようになるという(山口真美『赤ちゃんは顔をよむ』、紀伊國屋書店)。

ロボットにおける聴覚機能

ロボット学では、聴覚に関しては人とは逆に、ゼロからの進歩がようやく端緒についたばかりである。ロボットには目があっても、耳はないことが多かった。日本最初の本格的な官製の日の丸ヒューマノイドロボット(人型ロボット)HRP-2が第一回ヒューマノイドロボット国際会議(IEEE Humanoids 2000)で発表された時に、HRP-2には耳とでも言うべきマイクロフォンは搭載されていなかった。音声認識技術が音声合成技術と比較して極めて非力であり、視覚機能と比べてその必要性が高くなかったからである。アシモフ著の『我はロボット』で登場する初のロボット「ロビイ」は人の話は理解できるが喋れない。瀬名秀明著の『あしたのロボット』に登場する拾ってきたロボット「ロビイ」は素早い音声認識機能は有しているものの、音声合成機能はたどたどしい。聞くことはできても上手に喋

日本初のヒューマノイドロボット

れない、という赤ちゃんや幼児からの連想なのであろう。

音声認識技術はなぜ非力か

音声認識技術がなぜ非力なのか。音声でコンピュータが使えたらと願う人は多いが、現在の音声認識技術はその要望に応え切れていない。私はその理由を工学一般で取られている前提主義にあると考える。科学技術はある前提に立って、それに合うように物理世界をモデル化し、様々な価値基準から最適な技術を構築するのが目的である。科学技術の成否は、いかによい問題設定を見つけるか、すなわち、前提の立て方にかかっている。音声認識技術は、単一発声の音声だけが与えられれば、音声認識が高精度で可能という前提に拠り立っている。現実には、雑音が混ざる、反射や残響がある、あるいは、複数の音源からの音が混ざるという伝達過程を経て、耳やマイクロフォンに到達する音は混合音であり、なかなか音声認識技術の前提が成立しない。そもそも「雑音」として切り捨てているものの中にも意味が含まれているはずである。蟬の鳴き声が騒音にしか聞こえない人には「閑さや岩にしみいる蟬の声」という松尾芭蕉の句のこころは理解できないだろう。

音源の方向を聞き分ける音源定位

音源定位

人が音がどこからするのかを聞き分ける音源定位の手がかりにしているのは、同一音源から左右の耳に到達する時間差や左右の耳に聞こえる音の強度差である。耳介の形状は両耳間時間差や両耳間強度差を強調する効果があるので、音源が自分の前にあるのか後ろにあるのか、という前後問題の曖昧性の解消に役に立っている。ロボットの耳には通常マイクロフォンがそのまま埋め込まれることが多いので、前後問題の曖昧性の解消が課題となる。音源位置が分からないときに頭を動かして前後位置の確認を行うように、ロボットも体が動かせるので、マイクロフォンが装着された頭部を動かして、前後問題の曖昧性の解消ができる。このときの人の動きは、まず三〇度程度斜め下に動き、それから横に動かした方が、ただ横方向に動かす単純な動きよりも音源定位の曖昧性がよく解消できる。実際にロボットでこの二つの動きを実験してみると、人と同じく前者の複雑な動きの方が単純な動きよりも定位の曖昧性の解消に有効であることが分かった。

目の悪い人、特に子供と話しているときに彼らが音がする度に頭を動かしたりするのは、ロボットと同じように音源の位置を確認しているのではないかとも考えられる。知らない人が見ると注意欠陥・多動性障害と間違って判断してしまう可能性も排除できない。

音源定位ができると、ロボットの挙動は豊かになる。たとえば、ロボットの目（カメラ）の視野外から「こんにちは」と声をかけられると、その声から音源定位を行い、その方向へ体を向け、顔を見つけて誰であるかを瞬時に判断し、その判断結果に従って、「×××さん、こんにちは」あるいは「はじめまして、どなたさまですか」と応答することができる。

私たちがこのような上半身のヒューマノイドロボットを作成し、二〇〇一年に知能ロボッ

「×××さん、こんにちは」

トの国際会議で発表した時に聴講者から得た反応は予想外に大きかった。ロボット学ではそれまでロボットに装備したマイクロフォンを使ったインタラクションは発表されていなかったし、まして、見えないところから声をかけられても応答できる、ということは想定外の研究テーマであったわけである。音に反応するロボットの挙動の中に「こころ」を感じたのかも知れない。

私たちが開発した音源定位技術は、入力音が複数の音源からの音が混ざった混合音であっても構わない。この場合には、どの音源に注意を払うか、という新たな課題が生じる。今、八つの音源が定位されたとしよう。八股の大蛇ならば、八つの頭をそれぞれの音源に向ければよいのだが、一般にはどれか一つの音源を選択しなければならない。たとえば四人の人から同時に話しかけられた時に、誰に顔を向けるか、という注意選択とそれに伴う挙動選択の問題である。毎回同じ人に注意を向けるならば、その人は心地よく感じ、別の人は心地よくは感じない、ということになるかも知れない。何やら日常生活でよく経験することである。

私たちは、同時に発話された場合に誰に注意を向けるかで、二つの試みを行ってきた。タスク指向とソーシャル性指向である。前者は、受付係をしているロボットは、相手に注意を向けることに専念し、他の音がしてもよほどの大きい音でない限り、注意をそらさない、という設計である。後者は、音がすればそちらの方を見、人だったら会釈をするとい

音に反応するロボット

タスク指向とソーシャル性指向

う八方美人的な対応を行う。さらに、両者の中間的な対応をとる様々な様態に対して、対人関係理論に基づく二軸による分類手法も実現した。そっぽを向くといった単純な挙動ならば、ロボット挙動の背後に潜む志向性（こころ）を読むのは易しいが、複雑な挙動の場合には何を原理に動いているのかという志向性（こころ）は、単一の挙動だけから読みとるのは難しい。

挙動の背後に潜む志向性（こころ）

複数の音の分離と認識

聖徳太子は日本書紀推古帝によると一〇人の訴えを同時に聞き、裁いたという。人は同時には高々二名の声しか聞き分けられないとの報告もある。[*1、2] 同時発話の認識は難しいものの、騒がしいパーティ会場で離れた特定の話声がよく聞こえることを経験する。このような現象はカクテルパーティ効果と呼ばれている。[*3] 実環境での音声認識でも特定の話者の音

カクテルパーティ効果

*1 川島尊之、佐藤隆夫「同時複数音声の分散的聴取における知能限界」、『日本音響学会誌』、六五巻一号（二〇〇九年）。

*2 Kashino, M., Hirahara, T., One, two, many: Judging the number of concurrent talkers, *Journal of Acoustic Society of America*, Vol. 99, No. 4, Pt. 2, p. 2596, 1996.

*3 Cherry, E.C., Some experiments on the recognition of speech, with one and with two ears, *Journal of Acoustic Society of America*, Vol. 25, pp. 975-979, 1953.

声だけを抽出して音声認識するハンズフリー音声認識が盛んに研究されており、カーナビなどに応用されている。いわゆるカクテルパーティ効果を狙ったシステムとなっている。環境知覚から問題となるのは、どの音に注意を向けるかである。カーナビの場合には運転者の声だけでよいが、TVについたマイクロフォンを通して指令を与える場合だと、正面の声にだけ応答するというのは極めて使い勝手が悪い。そもそも聞く対象が正面に固定されているのであれば、システムがこころを持つかということは議論に上がらない。

私たちが開発している複数人同時発話認識システムHARKを用いると、新たなインタラクションの可能性が広がる。これまでの研究から、二本のマイクロフォンは頭の形状が違ってもロボットに簡単に設定できるものの、二本のマイクロフォンしか用いないロボット聴覚システムでは、事前知識を極力少なくしていろいろな音環境に対応するのが難しいことが判明した。使用される環境に合わせた適応が不可欠であり、適応学習のためのデータ収集に時間と労力がかかる。このような事前知識や学習といった労力と手間を避けるために、八本のマイクロフォンを使用したシステムを開発した。一般に、混合音からそれぞれの音を分離する音源分離は音源方向に関する定位情報を必要とする。二本のマイクロフォンでは、前述のように定位情報に曖昧性が残るので、その情報を使った音源分離の精度は悪くなる。これに対して、八本のマイクロフォンで音源定位の精度を向上させようというわけである。

複数人同時発話認識システムHARK

HARKでは、空間的に二〇度以上話者が離れていたら、同時に話された音声を分離できる。その分離音に対する音声認識精度は、混合音そのものを認識した場合と比較して大幅に改善できる。

図❸に示した三人の話者が同時に料理を注文する場合では、HARKは三話者の声をまず定位し、分離し、その分離音の音声認識をする。最後の発話者の発話終了から応答が返るまでにわずか一・九秒しかかからない。これらのデモは私たちの研究室のホームページからも閲覧可能である（http://winnie.kuis.kyoto-u.ac.jp/SIG/）。本デモではRobovie-R2を使用しているが、最近はHRP-2というヒューマノイドロボットにも移植を行い、研究室でのデモに使っている。HRP-2の場合にはRobovieよりも豊富な動作ができるので、相手の方を向き、身振り手振りをしながらそれぞれの注文を復唱する。

図❸3人同時の料理の注文を聞くロボットRobovie-R2
（ロボットの頭部に鉢巻状に8本のマイクロフォン装着）

料理の同時注文を受けるロボットのデモは、ロボット聴覚の可能性を示したものであるが、日常生活からするといかにも不自然である。より自然

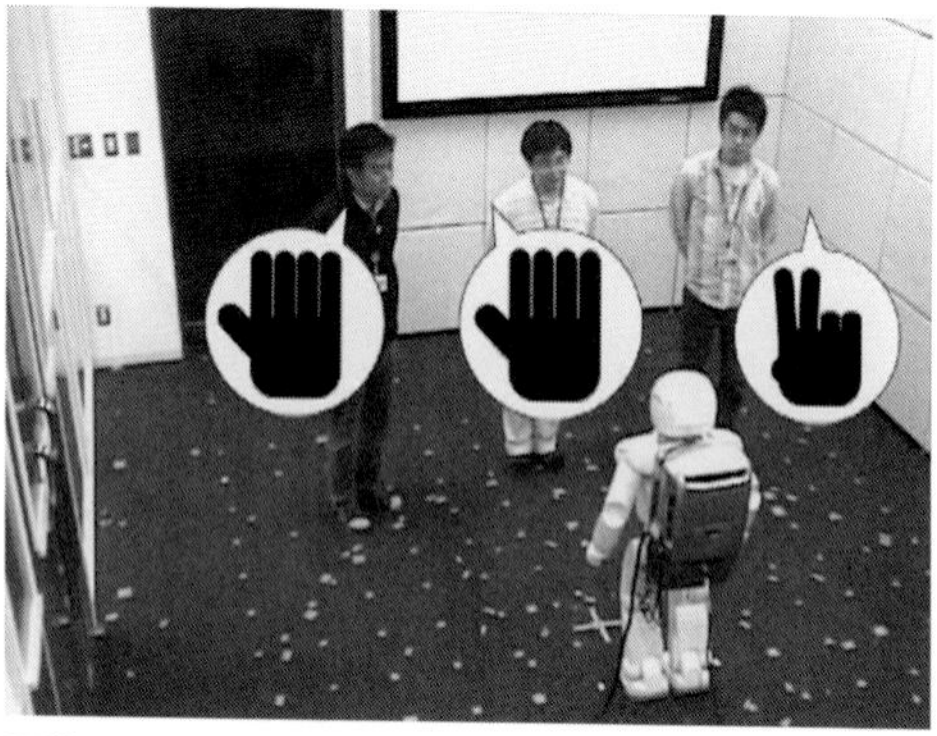

図❹ロジャンケンの審判をするASIMO（顔側面に4本ずつのマイクロフォン装備）

なデモとして、言葉で行うジャンケンの審判機能をホンダのロボットＡＳＩＭＯに実験的に搭載した。図❹に言葉によるジャンケンの様子を示す。

　このような同時発話を聞き分けるシステムを人はこれまでに経験をしたことがない。聖徳太子のように同時発話を聞き分けることができるシステムやロボットに遭遇したとき、人は聖徳太子ロボットにこころを感じるであろうか。恐らく、聞き分けた結果をどのように活用するか、によってその印象は大いに変わるであろう。世の中はすでに監視カメラが普及し始めており、人々もそれを受け入れる下地ができつつある。監視カメラに加えて、同時発話を聞き分ける聖徳太子システムが普及し始めると、「壁に耳あり障子に目あり」という状況につながる可能性もある。こうなると、こころを感じるよりは、ジョージ・オーウェルの『一九八四年』の世界となってしまう。幸いなことに監視カメラにせよ、人物検知システムにせよ、技術レベルがまだまだ低く、現時点では杞憂に過ぎない。システムが機能するための前提条件があまりにも強すぎて、一般環境では使えないからである。

音声対話での双方向性の実現

双方向性

こころを感じさせる自然なインタラクションに必要な機能の一つは、双方向性であろう。料理を三人が同時に注文をするデモでは、ユーザは同時に発声をするものの、システムの発話中には注文をできない。システムの発話中であってもユーザが話してもよい発話はバージイン発話と呼ばれる。バージイン発話は一種の双方向性を提供する機能である。しかし、これまでにバージイン発話が許される音声対話システムは電話や携帯電話を使ったものだけである。電話では話すと聞くが別々のチャネルで通信されるため、すでに聞き分ける機能が内包されているからである。

バージイン発話

自己生成音抑制機能

バージイン発話を実現する機能は、自分の出した音を抑制するという自己生成音抑制機能である。私たちはこのような能力をいろいろなレベルで有している。一番身近な例は、自分が話すときにどれだけ自分の声を聞いているかである。自分の生成音は聴覚機能の一番手前のところでブロックされ、大脳の聴覚野へは届かない。話す機能の模式図では、自分の声を聞き、モニタしながら話す、といわれているが、常時モニタをしているわけではない。自分がこう話しているであろうと思いこんで、わざわざモニタをせずに話している。もちろん、話すべき言葉を一つひとつ慎重に選んで話す場合には、自己生成音をモニタしながら話している。しかし、努力最小化原理により、モニタしながら話すという話し方は

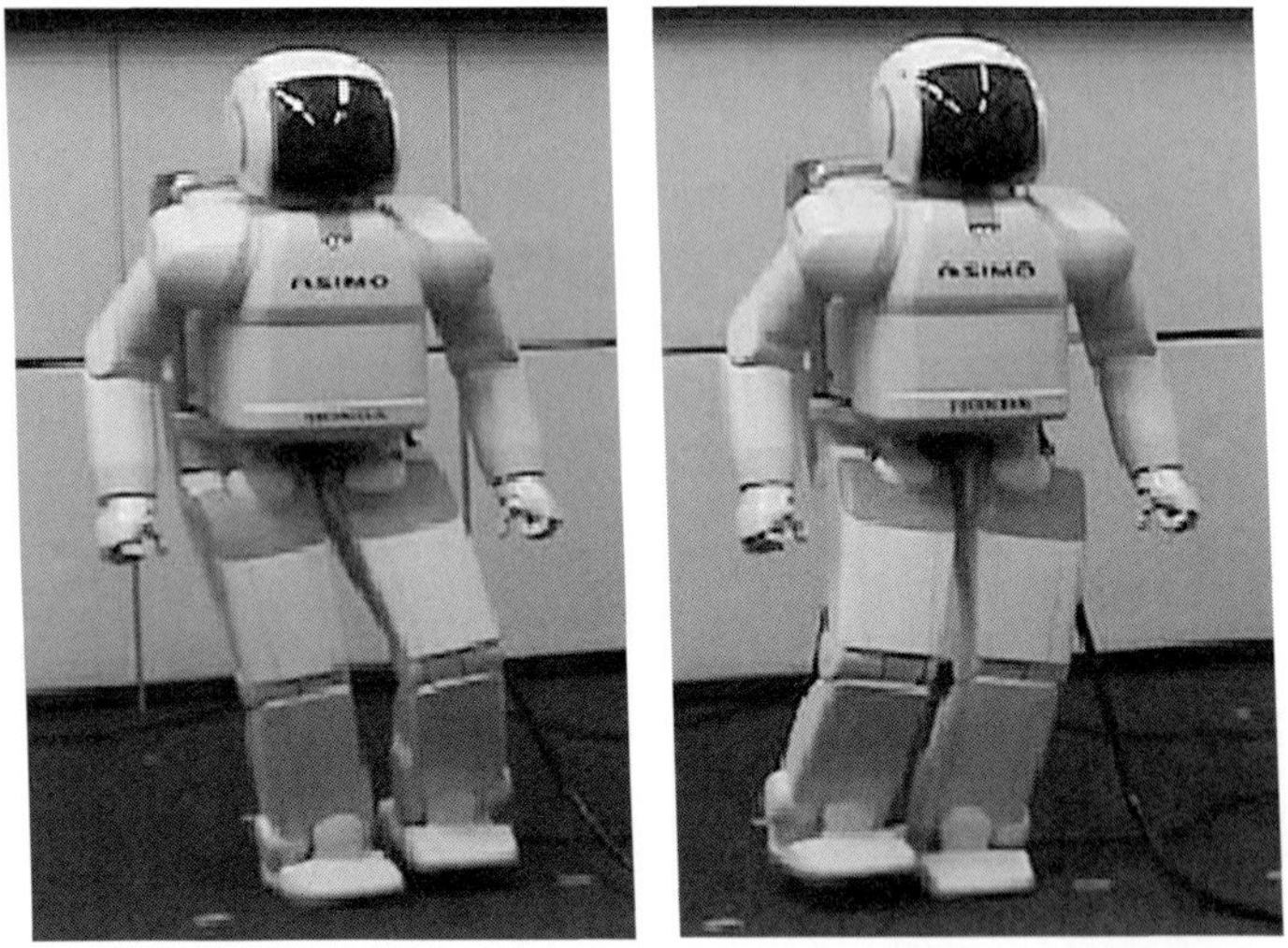

図❺音楽ロボット。音楽を聞き、リズムに合わせて足踏みをし、歌うASIMO

通常はしない。

新しい服を着た時に衣ずれの音が気になることがある。着なれた服だと他人には耳障りな衣ずれの音であっても、自分にはそのようには感じられない。ふとした時に衣ずれの音に驚く、ということもあろう。これは、いつも聞いている音には慣れて、聴覚器官でそのような音の抑制をし、側頭葉の一次聴覚野から先には信号が送られない。何らかのきっかけで大脳皮質の聴覚連合野へ信号が送られると、その音が知覚され、自分に自分が驚く。意外と人は鈍感なのである。

このような聴覚器官レベルでの自己生成音の抑制機能を私たちは音響信号処理によって解決を行った。自分がス

音楽ロボット

ピーカから出す声の音響信号が分かっているので、その声がスピーカから生成されて自分の耳に到達する特性を推定して、他の音源に重畳した自分の声を抑制する。この機能はほとんど処理時間の遅れがなく実現できている。その結果、音楽を聞きながら歌う音楽ロボットの耳に入る混合音から自分の歌声を抑制し、音楽そのものを抽出してテンポ推定の間違いを防ぐ。このような機能をホンダＡＳＩＭＯに実験的に搭載した。図❺に足踏みをして歌っている様子を示す。

図❻㈱セガトイズの「ペコッぱ」と「花っぱ」

空気をよんで

　音に反応するおもちゃとして、「ペコッぱ」と「花っぱ」をセガトイズが販売している【図❻】。「空気をよんでコミュニケーションを助ける植物、話を聞いてうなずきます。」がキャッチフレーズである。人の声に反応して葉っぱが、花がぺこぺこうなずく。どのようにうなずくか、遊んでみると結構時間をつぶせる。この技術は、岡山県立大学の渡辺富夫教授の提唱する「心が通う身体的コミュニケーションシステム＝うなずき理論」に基づいている。

うなずき理論

　このようなうなずきシステムにこころを感じるか

は、人にもよるが、あなたの声だけに応答すればこころを感じる人が多くなるのではないだろうか。残念ながらあなたの声だけを聞き分けるという機能は実現されていない。先ほど述べた自己生成音抑制機能を応用すると、ＴＶや音楽プレーヤーの音には反応しないという機能はすぐに実現できる。ペコッぱを音声対話システムの身体的コミュニケーションの一部とすれば、システムの発話には全く応答せず、システムの発話中であってもユーザが行った発話に対してだけペコッぱがうなずく、という機能が提供できる。自己生成音抑制機能が、対話の相手によりこころというものを、もし感じられるとしたら、よりよく感じさせることができるのではないだろうか。

ロボット聴覚を生かす設計

ここまで、ロボット聴覚の単純な機能、といっても、従来はできなかった機能であるが、それだけでも意外感のあるインタラクションが可能となることを示した。このような要素技術を発展させ、総合的にこころが伝わるようなシステムへと発展させるにはどのような設計方針が必要なのか検討してみよう。

設計方針を提示する前に、私の基本スタンスを明確にしておく。私は耳が悪く、上品な方が多く出席される会議、あるいは、残響の強い大会議室での会議では、言葉によるコミュニケーションに非常に難儀をしている。一見健常者でも、個々の人のセンサ能力の分布は大きく振れているのに、その事実に気づいていない人があまりにも多いように思える。

人はみんな同じかへの疑念

図❼、図❽の絵は大虐殺をモティーフに描かれたものである。一つは、フランシス・ゴヤ(Francis de Goya)の描いた『一八〇八年五月三日』であり、もう一つはエドワード・マネ(Edouard Manet)の描いた『マクシミリアン皇帝の処刑』(L'Exécution de l'Empereur Maximilien)である。いずれの絵も、戦争の悲惨さを描いたものであり、処刑する側、処刑される側、それを見守る民衆の三グループが描かれている。ここで注意していただきたいのは、民衆のとっている挙動の違いである。

耳を覆うか、目を覆うか

「民衆の手が耳を覆っているか、あるいは、目を覆っているか」が違っている。皆さん方はこのような場面に遭遇するとどちらの挙動を取られるであろうか。ここでの疑問は、なぜゴヤが目を覆うような挙動を描いたかである。この絵は一八一八年ゴヤ七二歳のときに描かれたものである。ゴヤは別名「黒の画家」とも呼ばれているが、四七歳から耳が聞こえなくなっており、盲目ではなく沈黙という孤独の中に生きていた。私自身の経験から想像するに、耳からの入力がない以上、被処刑者の叫び声はゴヤにはほとんど聞こえていない。場面のおぞましさを避けるために、目からの入力を止めたかったのではないだろうか。それゆえに目を両手で覆ったのだと。因みに、パブロ・ピカソも同じモティーフで「朝鮮の虐殺」という絵を一九五一年に描いている。ピカソの絵は、マネのそれとほとんど同じ構図であるものの、一般民衆は描かれてはいない。ピカソがもし一般民衆も描いたとする

図❼ゴヤの「1808年5月3日」（プラド美術館蔵）
©Museo Nacional del Prado - Madrid - Spain

図❽マネの「マクシミリアン皇帝の処刑」（マンハイム市立美術館蔵）©Kunsthalle Mannheim

と、その人たちのこころをどういう挙動で描いたのだろうか。

センサの機能が違うと、そこから知覚される外界の情報が異なり、それに基づいた挙動が異なる、ということが言いたいためにゴヤとマネの例を引き合いに出した。もちろん、どのような挙動を人が取るかは、センサ入力だけでなく、挙動のレパートリ、高次の行動立案戦略など、さまざまなものの影響を受ける。しかし、上記のような状況では、そもそも知覚できない情報に基づいて挙動が生じることはないと考えられる。

センサ機能の違いと挙動の違い

二〇〇五年の京都文化会議ワークショップでは、私のこのような解釈について異議が出され、議論を呼んだ。その一つは、画家は見たことしか描かないという批判であった。見えるものを人は必ずしも見るわけではなく、見たいものを見るという志向性の影響が強いという指摘が、哲学だけでなく、最近の脳科学研究でも行われており、真相の解明は今後の科学の進展を待ちたい。いずれにせよ、私は聴覚についても、聞こえると聞くとは異なることと考え、聞き分けることに研究を集中してきた。

見たいものを見るという志向性の影響

異質なものを生かす設計

二〇〇五年のワークショップで取り上げられたテーマである「国境を越えたこころ」というものが可能なのか。こころの拠り所をどこに探るのか。マージンをどれだけ取るのか、見込むのか、寛容なこころとは何か。相手の立場に立てば、という言葉が、知覚センサ機能が違う身体において可能なのであろうか。悲観的な立場に立てば、ヒューマニズムそのものが成立するのか、極めて疑問である。

相手の立場に立つことは可能か

いわゆる健常者のセンサ機能を基にさまざまなことを判断する基準にしていること、つまり、あるスタンダードを定め、それに外れる場合をあまり想定せずに世の中の仕組みが成り立っていることに、健常者自身が気付いていないのではないだろうか。バリアフリーの技術を主張され、華々しく研究を展開される方が、会議では静かに話されるので、聴覚障害者には主張が伝わらず、結果的に差別している。あるいは、カラフルなスライドで発表されていても、日本人成人男性の二〇人に一人の割りでいる赤色感度の悪い方には、実は情報が伝わっていない。（二〇〇九年二月九日の日本経済新聞夕刊「暮らし新景」のらいふプラスで取り上げられている。）情報を伝える側は分かりやすく説明しているつもりでも、実は空振りで、情報が伝わっていない人もいる。いわゆる「エゴセントリック（自己中心的）な視点」が無意識のうちに境界線を引いていると思われる。

バリアフリーの技術

「エゴセントリック（自己中心的）な視点」

エゴセントリックと書いたが、多くの場合には無意識の善意から生じたものであろう。「日本人なら」という用語は、均質化を目指したこれまでの教育の大成果であると考えられる。自分の周りに自分とは違う人間を見てきたことのないこれまでの日本社会がその背後にあるのではないだろうか（産婆システムによる障害児の早期の排除、あるいは、家庭内での閉じ込め、特別学級への配属など)。

昨今のグローバリゼーション、終身雇用の終焉、など、均質社会を支えてきた社会の仕組みが変わるにつれて、いわゆる健常者の側に「こころの拠り所の喪失」が増えていくことになる。それは、均質社会(ホモジニアス)から非均質社会(ヘテロジニアス)への展開への順応不順として引き起こされていくことになるように思える。昨今の宗教ブームは、こころの拠り所の回復プロセスなのかも知れない。

「こころの拠り所の喪失」

ヒューマノイドロボットの形状設計でも同様のことが観測される。東京工業大学名誉教授の森政弘氏が一九七〇年に提唱した「不気味の谷」である。ロボットや仮想現実感の強いゲームに登場するキャラクタが、人間に極めて似てくると、完全に似ていると想定される場合(本物の人でもよい)と比較して、嫌悪感や恐怖感が大きくなるという現象である。このような感情的反応を正面からとらえるのは非常に先見性のある仕事であった。しかし、その背後にある「標準的な人」という志向性は、一方で非常に危険でもある。

「不気味の谷」

人は同じように感じるか、という問題点から、いくつかの事例を述べてきた。こころの拠り所の要因を理解していく上で、私は、「人は同じように知覚するわけではない」ということを前提に相互理解を深めていく必要があると思っている。価値基準が違うという高度なレベルでの違いではなく、身体機能としてそもそも人は同じではない、ということである。バーチャル空間は人の違いを際立たせ、非均質社会を体験させていくので、そこを出

「人は同じように知覚するわけではない」

発点として新たなこころの拠り所を発見する活動が始まればよいと楽観的に捉えている。ヒューマノイドロボットの研究は、人それぞれが違うことを具現化するための研究であり、共生を追求する手段になるのではないだろうか。

共生を追求する手段

理解ではなく情動共有する設計

大井玄はその著書『「痴呆老人」は何を見ているか』（新潮新書）の中で、記憶力の減退と知力の減退とが必ずしも相関がなく、また、老人になるにつれて子供へと回帰することを指摘している。そのような老人の社会で重要なのは「なじみの仲間」という関係である。人はお互いに理解し合って生きるのではなく、ただ一緒にいて他愛のないコミュニケーション、会話であっても情報共有という機能を喪失した偽会話、を行うだけでも満足感が溢れる生活が送れる。お互いをそのまま受け入れる、情報共有ではなく、情動共有型のコミュニケーションがなじみの仲間の関係構築に重要である。つまり、相手をそのまま受け入れるところに、こころがある、と老人は感じているのであろう。

情動共有型のコミュニケーション

本稿の最初に述べたが、知的なロボットの構築を弱いＡＩの実現の一つととらえると、高齢化社会でのロボットの活躍の場は、「なじみの仲間」という関係構築にロボットがどう貢献できるかではないかと考えている。集団で話していて、誰かが話したことを受けて、その内容とはまったく関係のない話をし、表層的には集団の中で話がはずむ、という情動共有型のコミュニケーションの成立が重要な課題であろう。

共感（シンパシー）ではなく、感情移入（エンパシー）

理解に基づいた共感（シンパシー）ではなく、情動の共有に基づいた感情移入（エンパシー）が重要な役割をもつ。言葉を理解した情報の共有ではなく、意図に加えて、信念、願望、希望、恐怖、愛、憎悪、嫌悪、恥、誇り、喜びなどに代表される心的状態、意識されようと無意識であろうと、そのような状態を表す志向性の共有なのである。

また、子供とのインタラクションであれば、なじみの仲間とは違う関係、たとえば、二歳くらいまでだと同じ場所で、別々の遊びをする並列遊びを、年長になればそれに合わせたインタラクションを設計し、実現していくことが不可欠であろう。

情動共有型コミュニケーションにロボット聴覚の果たす役割

アウエアネスの提供

情動共有、あるいは、感情移入というキーワードに相当するロボットの知覚機能は、こまやかなところまで気が付き、ロボットが何らかの挙動を取ることで、人に「あ、何かが起こったのだ」と気づかせるアウエアネスの提供ではないだろうか。現代の若者はパーソナル仮想空間への没入により、環境のもつ豊かな情報を検知することがだんだん不得手になってきている。

静寂な庭に響き渡る鹿威しの音、水滴が落ちるごとにピーンと響き渡る水琴窟の音が、周りの騒音に打ち消されてしまう現実の中で、ロボットがそれに気づいて挙動をとる。それを人が見て、そのような音の存在を知る。つまり、ロボットの知覚とそれに基づく挙動が、人に聴覚的なアウエアネスを提供する。このような聴覚的アウエアネスの提供と、それを通じた人の学習を通じて、人が本来の人らしさを回復する。障害者は、直接は感じられなくても、ロボットの挙動から、その心意気を知る。こういうレベルの情動共有であれば、ロボットの知覚機能を洗練化することにより実現可能であろう。

本来の人らしさの回復

聴覚的アウエアネスは、仮想現実や拡張現実で行われる高忠実音響再生ではなかなか実現できない。もともと注意が向かないので、いくら同じ環境を再現しても知覚するのが難しい。ロボット聴覚の機能である音源定位、音源分離、分離音認識といういわゆる混合音の分解作業を通じ、特定の音だけを強調して再現する、あるいは、他の音はすべて抑制するという一種のフィルタリング機能が必要となる。このようなフィルタリングの中に、ロボットの挙動の志向性、すなわち、こころが現れてくるのではないだろうか。

フィルタリング機能

おわりに

ロボット、とくに、聴覚機能を有したロボットを開発し、それを人とのインタラクションに使っていくことを通じて、ロボットにとってこころとは何かを解明するのは、確かに難しいかもしれない。しかし、そのようなロボットを構築し、人がどのようにロボットの挙動にこころを感じていくのかを解明することは可能であり、人間自身を理解する上での有効な手段となろう。自分自身の感受性を高め、感情移入能力を向上させることが、重要なように思える。本稿の依頼があり、ロボットのこころについて、文献を調べ、人と議論をすることにより、結局ロボットにこころを持たせることの難しさ、いや、こころとは何かの定義すらできないことに気づき、なかなか筆が進まなかった。

人工知能研究の初期には、専門家システム（エキスパートシステム）構築が多数取り組まれ、医療用を中心に様々なエキスパートシステムが開発された。その多くは実用に供するには、あまりにも専門バカであったものの、医学生の教育には有用であった。しかし、最大の成果は、エキスパートシステムを構築するために専門家知識を学んだ研究者やプログラマの当該分野の知識が、自分たちの開発したエキスパートシステムよりも高度になり、知的レベルが飛躍的に向上したことである。このアネクドート（逸話）に倣えば、ロボットにこころをもたせるという研究に従事することは、人のこころとは何かについての考えを深めていくのに大いに貢献するのではないだろうか。ロボットという動く例をベースに議論ができるので、抽象的にならず、地に足の着いたものになると期待される。

人形に〈心〉を入れる

伊東久重

ITO Hisashige

いとう・ひさしげ

御所人形作家、有職御人形司十二世

1944年京都市に生まれる。同志社大学在学中より人形制作の道に入り、1978年十二世伊東久重を継承。1985年「伊東久重御所人形の世界展」(科学万博日本歴史館)。2000年京都・静岡にて「十二世伊東久重の世界展」(京都新聞社・静岡朝日テレビ主催)。2004年ウィーンにて「十二世伊東久重御所人形の世界展」。2009年佐川美術館にて「十二世伊東久重御所人形の世界展」。主な作品収蔵先は皇居、東宮御所、京都御所、京都迎賓館など。

「人形師は人形にいつ心（魂）を入れるのですか」と聞かれることがありますが、私は心血を注いで作った人形師とその人形を大切に可愛がっている人の思いが一つになった時に心が入ると思っています。

私の家は現在の京都四条烏丸付近で江戸時代初期より「桝屋庄五郎」の屋号で薬種商を営んでいましたが、享保年間（一七一六〜三六）、人形作りの才に秀でた当時の当主庄五郎が家業を人形制作としました。庄五郎は人形師としての道を本格的に歩むため「御人形細工師」初代を名乗り、享保十一年（一七二六）には祇園祭長刀鉾の守護神の人形「和泉小次郎親衡《ちかひら》」像を制作、また病除けの願いを込め薬草を刈る子供の姿をうつした「草刈童子」を作り、それを家の守り神としました。これが私の家の人形師としての起源ですが、今日はこの二体の人形の話をしたいと思います。

祇園祭長刀鉾の守護神の人形●

日本三大祭りの一つである祇園祭は、今から一一四〇年前の貞観十一年（八六九）に京都に流行していた疫病を退散させるため、日本の国数である六六本の鉾を立て、神泉苑で御霊会をしたのが起源とされ、七月の一日から三十一日までの一ヶ月間、色々な行事があるお祭りですが、そのハイライトは十七日の山鉾巡行です。動く芸術品ともいわれる三二基の山鉾が巡行するのですが、長刀鉾は「くじ取らずの鉾」といわれ古来より巡行の先頭を行く習いとなっています。地上二五メートルほどの鉾先に悪病退散の願いを込めた大長刀を付けていますが、その下五メートルほどの所に守護神の人形「和泉小次郎親衡」像【図❶】が付いています。

和泉小次郎親衡は小舟を操り、三条小鍛冶宗近作の大長刀を振るい山河を縦横無尽に駆け巡ったといわれる強力無双の源氏の武将ですが、或る日戦いの無常を感じ大長刀を八坂神社（京都祇園社）に奉納し何処となく消えていったといわれています。その後この大長刀をもらい受け、鉾先に飾ったのが長刀鉾です。このことから長刀鉾町では和泉小次郎親衡を守護神と崇めるようになりました。

この和泉小次郎親衡をうつした人形は、高さ二三センチメートル、侍烏帽子に直垂姿で右手に大長刀を持ち左肩に小舟を担いだ勇壮な姿をしています。眼光鋭く正面を見据えるこの人形は、長い年月山鉾巡行の先頭に立ち世の中の移り変わりや人々の喜怒哀楽を見つめてきました。きっとこの人形には心が宿っていたに違いありません。その後、この人形は痛みが激しいため二二八年の大役を終え昭

図❶「和泉小次郎親衡」像　昭和61年　十二世伊東久重

和二十八年に引退しました。翌年のお祭りからは私の祖父により復元新調された人形が飾られていましたが、昭和六十年の鉾建ての時、鉾が横倒しになり人形の首と手が折れるという思いがけない事故が起こりました。その年は接着剤で応急処置を施し巡行されましたが、守護神の人形の首が折れるというのは不吉なことと新しい人形をつくることになり、私に制作の依頼がありました。

制作にあたって第一に考えたことは、伝統にのっとった姿にするということでした。それで初代庄五郎と祖父が作った人形を拝見したのですが、初代庄五郎のものは二二〇年以上も夏の強い日ざしを受け風雨に曝されてきたため、顔の彩色は剝げ落ち装束も一部を残しただけの木片になっていました。しかしその力強い姿からは初代庄五郎がこの人形にかけた気迫が伝わってきました。祖父もこの人形に向き合い自分の心を奮い立たせたことでしょう。幸いなことに祖父の作った人形は壊れてはいるものの目や口の筆跡ははっきり残り、装束も崩れておりませんでしたので、私はからだつきは初代庄五郎のもの、顔の描き方や装束類は祖父のものを参考にして作ることにしました。そして四〇年乾燥させた尾州檜を探しあて彫り始めたのです。

わずか二〇センチメートルほどの人形ですが、守護神となり後世に残る人形です。人形師として一本立ちしたばかりの私にとって、その重圧は大変なものでした。そのためかだんだん作業の手が遅れがちになり、気の重い日が続きました。先祖の作った二体に負けない人形を作ることができるのだろうか。日にちだけがむなしく過ぎてゆき、不安がつのるばかりでした。そして考えた末、八坂神社にお千度参りをはじめました。お千度参りとは八坂神社に参拝し、本殿の周りを千回まわって大願成就を願うというものです。すると不思議なことにそれから迷いも消え、手が自然と動きはじめたのです。目に見えない力が私をひっぱっていってくれたように思われました。非力な私に八坂神社の祭神午頭天王が力を授けてくだされたのに違いありません。お千度参りのおかげで清々しい気持ちで制作に打ち込むことができました。完成した人形は自分で言うのはおかしいのですが、私の作品の中で最高の出来映えでした。長刀鉾の守護神として鉾の真木に飾られ、夏の太陽を受けキラッと光り輝いた人形を見た時、感激のあまり目頭が熱くなったことが今も昨日のことのように思い出されます。

草刈童子◉

「この人形を家に立置くときは、はやり病来たらずという」と言い伝えられる草刈童子【図❷】は、享保年間に人形師として身を立てた桝屋庄五郎が病除けの願いを込めて作り、家の守り神とした人形です。高さは四八センチメートル、左足を投げ出し右膝を立てた子供の座り姿で、紋付の紺木綿の着物を着ています。髪形はおかっぱ頭で右手に薬草を刈る鎌を持った姿をしています。

　ふつう病除けのものというと神や仏の像ですが、このような薬草を刈る町家男児の人形は全国的にも非常に珍しいものと思われます。しっかりした眼、鼻、口元の微笑みに見られる表情からは作者の精神が逞しく、大らかであったことがうかがえます。

　家の守り神として作られたため、当初は家の中に飾られていたのですが、たびたびはやった疫病が治まることを祈願し、三代目庄五郎がこの人形を家の戸口に置いたところ、近所の人は病にかからなかったそうです。そのうわさをお聞きになられた後桜町天皇より明和四年（一七六七）に宮中御用の御所人形司として「有職御人形司」を拝命するとともに「伊東久重」の名を賜りました。以来代々その名と技を継承、宮中に御所人形を作り納めることを家職としてきました。

　御所人形は江戸時代に天皇をはじめ公家や門跡寺院などの高貴な方に愛玩された人形で、宮中に参内した方の献上品の返礼として、また勅使が江戸城に下向の際、大奥にお土産として遣わされるなど京都御所を中心に広まったことからこの名称がついています。明治時代になり宮中から御所人形が贈られる慣習は無くなりましたが、現在も皇室に御慶事があると御所人形制作の御用命を賜っています。
このような由来から、わが家ではこの人形を神聖なものとして扱い、代々の者は毎年正月元旦に新しい着物を作り着せ替え、毎月一日と十五日にはお酒とお灯明をあげます。そして毎朝、戸口の所に出して夕方に家内に入れることを務めとしてきました。

このように伊東家代々の守り神として大切にしてきた草刈童子ですが、たった一度だけ無くなったことがあります。それは元治元年（一八六四）の蛤御門の変の戦いによる、いわゆる京のドンドン焼けの大火の時の事です。迫り来る火勢に気が動転していた家の者がふと気がつくと、なんと草刈童子の姿がありません。先祖伝来の守り神が無くなっていたのです。火事どころではない。四方八方手をつくして捜したのですが見つかりません。一日が過ぎ、二日が過ぎ、むなしく数日が過ぎてゆきました。戦禍と大火で混乱のきわみとなった京の町。現代のように新聞、ラジオ、テレビなど、もちろん無い時代のこと、家の者はただ足を棒にしてあても無く捜し歩いたに違いありません。結局見つからず、御先祖様からあずかった大切な草刈童子を無くしてしまい、どうしたものかと途方にくれていました。ところが不思議というか本当にありがたいこと

図❷草刈童子　享保年間（1716〜36）

に、諦めはじめて十日目の朝、まったく見ず知らずの人が訪れて草刈童子を届けてくれたのです。その人の話によると、なんと六条河原に草刈童子が座っていたそうです。その人は以前に何回か家の前を通り、この草刈童子をおぼえていたのだそうです。それにしても、いったい誰が六条河原まで運んでいってくれたのでしょうか。それともよく人形に魂があるといわれるように草刈童子が火難を逃れて、鴨川の河原に行ったのでしょうか。食事も喉を通らないほど心配していた八世久重は涙を流し、一晩中草刈童子を抱きしめていたと聞いております。

現在は家も金閣寺近くに引越し、盗難の危険があるため家の中に入れていますが、それまでは京都のど真ん中の町家の戸口に座り、二百年以上も京の町を、人々を見つめてきました。近所の人もこの人形を「草刈さん」と呼んで、親しみを込めて眺めていたと聞いています。私は子供の頃から事あるごとに「草刈さんが喜んだはる」「怒ったはる」「泣いたはる」と言われてきました。そして最後はいつも「草刈さんのおかげ」と教えられてきたのです。

思い返しますと私をはじめ家の者は草刈童子に守られ育てられたような気がします。十二世を継承して三〇年になりますが、最近何か迷うことがあると草刈童子の前に座ることが多くなりました。自然と心が晴れて、自ずと答えが出てきます。

私は人形を見ています。しかし人形も私を見ているのです。

こころとは…

グローバリゼーションと情報化によって均質化が進む現代においてこそ、特定の場所に存在し長い歴史の記憶を宿す文化遺産の保存が重要なのである。人の〈こころ〉はそのような拠り所に感情を呼び覚まされるものだからである。

すずき・ひろゆき　青山学院大学総合文化政策学部教授

1945年東京都生まれ。1974年、東京大学大学院博士課程修了後、ロンドン大学コートゥールド美術史研究所に留学。東京大学工学部専任講師、助教授を経て、1990年より東京大学工学部建築学科教授、同大学院教授を歴任。1993年、ハーバード大学客員教授。2009年東京大学を定年退職し現職。専門分野は建築史。著書に『建築の世紀末』、『建築の七つの力』、『東京の地霊』、『ロンドン』、『見える都市/見えない都市』、『現代の建築保存論』、『場所に聞く、世界の中の記憶』など。

文化遺産
——そのオーセンティシティ

鈴木博之
SUZUKI Hiroyuki

高度経済成長のなかで

過去の記憶なくしては、ひとは生きられない。これは太古のできごと、あるいはつい昨日の記憶についても同じである。しかし記憶は具体的な拠り所なくしては伝えられない。書物、新聞、ビデオ、写真、表彰状、記念碑などが記憶を呼び起こす。けれどそうしたものでなくとも、思い出の街角、聞きなれた歌、ある時期に流行ったドラマなどもまた、ひとの記憶を呼び覚ます。ひとはそれらに触れたとたん、思い出のシーン、そのときの感情に襲われるのである。そうした感情を呼び覚ます記憶の拠り所のなかで、建物ほど多くの記憶を多くのひとびとに伝えるものはないであろう。思い出の街角とは、見慣れた建物が建ちつづけている街角に外ならないし、建物は生活の記憶、ひとが生きた場所の記憶に結びつくからである。

記憶の拠り所

一九六〇年代末に東京・丸の内に建つ帝国ホテルの取り壊し計画が起きた。いうまでもなく帝国ホテルはＦ・Ｌ・ライトの設計になる世界的に知られた建築である。戦後の本格的国際化にともなう、ホテルの大型化がもたらした改築計画であった。世界的建築家ライトの代表作のひとつであるだけに、さまざまな保存運動が起きたが、結局一九六七年に取り壊され、ロビーの一部が愛知県犬山市の博物館明治村に再現保存された［図❶］。

帝国ホテルの取り壊し計画と保存運動

いまライトの帝国ホテルが現地に残されていたなら、国際的な文化観光の対象になったと思われると、当時の印象的なバンケット・ホール「孔雀の間」を覚えているひとたちは語る。帝国ホテルの保存運動は、その結果が必ずしも満足すべきものではなかったが、近代の建築もまた都市のなかの重要な文化遺産なのだという意識をもたらした点で画期的であった。それ以前、オリンピックの開かれた年である一九六四年に、戦後の名建築だといわれてきたリーダースダイジェストの建物や新宿の紀伊國屋書店が相次いで取り壊されたが、そのときには大きな反対は起きていなかった。前者はアメリカの建築家アントニン・レーモンドの設計、後者は前川国男の設計だった。ともに建て替えのための取り壊しであり、戦後復興から高度経済成長に向かう時代の本格化と受け止められたのだった。

図❶犬山市明治村に移築された帝国ホテル（筆者撮影）

近代建築も文化遺産

帝国ホテル以後、近代の建築に関する興味と関心が高まったとはいえ、それらを保存し活用する機運が盛り上がったとはいえない。帝国ホテルが取り壊された翌年、一丁ロンドンと呼ばれた丸の内のオフィス街の出発点となった旧三

戦後復興から高度経済成長へ

菱一号館（J・コンドル設計）、大手町に建ち、日本の近代建築運動の先駆けといわれる分離派の作風の代表作であった東京中央電信局（山田守設計）が取り壊された。とりわけ旧三菱一号館はわが国に西洋建築を教授しに来日し、その基礎を築いたコンドルの代表作であっただけに、関係者の落胆は大きかった。一九六八年に取り壊された三菱一号館が、おなじ三菱地所の手によって四〇年後の二〇〇九年に再現されたことはよく知られている。なぜ壊し、なぜ再現するのか、わが国の都市の記憶のサイクルはあまりに短い。

なぜ壊し、なぜ再現するのか

一九六〇年代末以降は、都心に建つ近代の建築が建て替え、再開発に伴って消えてゆく運命だというあきらめが広がりはじめた時期だったといえよう。丸の内では一九七五年に東京郵船ビル（曾禰中條事務所設計）が取り壊され、一九八〇年には三菱銀行本店（桜井小太郎設計）が取り壊された。有楽町でも一九八〇年に朝日新聞社（石本喜久治設計）が取り壊され、一九八一年には第一銀行本店（西村好時設計）が取り壊された。日本橋では一九七六年に旧東京銀行本店（長野宇平治設計）が取り壊されている。

旧東京銀行本店の改築に当たっては、保存を訴えるひとびとが、外壁をすべて残して内部に高層ビルを挿入するかたちで増築する対案を提出したが、全面改築となってしまった。その後一九八〇年代に入って丸の内の銀行協会の銀行倶楽部が改築され、ここではもとの外観を新しい高層ビルの周囲に再現して、腰巻のように貼り付けるという手法がとられた。この手法に対しては今もなお是か非かで議論が分かれている。都市のなかにとどめられる

都市のなかにとどめられるべき歴史性とは

べき歴史性とは、風雪に耐えてきた本物の外壁にこそ宿るのではないかという考えがあり、銀行倶楽部は町の景観にレプリカを持ち込んだ、一種のテーマパーク的保存だという意見が根強い。

おなじ頃、東京芸術大学の木造音楽堂である、奏楽堂の保存問題が起きた。改築にともない取り壊されるところ、芥川也寸志、黛敏郎らの音楽家たちの運動によって、この建物は隣の上野公園に移築保存された。この建物では多くの楽曲が日本初演されており、建物のもつ文化的記憶が多くのひとびとにその価値を感じさせたのだった。こうして一九八〇年代における近代の建築遺産を巡る動きは過ぎていった。

建物のもつ文化的記憶

都心の文化的アイデンティティ

戦後に建設された建物の保存

一九九〇年代に入ると、戦後に建設された建物の保存が問題になるようになってくる。保存が訴えられ、生き残ることになった例としては一九六〇年代に建てられた旧大分県立図書館（磯崎新設計）、一九五〇年代に建てられた神奈川県立図書館・音楽堂（前川国男設計）などがあるが、戦後の建築が建替え時期に入ったこの頃からは、多くの建物が取り壊されていった。それとともに何故近代の建築遺産を保存しなければならないのかについての議論も、議論の幅を広げるようになっていった。

大分県立図書館も神奈川県立図書館・音楽堂も、ともに戦後の日本建築を築いてきた有名建築家の作品であり、建築的評価の高いものである。こうした建築的価値がそれらを生きつづけさせる原動力になったといえるであろう。しかしここで注意しておきたいのは、これらの建物はともに公共建築だということである。公共建築はひとびとすべての共有財産であり、その価値や将来像に関してはすべてのひとびとが発言する権利をもつ。ここに保存を巡るおおやけの議論が成立するのであり、結果として、管理者の一存で改築は行えず、保存・活用への道が開かれることとなったのである。

公共建築は共有財産

ここで改めて、現在の建築の活用手法の広がりの意味が問われることになる。国宝から登録文化財にいたる保護法による制度的な建築保存と活用手法。都市計画法規による制度的な活用手法。そして構造補強、免震工法、リファイン、コンバージョンといった技術手法の採用による活用手法。これらをどのように組み合わせ、どのように拡げてゆくか、それによってわれわれの都市を豊かにする可能性はさらに拡がるはずである。

建築の活用手法の広がり

建物を活用しつづけたいと思うのは人間だけがもつ感情で、それは「懐かしさ（ノスタルジー）」だというひともいる。自発的な声による保存のうごきは、まさにそうした「懐かしさ」の感情に裏打ちされているというひともいる。しかし私は、それは「都市の記憶（メモリー）」のためなのだと考えてきた。このふたつのいい方は、似ているようで、似ていない部分を含む。そこを考えることによって、保存の「現在」の変化が見えてくるように思う

「懐かしさ」より「都市の記憶」のため

のだ。

「懐かしさ」という感情はひとの心をなごませるし、いまはやりの言葉でいうならば、そこには「癒し」の気分が漂う。そうした人間的感情を大切にすることと、古い建物への愛着は確かにつながっている。けれども、古い建物を残そうとするときの感情は、「懐かしさ」だけによるものではない。「懐かしさ」によって市民権を得る歴史は、肯定的な歴史でしかない。われわれの都市が歴史を持たねばならないのは、歴史の全体性をもちつづけなければならないからだ。「懐かしさ」によってひとが建物を残すのであれば、アウシュビッツや原爆ドームは残されるべき理由を失うだろう。建物はなぜ残されなければならないのか。それは「懐かしさ」という保守的現状肯定史観には収まりきらない「歴史の全体性」がそこに存在するが故である。それが「記憶」なのである。建物は所有者だけのものではなく、ゆかりのある人のものだけでもない。それは広い意味での公共性・社会性をもつ存在なのだ。そこに建築の保存と、われわれの暮す地球環境への配慮とが結びついてゆく可能性が横たわっている。

丸の内を中心として、新たな動きが生じるのが二〇世紀最末期である。一九九九年に、丸の内ビルディングが取り壊された。一九二三年竣工のビルは七六歳の寿命を終えたのである。新しい丸の内ビルディングは二〇〇二年にそのすがたを現した。丸の内ビルディングに並びあって建っていた新丸の内ビルディングが、丸の内ビルディングを追うかたちで

「歴史の全体性」

建て替えられた。新丸の内ビルディングは一九五二年に竣工した戦後のビルである。それが二〇〇五年に取り壊されたのであるから、この建物の寿命は五三歳である。人間であれば、無念の思いを抱きながら亡くなる年ではなかろうか。新しい建物は二〇〇七年に竣工した。新しい丸の内ビルディングと新しい新丸の内ビルディングは、今後どれほどの寿命をもつのであろうか。

建物の寿命

二〇世紀最末期の建築の動きは、再現というかたちもとった。日本の鉄道の出発点を画した新橋ステーションは、一八七二年に建設されて、関東大震災が起きた一九二三年に大破して取り壊された。この場所は汐留の貨物ヤードとして使われることになるが、中曾根内閣による国鉄の分割民営化政策のもと、民間に払い下げられ、都心における大規模再開発の目玉のひとつになった。そこでまとめられた計画のなかに、新橋ステーションの再現があった。この場所は史跡に指定されているので、再現事業は史跡の整備というわけである。オリジナルの新橋ステーションが木骨石張りであったのに対して、再現された新橋ステーションは法規上の制約から、鉄骨石張りとなった。現代都市においては、構造方式が変わることはあまり大きな意味を持たない。

新橋ステーションの再現

新橋ステーションに並ぶ東京の代表的駅舎である東京駅もまた、失われたすがたを取り戻すこととなった。東京駅を、戦災によって変わってしまった現在のすがたから一九一四年に完成した当初のかたちに戻す工事が現在進行中である。工事は二〇一二年に完成する

東京駅を完成当初のかたちに

予定であり、このときに駅舎は辰野金吾のイメージしたすがたに戻るはずである。

だが、こうした動き、つまり建物を当初のすがたに戻すとか、失われた建物をふたたび蘇らせるという仕事は、ほんとうに建物をもとに戻しているのだろうか。外観が戻ればよいとか、つくり直して同じかたちにつくっても、建物は同じ性格をもちつづけるといった議論は、果たして正しいのだろうか。

ごく最近、こうした疑問を多くの人びとが感じたのは、東京中央郵便局の再開発を巡る議論のなかでであった。民営化された郵政当局がこの建物と敷地を再開発して、超高層ビル化する計画を打ち出したとき、一九三三年につくられ、当時もっとも進んだビルと評された建築を惜しむ声が澎湃として起った。それはきわめて当たり前だったのだが、郵政当局の経営感覚はそうした文化的価値を顧慮しなかった。監督官庁の大臣である総務大臣が、重要文化財クラスの建物を再開発してしまうのは、「鴇を焼き鳥にして食べてしまうようなもの」と批判して、大きな話題となった。こうした政治的発言にもかかわらず、東京中央郵便局は、外観の一部を不完全なかたちで残す手法によって、超高層ビル建設を可能にした。経済効率の前には、文化的アイデンティティは、すでに何の意味も持たなくなっているのであろうか。

経済効率と文化的アイデンティティ

国鉄分割民営化が、東京駅再開発の機運をもたらし、最終的には東京駅復元という方向を見出した。しかしながら京都駅や名古屋駅は民営化のなかで全面的に再開発された。東京中央郵便局の再開発も、民営化がもたらしたものである。国営事業を民営化することによって、文化的資産もまた経済原理の只中に放り込まれるのである。その意味では、これは経済効率の問題であるよりも、政治的判断の問題である。

近代化と文化的アイデンティティ

一方、都市における過去の遺産を抹殺しつづける事態が進行してゆくことの裏には、近代社会の世界観的前提があった。

近代建築のモデルには機械（Machine）があった。モデルとしての機械とは、目的（機能）をもち、構造をそなえ、普遍的にその機能を遂行する構造体である。近代社会を生み出した要素のひとつである産業革命の文字通りの原動力が機械（Machine）であるという認識が広がるとともに、モデルとしての機械が大きな意味を持つようになった。組織のモデルとして機械は機能的集団の理想となった。功利主義哲学にも機械は影響したといえようし、機械の美学も唱えられた。二〇世紀の時代精神は機械（Machine）だったのであり、二〇世紀をマシン・エイジと呼ぶことは、すでに定説として定着している。

近代建築のモデルは機械

近代建築は普遍性を機能と空間構造に求め、そのことによって機械をモデルとする存在となった。近代建築の巨匠のひとり、ル・コルビュジエは「住宅　すむための機械」とい

普遍的建築としての国際様式

うフレーズを吐いた。そして世界に妥当する普遍的建築として、国際様式（International Style）という言葉が生み出された［図❷］。一八世紀末から事実上開始されていた近代化のうねりは、ヨーロッパ中心的な世界観を拡張しながら、世界の均質性を高めていった。建築における国際様式だけが近代の産物ではなく、ヨーロッパ以外の国々では、近代化は西洋化とほとんど同義語と響いた。近代とは世界をひとつの価値尺度に収めてしまおうとするうねりであった。したがって近代化を自ら主体的に進めていった一握りの「先進国」を別にすれば、多くの諸国は近代化のうねりを外側から与えられるかたちで、つまり外圧として受け入れざるを得なかった。そこに生じるのは、自国の文化的存在感の喪失の危機であった。それはあらゆる分野における文化的アイデンティティの危機であった。島崎藤村の『夜明け前』に登場する青山半蔵は、近代のなかで自己を失ってゆく知識人の悲劇を示している。

図❷国際様式の代表作のひとつ、ミース・ファン・デル・ローエ設計のバルセロナ・パヴィリオン（バルセロナ、筆者撮影）

近代化と文化的アイデンティティの危機

　近代化にともなって生じる、周辺諸国における

図❸ガウディが集合住宅として設計した「カサ・ミラ」（バルセロナ、筆者撮影）

自国の文化的個性の探求

建築のアイデンティティ・クライシスは、自国の文化的個性の探求という方向を生み出してゆく。これを近代化に対する単なる反動、蒙昧な近代化否定と捉えてはならないだろう。近代化に抗して、建築における自国のナショナル・アイデンティティの希求が起きるのである。スコットランドでは、チャールズ・レニー・マッキントッシュを中心とするグラスゴー派といわれる建築家が現れるし、スペインにはアントニオ・ガウディ［図❸］が、北欧諸国にはナショナル・ロマンティシズムとよばれる民族主義的建築運動がおきる。東欧ではチェコのキュビズムと呼ばれる特異な造形が現れることに注意したい。典型的な後進国として近代化過程に突入した日本においても、わが国の建築のアイデンティティを求めてアジア的な建築の造形にいたった伊東忠太の存在が思い浮かぶ。彼もまた、アイデンティティ・クライシスに対処すべく、独自の建築を求めたのだった。

アジア諸国がこぞって掲げたスローガンのなかにも、こうした文化的危機を示すものが

「和魂洋才」、「中体西用」、「東道西器」

ある。日本人が唱えた「和魂洋才」、中国で言われた「中体西用」、朝鮮で言われた「東道西器」は、いずれも西欧的機能主義、西欧的技術を採用しつつも、東洋的価値観や精神、道徳律などを死守しようとする姿勢を示したものである。

ユネスコによる世界文化遺産

建物の保存と継承はこうした文化的アイデンティティの確保と無論つながっている。そしてそれは各国が講じている文化遺産の保護政策につながり、国際的にはユネスコによる世界文化遺産のリストへと連なっているのである。これは世界文化遺産を頂点とするピラミッド型の価値序列を意味するのではなく、それぞれの文化遺産が、それぞれの価値をもつというにすぎない。すべての文化遺産には固有の価値があるのだ。

文化財保存とオーセンティシティ

わが国による文化財としての建物の保護体制

現在、わが国による文化財としての建物の保護体制は、国宝・重要文化財という指定文化財制度と、登録有形文化財制度、そして重要伝統的建造物群保存地区選定制度（いわゆる町並み保存）という三種の制度が組み合わされて成り立っている。建築は都市の中心部に建つものも多く、現在も使われつづけているものが多いため、その扱いには文化財として保存・活用・安全の要素が組み合わなければならない。したがってそこでは保存に中心をおいた指定制度と活用の幅のひろがる登録制度が相俟ってこれらの建築を護る体制がつくられる必要がある。とはいっても、建築遺産は維持管理にもばく大な費用がかかるものが多い。修理に対して補助金を支出するというかたちの、従来の文化財保存の制度的な枠組みには限界がある。

建築遺産の保護体制に関する国際的な理論形成を見てみると、オーセンティシティ（Authenticity）という概念が重要な役割を占めていることに気づく。この概念は真正性あるいは真純性などと訳されるが、オーセンティシティと仮名書きされることも多い。すなわち建築遺産の価値が時間の経緯のなかで、失われずに存続しているか否かを見る指標なのである。近代化のプロセスのなかで文化的アイデンティティが危機に瀕することを先に述べた。文化的アイデンティティの存在を保証するものとして、オーセンティシティの概念があるのだといってもよいであろう。

建築遺産におけるオーセンティシティの概念は、戦後一九六四年にヴェネツィアで開催された国際会議で、「材料・デザイン・技法・場所」の四項目とされた。すなわち、建築の材料、デザイン、技法、場所が変らずに維持されているならば、その建築は文化遺産としての価値を正しく保ちつづけているとされるのである。この概念をまとめた文書は「ヴェネツィア憲章」の名で知られることになる。

しかしながら、「ヴェネツィア憲章」の定めるオーセンティシティの概念は、西欧の石造遺跡などを念頭に置いていて、東洋の木造遺産などには当て嵌まらない部分が多いという

オーセンティシティ（Authenticity）とは

材料・デザイン・技法・場所

木造建築の場合

批判が生まれてきた。木造建築の場合には、腐朽した材料を取り換えたり、解体修理したり、建物全体を移築したりすることがあるからである。そうした非西欧における文化遺産のあり方を考慮したオーセンティシティの概念を再検討する必要があると言われるようになり、「ヴェネツィア憲章」から三〇年を経た一九九四年に、ユネスコとわが国の文化庁の共同主催によって奈良会議が開催された。ここではつぎのような六対におよぶ一二項目の要素がオーセンティシティに関連するのだと合意された。文化の多様性と、独自性を尊重した結果であると言われる。

奈良会議で合意された六対、一二項目の考慮項目

六対、一二項目の考慮項目はつぎの概念の組み合わせである。form, design / material, substance / use, function / traditions, techniques /location, setting / spirit, feelingこれらの概念をどのように訳すべきか、考えてみると面白い。

Cultural Landscape

また、二〇〇四年に奈良会議から一〇周年を迎えて、ふたたび国際会議が奈良で開催された。この国際会議ではGlobal Societyにおける近代意識の修正ということがうたわれ、文化の多様性が中心テーマとなった。そこでは文化遺産の新しい要素としてCultural Landscapeという概念や、TangibleとIntangibleという区分も重視された。Cultural Landscapeとは文化的景観と訳される概念で、人が歴史的な営みのなかで、手を加えつづけて来た景観を意味する。たとえば農業景観のひとつである棚田［図❹］、信仰の対象として敬われてきた巡礼路やそこに見られる風景などが含まれる。

図❹フィリピンのルソン島北部、コルディエラ山脈に広がるイフガオ族の棚田（ユネスコ文化遺産、応地利明撮影）

図❺ユネスコ無形文化遺産に登録された祇園祭の山鉾行事

TangibleとIntangible

TangibleとIntangibleという区分は、有形文化財と無形文化財の区分のことである。無形文化財というのは伝統芸能や民俗行事など、伝承されつづけてきた行為である。国際的に文化遺産として、これまでは有形文化財が中心的に考えられてきたが、無形文化財の重要性もまた認められるようになったのである［図❺］。伝統芸能の保護や継承に努めてきた日本は、この面で先進的な保存体制を確立してきている。家元制度や襲名制度、さらには人間国宝など、われわれは名人芸など、属人的な文化価値が好きなのかもしれない。

アンコール遺跡群に学ぶ

多様性をもつ文化遺産の価値の継承を

多様性をもつ建築的な文化遺産の価値の継承を考えさせられる場として、カンボジアのアンコール遺跡群を巡るフィールドがある。個人的にここ一〇年近く、カンボジア遺跡群の保存手法を調整する国際会議に出席しつづけたことは、文化遺産のあり方を考えるうえで大きな体験であった。ここで、アンコール遺跡群における文化遺産の価値認識を見ておこう。

アンコール遺跡の様式

アンコール遺跡の様式はプレ・アンコール期といわれる七～九世紀頃の遺跡にはじまり、アンコール期に属するバプオーン遺跡（一〇六〇年頃）、アンコールワット寺院（一一一三年頃から一一四五年）、タ・プロム遺跡（一一八六年）などがあり、アンコール末期の様式にはバイヨン遺跡（一二世紀後半）などが知られる。これらの遺跡群が、国際的協力のもと、修復されているのである。

文化遺跡の学術的調査

一八九八年、インドシナ半島地域を植民地化したフランスは、この年の十二月十五日、インドシナ考古学調査団を設立する。この調査団の目的はインドシナ地域（現在のベトナム、カンボジア、ラオス）にある文化遺跡の学術的調査であった。この組織が一九〇〇年一月二十日に発展的に解消されて、フランス極東学院（ＥＦＥＯ）となる。この組織が、現在のフランスによるアンコール遺跡の調査・修復事業の中心として活動しつづけている。フランス極東学院にとって、アンコール遺跡群は重要な研究テーマでありつづけている。

その後、第二次世界大戦を経て一九五三年にカンボジアは独立を果す。しかしながらその後、ベトナム戦争が起こり、さらには一九七五年にはポルポト政権が成立する。そこで歴史上有数の民族規模の虐殺が起き、国内は不安定のまま推移することになる。ようやく一九九三年にUNTAC管理下の選挙が行なわれ、シアヌーク国王の復帰が成し遂げられ、現在のカンボジアが生まれてくるわけである。現在、国王は息子のシハモニ王に継承されている。

アンコール遺跡群の修復事業

アンコール遺跡群の修復事業はこの新しい体制下で改めて開始され、多くの国際的チームによる作業がいまも継続されている。現在の国際的修復チームを挙げるなら、おおよそつぎのようになる。

インド考古学チーム：タ・プロム遺跡の修復
中国修復チーム：チャウ・セイ・タヴォダ遺跡の修復
日本政府チーム：バイヨン寺院の修復
上智大学チーム：アンコールワット正面参道の修復
世界遺産基金（アメリカ）：アンコールワットの回廊修復
イタリア修復チーム：プレ・ルプ寺院の塔の修復

フランス極東学院：バプオーンの壇状ピラミッドの修復
アプサラ（カンボジア考古局）：ベン・メレア遺跡等の管理

これ以外にも、いくつかの修復チーム、調査チームがこの地域で活動しているし、上記のチームもこれ以外の遺跡の修復も行なっている。

これほど多様なチームがさまざまな遺跡に関与するとなると、修復や維持管理の方式にも多様性が現われる。そこで、修復計画の提示と調整のための組織が設けられている。「国際保存会議（ICC）」と名付けられたこの会議は、年に二回現地に集まって報告と意見交換を行なっている。多くのチームが多様な課題に取り組んでいるなかで、さまざまな課題が現れてくる。カンボジア和平が成立したばかりの頃は地雷の除去など、危機遺産に登録されていた時期の緊急課題が重要だった。

国際保存会議（ICC）

危機遺産

いまではこうした課題は解決されたが、その後につづく問題が途切れることはない。問題は多岐にわたっているが、整理するとおおよそつぎのようになる。

まず修復事業に関してはつぎのような問題がある。

修復事業に関する問題

・遺跡の構造補強はどこまで行うか。
・補強に当たってコンクリート、鉄を用いるか。
・遺跡に絡みついている植物、樹木はどう取り扱うか。

・崩れかかった当初の材料をどこまで用いるか。
・新しく補う材料はどのように加工するか。
・各チームによる遺跡の修復技法の違いはどう調整するか。

つぎにアンコール遺跡を取り巻く都市問題も多い。

・都市の周辺整備はどのように行うか。
・都市計画の長期的計画はどのように立てられるべきか。
・観光と保存はどのように関係づけるか。

遺跡を取り巻く都市問題

現在のカンボジアは、数年前とは比較にならぬほどに社会も安定し、観光客の数も増加の一途をたどっている。アンコールワット観光の町である地元シエムリアップの町の整備も進み、国際観光ホテルも大変な数オープンしている。日本の援助によって本格的舗装がなされた国道六号線が、空港から街の中心部への交通の便を格段に向上させたことの意味も大きい。この町は今では年間一〇〇万人の観光客を迎えるという勢いなのである。

図❻樹木と共存するタ・プロム遺跡（カンボジア、アンコール遺跡群、筆者撮影）

樹木・コンクリート・観光　その政治性

アンコール遺跡群における修復活動では、さまざまな問題が現われるが、修復技術上問題になる点をふたつだけ上げてみると、それは鉄筋コンクリートの使用の是非と、樹木の取り扱い方になる。

インド考古学局の行なっているタ・プロム遺跡［図❻］の修復では、遺跡に絡みついた巨大な樹木をどのように取り扱うかが議論された。インドチームは当初、樹木はすべて注意しながら除去して行く方針を立てていたのだが、この遺跡の魅力は樹木と廃虚の共存状態にあるという各国の指摘に従って方針を変更した。

インドチームは自国の森林局の専門家をチームに加え、樹木の成育状態のコントロール法を研究した。そしてできるだけ樹木と遺跡が共存できる手法を開発中である。ここでは文化遺産の価値をどのように評価するかによって、維持・修復の技法も変化してゆくことが見て取れる。技術的な問題には、文化的価値判断が付随するという例であろう。

鉄筋コンクリート使用の是非

鉄筋コンクリートは、遺跡の構造強度を向上させ、仕上げに用いられる砂岩を安定させる上で、絶大な効用がある。しかしながらこうした技術はアンコール時代にはなかったのだから、修復のためと称して導入すべきではないという意見が、現在では主流となっている。技法的なオーセンティシティが損なわれるというのが、その理由である。また、コンクリートの石灰成分は、砂岩を痛めるという指摘もある。

しかしながらバプオーンの壇状ピラミッドの修復を行なっているフランス極東学院は、以前から鉄筋コンクリートによってピラミッドの地盤を安定させてきており、この方法を現在も採用しつづけている。鉄筋コンクリートは、十九世紀以来フランスが誇る建設技術であるし、アンコール遺跡における修復の歴史はフランスによって切り開かれてきたので、どのチームもフランスが採用する手法を批判することはできないでいる。技術的な問題は、つねに政治的力学を含むのである。

技術的な問題と政治的力学

またカンボジアにとってこうしたアンコール遺跡群は最大の観光資源であり、最大の産業だといってもよい。それを修復・管理・維持してゆくのは、文化事業というだけでなく、経営的戦略的な事業なのである。

フランスはそうした遺跡群のマネージメントに対して、強い影響力をもっている。カンボジアは戦前においては旧フランス植民地であり、フランスの影響力はもともと強い。それを維持するためにも、アンコール遺跡群を巡る文化政策は重要なのである。なぜなら遺跡は文化であり、文化におけるフランスの影響力の蓄積は長い歴史と広い裾野をもつからである。

フランスの政策

旧植民地時代に築き上げたフランス語が及ぼす力を最大限に生かし、カンボジアにおける保存の教育体制にも影響力を持続させてゆこうとするフランスの政策は、保存行政というよりは文化行政そのものである。これは単純にいえば、保存・修復の教育をフランス語で行ない、将来のカンボジア人技術者をフランス圏の文化に取り込もうという政策である。経済においては英語が完全に支配的言語になっているが、文化においてはフランス語支配を死守したいというのがフランスの文化政策の根幹にはある。そして、文化政策は文化に止まらない影響を及ぼすのである。それを知っているからこそ、フランスの文化政策は強いのである。

遺跡をめぐる国境紛争

二〇〇八年に世界遺産に登録されたカンボジアの北部、タイ国境地域にあるプレア・ビヘア遺跡は、地形的に見れば、カンボジアの平原を見下ろすタイ側の台地上に存在する遺跡だが、カンボジアの文化遺産とされて、いま、タイとのあいだで国境紛争の様相を呈している。ここでは、国境確定に当たって、十九世紀にフランスが描いた地図が重要な役割を果たしている。独立国であったタイに対して、植民地であったカンボジア側に有利な国境をフランスが描いたであろうことは容易に想像される。それがいま、現代的に価値をもってきているのである。

日本政府の対応

遺跡とつきあう、文化と交わるとは、本来永続的であってはじめて意味をもつものなのである。フランスに比べ、日本の存在はカンボジアにとって決して小さなものではないのだから、そこに永続的な安定した交流が確保されてはじめて将来像が描かれてくるのではないかと思う。日本政府が二〇〇四年、まさにアンコール遺跡が危機遺産リストから外れるのと軌を一にして、ユネスコ信託基金のカンボジアでのアンコール遺跡群修復事業への予算を削減したことは、やはり残念な事態というべきであろう。カンボジアの情勢は安定したから、修復援助の予算規模は縮小しても良かろうという判断は、これまでの援助を無にしてしまいかねない。技術的な問題は決してそれだけにとどまるものではなく、文化政策と政治力学を含むという事実を、日本は過小評価し過ぎているように思われる。

いかなる文化遺産に価値を認めるか

文化遺産のオーセンティシティ保持の努力は、ある意味ではきわめて政治的な行為になる。いかなる文化遺産に価値を認めるかという判断自体が高度に政治的な判断であるからだが、それをどのような形に修復してゆくかという行為もまた、何を理想像とするかという政治的メッセージにつながるからである。

オーセンティシティと修復概念の現在

レストレーション（Restoration）とは

アイデンティティ、オーセンティシティと並んで、文化遺産の継承を巡る議論のなかのキーワードに、レストレーションという言葉がある。レストレーション（Restoration）とは修復と訳されるが、復旧、復元、復原とも訳される。また復古という意味にも使われる。明治維新が、Meiji Restorationと訳されるのはその例である。文化遺産の修復については、長い論争とさまざまな立場が主張されてきた。アンコール遺跡群の修復に見られた多様性はその結果である。十九世紀を通じて、過去の文化遺産にどのような介入を行うべきか、試行錯誤が繰り返されてきた。保存論は、抽象的に理論武装するだけでなく、実際の問題に直面して考えるなかから、理論的にも新しい可能性が開かれることが多い。保存の実際的運動を体験しない、あるいはそうした運動に参加しない学者の言うことは信用できない。

「安全」「保存」「活用」のバランス

実際、文化遺産の保存は困難な問題ばかりに直面するし、保存の試みは連戦連敗の歴史でもあるが、活用方法の新しいアイデア、免震構造を採用することによる保存、登録制度による幅広い近代建築の把握など、新しい方法は拡がりつつあるから、決して悲観的になる必要はない。建築の保存においては、「安全」「保存」「活用」の三要素のバランスが決定的に重要なのだ。

一八七七年五月五日、イギリスの詩人ウィリアム・モリスは一通の投書をアセニアム誌に掲載した。これは当時の大建築家ジョージ・ギルバート・スコットによるテュークスベリ・アベイの修復への反対意見の表明であった。モリスはスコットが中世の文化遺産に、勝手に自分の理想的ゴシック像をかさねる修復を行っていると批判したのである。この意見書がきっかけとなって、彼はSociety for the Protection of Ancient Buildings（ＳＰＡＢ 古建築保護協会）の設立に踏み切る。この協会が目指したのは、モリスの師であったジョン・ラスキンの主張を継承した、教会建築の修復反対、修理技術の確立という二点であった。当初メンバーは一〇人だったが、専門家である建築家は友人のフィリップ・ウェブのみだった。後、トマス・カーライル、ジョン・ラスキン、レズリー・スティーヴン等の文学者や、ラファエル前派の画家たち等が参加していった。

モリスがＳＰＡＢ（古建築保護協会）設立

この協会のスポークスマンとしてのモリスは、四つの時代区分を一八八四年の年報に発表して、ラスキンから受け継いだ歴史観と中世評価の立場を明らかにしている。

一、奴隷によって生産された古典時代
二、自由な工人たちによって作り手から使い手に直接品物が売られた中世
三、ギルドが閉鎖的になり、分業化と商品生産が始まるチューダー朝期
四、英国が世界の工場になり、機械生産が人間を支配する十八世紀

これがモリスによる時代区分である。モリスは中世が自由な時代であったとして評価

し、その時期に生み出された文化遺産に手を触れることを批判した。

SPABが目指した修復

SPABが目指した修復とは、傷んだ部分にはつっかえ棒を立て、壊れた部分は即物的に補修するという態度であった。つまり、修理の名を借りて、もっともらしい過去を捏造することを否定したのであり、修理はあきらかに修理とわかるように行うべきであるとするのが彼らの考えだった。こうした態度は、技術の問題であるよりも、むしろ過去といかに対峙するかという哲学の問題であった。それは過去と現在の時間の意識に関連している。修理や修復の問題は、基本的に存在が衰退してゆくことを食い止めようとする作業である。ジョン・ラスキンは修復を批判し、時の流れが建物の表面を侵食してゆくことを食い止めるべきではないと主張していた。こうした立場は非現実的と批判されるが、現代の修復におけるReversibleな修復（可逆的な修復、すなわち修復を加えても、その仕事をいざとなれば除去できるような修復を行うべきであるとする考え）の評価、Minimum intervention（文化遺産に手を加えるのは最小限にとどめるべきであるとする考え）という手法などに、生きつづけているといえよう。

現代の修復

現代は情報化の時代であるといわれる。けれども現代においても、モリスの歴史意識は決して途切れたものとはなっていない。モリスの歴史意識につづけて定義するなら、現代は

五、世界が一つになり、電子化と情報技術が人間を支配する二十一世紀ということになろうか。

こうした時代になって、文化遺産の継承は、さらに新しい意味を持ちはじめている。それは、文化的多様性の側面と、持続可能な地球環境の側面に整理できるであろう。

相対化が進行してゆくなかで、文化の多様性を尊重せざるを得ない時代が現代である。情報化の時代はあらゆるものが時空を超越して行き交い、世界は瞬時に結びつき、ひとはどこにいても世界と結びつくことができるといわれる。しかしながら興味深いのは、情報をネット上に求めるにはサイト（Site）を必要とするという事実である。無論サイトとは場所という意味であり、姿かたちのない情報ほど、場所を必要とするものはないのである。

文化の多様性を尊重

場所は個別性のやどるところであり、世界中で、そこにしかないところである。本来、人間の個別的な営みの結実である文化とは、場所に根ざすものではないか。考古学などにおいて最も信用されるのは発掘地点が特定される（in situ）状況で得られた品である。場所は同じように文化を保証する。

文化は場所に根ざすもの

ひとびとが社会の営みのなかで建設してきた建造物という文化遺産には、さまざまな価値が込められてきた。当初、機能的有用性によって計画された建造物は、やがて長期間使用されつづけるなかで、歴史的・文化的価値をもつようになってゆくし、それらの存在はわれわれの生活をとりまく重要な景観要素ともなる。つまり文化遺産は場所の表現、場所の結晶となるのである。建造物という文化遺産は、場所の表現となったときに、はじめて文化として根づく。

グローバル化する世界のなかで

グローバル化する世界のなかで、われわれは均質化された空間のなかに追いやられつつあるといわれる。世界は一つながりになり、世界中何処に行っても、まったく同じ光景が広がりつつある。世界がひとつになることが、文化の多様性を減らし、貧しい、幅の狭い文化環境を作り出しつつある。過去の文化遺産は、それ自体が場所に根ざした個別的な性格をもつので、文化の多様性の保持に大きな寄与をする。それらを継承することは現代においてこそ、意味が大きい。

建造物には技術・芸術的叡知が

また、建造物にはそれをつくりだすための技術・芸術的叡知が込められており、それらはある時代の到達点を示すかけがえのない文化上の証人となってきた。こうした文化遺産はわれわれが社会のなかに造りだす最大の記憶装置といえるものであることを見てきた。こうした建造物を長く使いつづけることは、われわれの文化を継承し、次代へつなげる大切な行為といえよう。

地球環境への影響

建造物には多大なエネルギーが注がれており、その廃棄は地球環境に大きな影響を及ぼす行為である。建設活動が地球の環境に与える影響は大きく、環境負荷低減は、これからの重要課題である。建造物を保存活用して長寿命化をはかることは、建設廃棄物の減少をもたらし、地球環境問題に対して重要な貢献となる。建築物の長寿命化はこれからのわれわれにとって、好むと好まざるとにかかわらず、最重要課題となろう。

建造物という名の巨大な文化遺産の保存活用を積極的に進めることは、われわれの環境にとっても、文化にとっても大切なことなのである。こうした側面の意義は、情報化時代になって、これまで以上に大きくなってきた。文化遺産の意味と価値は、時代とともに、生成変化し成長するのである。それが文化のもつ、もっとも大きな意味なのかもしれない。

匂いを、そして香りを感じる

畑　正高

HATA Masataka

はた・まさたか

株式会社松榮堂社長

1954年、京都生まれ。大学卒業後、香老舗 松榮堂に入社。1998年、同社社長に就任。香文化普及発展のため国内外での講演・文化活動にも意欲的に取り組む。2004年ボストン日本協会よりセーヤー賞を受賞。環境省 かおり環境部会委員、京都府教育委員、同志社女子大学非常勤講師などの公職も務める。著書に『香三才——香と日本人のものがたり』（東京書籍）、関連書籍として『香千載——香が語る日本文化史』（光村推古書院）などがある。

私たち人類は、無意識のうちに五感を駆使して情報を集めています。哺乳類として生命の基本のようです。その一つである嗅覚にとっては、匂い・臭い・香りが情報媒体となっています。

匂いは、広い意味でその全体を意味しますが、本来はあたたかい赤味の色が鮮やかに映えるようすを意味する視覚的な言葉であったといいます。あるいは、辺りに漂う気配や情趣の意味から気品などを表現することもあります。またその文字は、古代の中国で耳に心地よい響きを意味した「韵《いん》」から派生したものといいます。けっして嗅覚情報だけを意味した言葉ではなかったのです。臭いは、今日では否定的に用いることが多く、それに対して香りは、肯定的な意味合いを持ちます。香という文字は、収穫した黍《きび》を煮るときに辺りに広がる甘い匂いを表し、黍と甘が一つになった文字といいます。

私たちの嗅覚と匂いの関係は、他の感覚とその媒体との関係に比べてかなり異質な特質をもっています。情報社会に生きる私たちは、いま少しこのことを論理的に見つめ理解したうえで、嗅覚を使いこなす智恵を育まなければならないと私は感じています。五感とその情報媒体との関係は、私たちの心の襞の震え具合に大きく影響を及ぼす要素だけに、情報環境の変化が進む昨今、私たちはたいへん重要な節目に差し掛かっていると思うのです。

光や音は、直進性を強く有しています。だから反射を起こし遮断もされます。両者とも波動として伝達されることから、電気信号に置き換えることが可能となりました。結果、デジタル化という驚異的な技術革命が現実となっています。光や音は、扱いやすい媒体であることから作為も容易く、加速度的な勢いを得て情報社会は変質を続けているのです。私たちは、視聴覚環境の革命的な変革期にあって、それも最終章に生きていると自問する必要があるのではないでしょうか。

匂いは、直進性を強く持たないことから、あまねく広がる力をもっています。これは、情報の媒体として、匂いこそが持つ不思議な魅力です。光や音のように直進力を持つものは、情報の発信者にとって方向があつかい易いものです。発信力も計算できます。しかし匂いは、方向を扱いきることが不可能なことから、その発信力を制御して結果を計ることが難しいのです。あまねく広がることから情報力を一定に維持することも難しく、薄まってしまい易い匂いは、その濃度によって一つの素材が芳香にも悪臭にも転じてしまう不思議な性質をもっているのです。したがって匂いを情報として享受する者には、その情報との出会いに気付く感受性の力が要求されます。このことも、他の四つの感覚と嗅覚の違いとして考慮が必要なことです。私たちは、嗅覚情報によって、私たち自身の感性の鮮度を常に試されているのです。

嗅覚は、環境として存在する匂い情報に容易く鈍麻します。嗅覚にとってこの鈍麻することはたいへん重要な肯定的要素であって、鈍麻することによって次なる新たな情報との出会いをしっかり知覚することができます。私たちの嗅覚は、瞬間的には一つの環境情報にしか反応できない朴訥な性格を持ち合わせています。

匂いは、ある一定の距離の向こうから届いてくるため、私たちは匂いを遠隔情報と考えてしまいがちです。光や音は距離があっても波動として伝わってくるのですが、匂いは、じつは匂い物質と私たちの嗅覚器官との出会いで知覚できる情報ですから、物理的な出会いが必要なのです。この意味では、触覚や味覚と同じように接触情報だと考えるべきでしょう。これら三つの感覚では、極近距離の情報しか私たちは知覚することができていません。視聴覚情報は、基本となる三原色や空気の振動などが知られ、その要素を分析し再現することも可能となりましたが、嗅触味覚の三つの世界は、限りなく原始的なまま私たちと共にあるのです。現代社会にあって、本来の力より退化してしまっているということに気付く必要もありそうです。

私たちの営みの半分を闇が闇として支配していた時代には、五感のバランスのありようはもっと違ったものだったでしょう。香りが情報としてもっと重要な位置を占めて、人々の日常があったと思われます。

匂いは、具体性に欠け残存性に乏しく、時間あたりの情報量の点においてもまったく期待の持てない情報媒体です。情報として考えるとき、嗅覚と匂いの関係はとても稚拙な世界に見えるのかもしれません。しかし、抽象的で刹那的だからこそ、記憶や夢など、心象の世界を押し広げる手立てとしてたいへん有効にあるのではないでしょうか。

　匂いを臭いと香りに分ける時、何をもって基準とするのでしょうか。前述のとおり、一つの素材が芳香にも悪臭にも転じます。その濃度によってその存在感を変えるのですが、それ以上に、享受者の経験や体調によってその印象は変わります。嗅覚情報を嗜好品の対象として短絡的に捉えてしまうとき、表面的な印象だけで判断を下してしまいます。日常的には、その判断が否定的に下されることもしばしばです。もっと広い意味で生活情報として嗅覚情報に接することを考えるなら、臭いが安全管理の手立てになっていることなど簡単に気付くことができます。

　一つの嗅覚情報に出会う時、心象の世界の広がりに遊んだり、単純な判断で終わらず深い意味の存在に気付くことができたりします。そのような大きな楽しみを見出すことができるかどうか、私たちの心の在りようにその可能性がゆだねられていることに気づくことができます。私たちにとって、私たちの心こそが、自分のものとして自由に動かすことのできる数少ない可能性なのです。匂いを感じる、そして香りを感じることは、情報社会に生きる私たちだからこそ、人間本来のバランスを取り戻すきっかけとなるのではないでしょうか。古来の知恵に学びなおす必要がありそうです。

こころとは…

自然科学はいま、〈こころ〉をもその確かな射程に捉え始めた。現存する地球の生命は他のすべての地球生命に利用されやすい部品に己を解体して土に還す「慈悲深く利他的な」死のシステムをもつこと、意識不可能な高周波が人の〈こころ〉に美と快を、〈からだ〉に健康をもたらすことを明らかにしつつ、利己性の温床〈自我〉を原点に据え〈意識できないもの〉を切り捨てたデカルト体制を脅かす。

おおはし・つとむ　国際科学振興財団主席研究員、文明科学研究所所長
1933年、栃木県生まれ。東北大学卒。農学博士。文部省放送教育開発センター教授、ATR感性脳機能特別研究室長、千葉工業大学教授などを経て現職。情報環境学を提唱。分子生物学、脳科学、民族芸術学などフィールドは広い。知覚限界をこえる高周波を含む音が基幹脳を活性化し心身の状態を向上させるハイパーソニック・エフェクトを発見し、中山賞大賞受賞。著書に『音と文明』（岩波書店）、『情報環境学』（朝倉書店）など。音楽家・山城祥二として芸能山城組を主宰。世界初のマルチミュージカリティを実現。バリ島の文化勲章ダルマ・クスマ勲章を受章。CD/LP「芸能山城組ライブ」（日本レコード大賞企画賞）など14タイトル、映画AKIRAの音楽で日本アニメ大賞最優秀音楽賞受賞。

大橋　力
OOHASHI Tsutomu

〈利他的遺伝子〉と〈超知覚音〉の優越性

——「こころの未来」への自然科学的接近

私は「京都提言2007」を全面的に支持している。あまりにも当然なこの提言の趣旨には、ほとんど異存の余地がありえないのではないだろうか。ちょうど、「ネコに鈴をつけなければ」というネズミたちの相談のように……。ここで、私が自らに課すべき優先課題は、提言の志を「成就」に導くこと、そのために、実効ある行動計画を樹て、それを実践に移すことだと考える。「どうしたらネコの首に鈴をつけられるか」に知恵を凝らすことはもとより、ただ言挙げするだけでよしとせず、まず自分たちの手を誠実に使って、「しっかり鈴をつける一翼を担いたい」と願っている。

文明科学研究所を創立

文明科学研究所を拠点とする私たちのこれまでの歩みの狙うところは、京都提言2007とよく似ていて、目醒めと立ち上がりが少し早かった。一九七〇年代の中頃、私たちは、折から指摘され始めた「地球環境の破壊」に注目するとともに、これと不可分な問題として「人類の精神の荒廃」——こころの未来の破綻——というもうひとつの危機の到来を予見し、こうした文明の危機の回避を目指して、パフォーマンス・グループ芸能山城組の中に〈文明科学研究所〉という研究組織を一九八一年、創立した。なぜ〈文明科学〉かというと、現代文明の危機を招いた元凶が科学技術であり、それが空前の効力をもつものであるがゆえに、危機の見直しにも科学技術がもっとも有効かつ必須のはずだと考え、それを活動のプラットホームに設定したからである。この点も、〈科学的世界像〉を掲げた京都提言2007と共通している。なお、文明科学研究所は〈ボランティアモーダル・メタファンクショナル・リサーチコミュニティ〉すなわち〈非職業超専門研究共同体〉というおそらくこれまでに例がないと思われる新しいかたちの社会集団として構成され成長しつつある。

物質世界と精神世界との架橋

こうした土台を築いた上で、私たちは、近現代文明の抱えている「もの」と「こころ」との乖離、現代知を深く蝕む専門細分化による全体性の喪失・崩壊と諸領域間の相互作用や相互依存性の切り捨てなどの限界に注目し、課題を掘り起こした。そして、「物質世界と精神世界との架橋」、「専門分化の克服と全体性の復活」、「ディシプリン・オリエンテッド（専門分野主導）のアプローチからテーマ・オリエンテッド（問題解決指向）のアプローチへの転換」などに活動の照準をあわせた。

具体的には、情報科学と分子生物学・脳科学など先端的な生命科学とを座標軸に、科学技術と文化芸術とを融合した分野超越型のアプローチ空間を構想し、理論と実践を両輪としてそれを実行してきた。しかし、実際ことに当たってみると、私たちの掲げた目的を達成するためには、一人の人間が関連する幅広い対象領域にわたって専門家並みの高いレベルの能力を駆使できる新しい分野超越型人材群を育成しなければならず、それに見合った斬新強力な研究手法も開発しなければならない、という困難な基礎工事が不可欠であることがわかった。これは、長い時間、大きなエネルギー、有効なアイディアそして尋常ならざる忍耐を要する難工事だった。おおよそ二十年余りの格闘により、曲りなりにそれらを軌道に乗せることができたように思う。その過程で、八〇年代末にようやく、〈情報環境学〉

〈情報環境学〉

という新しい学問の体系化を実現し、最初の稔りを結ぶことができた。[*1] 以後、ゆっくりながら、これまでとはいささか違った切れ味の頭脳的肉体的活性をもつ研究共同体を育て、それがもたらす新しい果実を稔らせながら今日に至っている。

ここでは、その研究成果の中から、これまで人文社会科学や宗教芸術が対象にしてきた〈こころの世界〉に自然科学から接近を試みた、京都提言とも結びつきが深いと考えられる二つの話題を紹介したいと思う。

利他的遺伝子の優越性

人類の久遠の祖先〈単細胞生物〉に利他性の源流をみる

京都提言2007では、《日本では人間だけでなく、動植物や山河にも「こころ」の存在を認めてきた》として、日本文化の中の、人間とそれ以外の生き物や生き物以外のものたちとの連続性を認識する思想の存在が述べられている。これと同じ発想の上に立って、私は、人間をはじめ発達した地球生命たちが垣間見せる慈悲のこころ——〈利他性〉——は、それらの久遠の祖先である〈単細胞生物〉において、すでにその源流を宿していたことを指摘してきた。

慈悲のこころ〈利他性〉の源流は〈単細胞生物〉に

地球生態系は空間的にも物質的にも有限であることはいうまでもない。この系に生きる地球生命は、その生存に当たって、限りある環境の中から一定の空間と一定の物質を己自身のものとして占有することになる。したがって、この有限の地球上で生命活動が安定して持続するためには、生命それ自体によっていったん環境から侵食された空間と物質とが再利用可能な状態で環境に返還されること、すなわち〈環境の原状回復〉が適切に行われ、環境条件の大きな変動が避けられていなければならない。

こうした地球生態系の原状回復については、これまでの生物学では、〈食物連鎖〉つまり他の生命を己の食べ物として食べ、一方で己自身が他の生命の食べ物にもなる、という「食うか食われるか」の循環論で説明されている。[*2] この考え方は、弱肉強食で生き、その後始末は他の生命に委ねる、という無慈悲で無責任な利己的生命観に結びつく。

それに対して私たちは、現実の地球生態系では、そうした通説通りの食物連鎖による原状回復だけでなく、生命を構成する個々の細胞それ自体が死とともに己の躰を再利用可能なパーツに自ら解体して環境に返還し、生態系の原状回復に寄与するもうひとつの利他的な仕組がすべての生命に組込まれている、と考える新しい仮説を立てた。[*3] その後の検討により、このメカニズムが現在の地球生命に実在する可能性が高いこと、[*4] そしてこのモデル

〈環境の原状回復〉

利他的な仕組がすべての生命に組込まれている

*1　大橋力『情報環境学』、朝倉書店、一九八九年。
*2　例えば、E・P・オダム、三島次郎（訳）『生態学の基礎（上）』、培風館、一九七四年。

は、利他性――慈悲――の生命機構の存在を認めそれを貴ぶ生命観を強く支持するものであることが徐々に明らかになってきた。

地球生命には、死後に躰が自然に朽ちはてて土に還る現象がごく普通に見られる。この現象は〈オートリシス〉と呼ばれ、二十世紀の権威ある生態学者ユージン・オダムは、これを食物連鎖と区別して、「代謝エネルギーを要さない再循環経路」つまり単にエントロピーが増大するだけの自然崩壊と位置づけた。[*2] よく知られているように、この考え方は、これまでの生物学分野での定説になっている。

これに対して私たちは、地球生命にひろく見られるオートリシスを、オダムのいう自然崩壊とは異なる仕組としてモデル化した。すなわちオートリシスという現象を、「地球生命が、死に際して、己の躰を、あらゆる地球生命に効率的に再利用できる部品へと、自らの遺伝子プログラムに基づき自らのエネルギーを費やして分解する能動的に制御された過程」として定義し直し、〈プログラムされた自己解体モデル〉の名で提案した。[*3] さらに、この「慈悲深く高貴な」利他的メカニズムを地球生命の属性のひとつとして捉え、その実在性や存在理由を、分子細胞生物学と人工生命研究を組合わせて検証しつつある。

現存する地球生命は高貴で慈悲深い利他的な死の仕組を秘めていた

私たちは、一連の分子細胞生物学の実験によって、現存する地球生命には究極的な利他

〈オートリシス〉

〈プログラムされた自己解体モデル〉

性につながる〈自己解体メカニズム〉が普遍的に具わっている可能性が高いことを明らかにした。単細胞原生動物の一種〈テトラヒメナ〉を実験材料にして、私たちが開発した特別な手法――インパルス・ショック法――によって細胞のもつ死のメカニズムを起動させると、細胞は体内に、己の躰を分解して「土に還す」働きをもつ分解酵素群を充満させた〈リソソーム〉という小さな袋を一斉に作り出す。ちなみにリソソームとは、あらゆる細胞が普遍的に含んでいる基本的なオルガネラ――〈細胞小器官〉――の一種である。このリソソームの中に大量に含まれる分解酵素群は、生体を構成する主成分でありながらそのままでは再利用が困難な〈生体高分子〉――例えば蛋白質や核酸――を、すべての地球生命が直接利用できる共通の部品〈生体単量体〉――例えばアミノ酸やヌクレオチド――へと分解する。自己解体状態に入った細胞は、この加水分解酵素群を満載したリソソーム小胞を体内に大量に造り出した次のステップとして、細胞の外壁(細胞膜)を保持した状態のままリソソーム小胞を破裂させて細胞内に分解酵素を高い濃度で放出充満させ、細胞内の生体高分子が酵素分解を受けやすい状態に移行する。こうして細胞内容物を効率よく十分に

己の躰を分解して「土に還す」

＊3　大橋力・中田大介・菊田隆・村上和雄「プログラムされた自己解体モデル」、『科学基礎論研究』、一八巻二一～二九頁、一九八七年。

＊4　Oohashi, T., Ueno, O., Maekawa, T., Kawai, N., Nishina, E. and Honda, M., An Effective hierarchical model for the biomolecular covalent bond: An approach integrating artificial chemistry and an actual terrestrial life system, *Artificial Life Journal, 15*, pp. 29–58, MIT Press, 2009.

分解してから、最後に細胞膜を壊し分解物を環境に拡散させる。このように、独立したひとつの個体であるテトラヒメナ細胞が、巧妙なプロセスにより、効率が良く他の生物への貢献度が高い仕組で己の躰を再利用可能な部品に分解し、それらを環境に返還する仕組――プログラムされた自己解体を伴う個体死のプロセス――をもつことを私たちは見出した[*4]［図❶］。なお、この現象は、多細胞生物において一部の細胞のプログラムされた死によって個体の生存を確保しようとする〈アポトーシス〉とは本質を異にするものといえる。

自己解体は遺伝子の指令のもとにエネルギーを費やして能動的に進められる

制御された生命現象としての「死」

私たちは、この仕組をさらに詳しく調べた。「死」の引金が引かれると、細胞は数時間で速やかに解体される［図❷a］。この時、「DNAに記録された情報をmRNAに転写するプロセスを阻害する」という手法で遺伝子活性の発現を阻止すると、細胞は自己解体を起こさない［図❷b］。つまりDNAの中の遺伝情報が読みだされない限り、自己解体を伴う死は起こらない。このことは、「死して土に還る」過程が単なる自然崩壊でなく、もともとDNAに書き込まれていた遺伝情報の指令に従って実行される「制御された生命現象」であることを示している。

次に、自己解体が進行しようとするとき、系から酸素を取り除き、生体エネルギーの源《みなもと》ATP（アデノシン三リン酸）を生合成する反応が進行できないようにしてみる。つまり

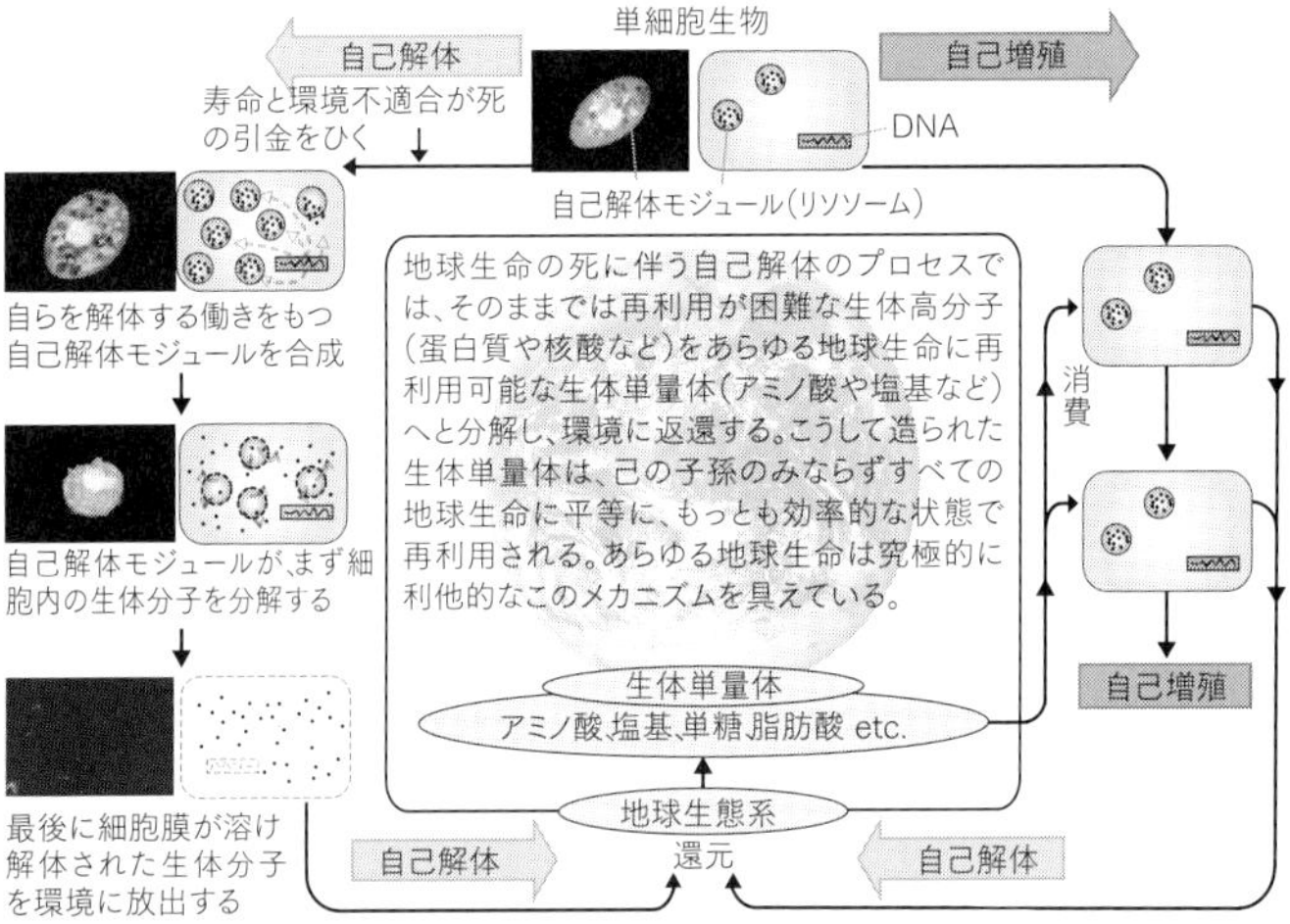
単細胞生物
自己解体
自己増殖
寿命と環境不適合が死の引金をひく
DNA
自己解体モジュール(リソソーム)
自らを解体する働きをもつ自己解体モジュールを合成
自己解体モジュールが、まず細胞内の生体分子を分解する
最後に細胞膜が溶け解体された生体分子を環境に放出する
地球生命の死に伴う自己解体のプロセスでは、そのままでは再利用が困難な生体高分子(蛋白質や核酸など)をあらゆる地球生命に再利用可能な生体単量体(アミノ酸や塩基など)へと分解し、環境に返還する。こうして造られた生体単量体は、己の子孫のみならずすべての地球生命に平等に、もっとも効率的な状態で再利用される。あらゆる地球生命は究極的に利他的なこのメカニズムを具えている。
消費
生体単量体
アミノ酸、塩基、単糖、脂肪酸 etc.
地球生態系
還元
自己解体
自己解体
自己増殖

図❶人類の久遠の祖先〈単細胞生物〉にすでに慈悲の源流が宿るのを見出す

細胞全体を駆動する電源の元栓を切ったような状態にする。そうすると、細胞の解体は止まってしまうのである［図❷c］。もしも自己解体がオダムらの定説通りの自然崩壊であるならば、電源の元栓が切れて生体全体の統制が破れた条件下では細胞はより速やかに壊れるはずである。しかし、私たちの実験では反対に、電源を切ることによって細胞の解体は停止している。つまり、生命が己を土に還す働きは、電源が入りエネルギーが十分に供給された状態で初めて実現するのである。この実験結果は、寿命の尽きた細胞がまさに「死力を振り絞って」電源を確保しつつ自己解体機能を駆動させ、それによって己の躰をパーツに分解して土に還していることを物語っている。この実

死力を振り絞って

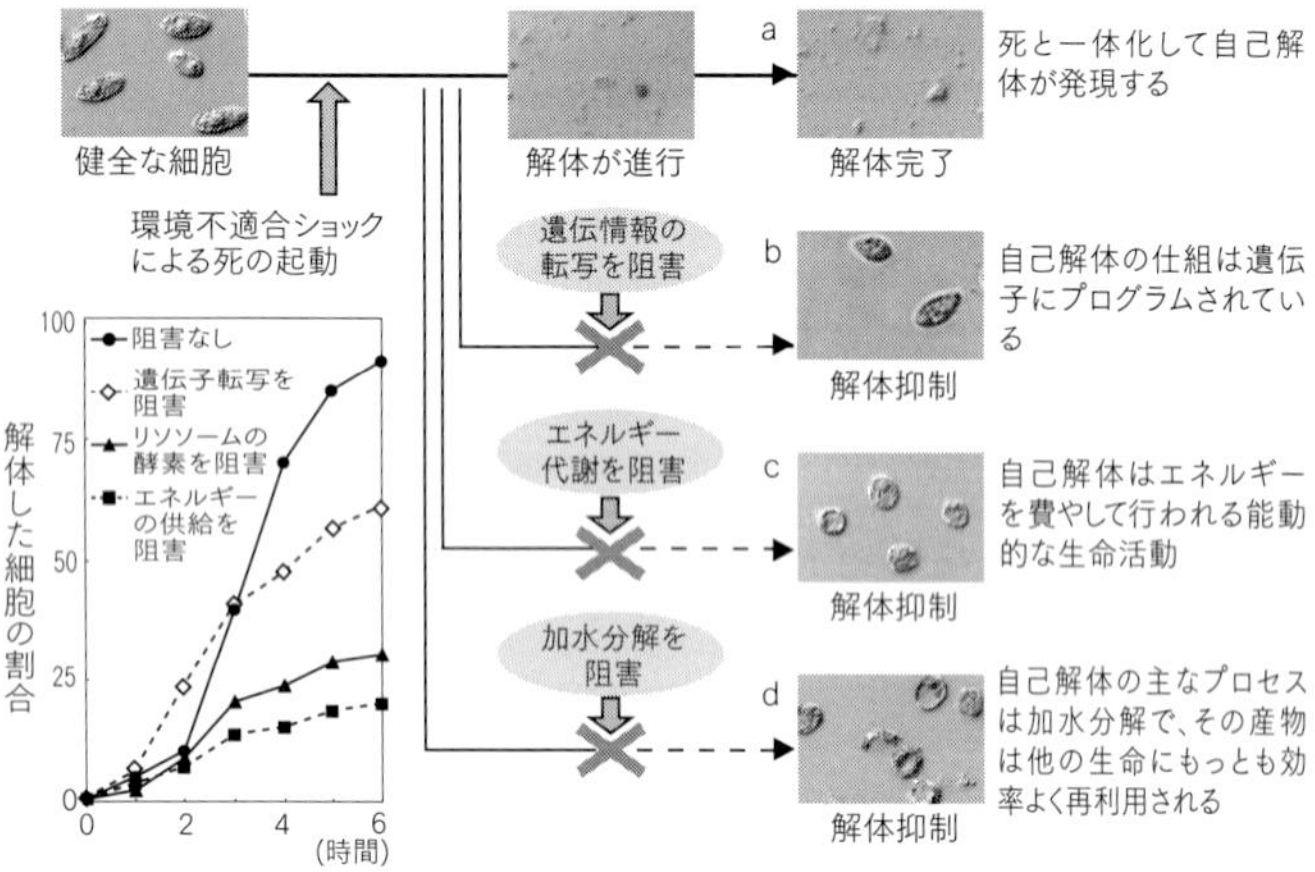

図❷自己解体は、遺伝子の指令のもとにエネルギーを費やして能動的に進められる加水分解過程だった

験からも、自己解体がオダムのいうようなエントロピー増大に委ねられたランダムな崩壊過程（発エルゴン反応）ではなく、エネルギーを費やして能動的に進められる構築的に制御された代謝過程（吸エルゴン反応）であることが裏付けられる。

さらに、解体の働きを担うリソソーム中の加水分解の触媒に特化している酵素群の働きを選択的に阻止すると、細胞は解体されないことが観察された［図❷d］。これは、プログラムされた自己解体の実際のプロセスが加水分解反応であることを示している。加水分解酵素類の働きは、蛋白質のような、そのままの状態だと他の生体はもとより同一生体内でも他の臓器では再利用が困難な〈生体高分子〉を、全地球生命が――敵対者さえも含め

全地球生命が平等に再利用

て――完全に平等にそのまま再利用でき、しかも再合成が必要なほど過度に分解されていない最大の分子サイズをもつ〈生体単量体〉――アミノ酸、ヌクレオチドなど――へと分解する。これは、例えば、使用を終了したコンピューターを処分するときに、ＬＳＩチップをはじめとするパーツ類をそのままの状態で丁寧にマザーボードから抜き取り、ストックする状態によく似ている。これらのパーツは、他の適合するマザーボードに移設すれば、直ちに所定の十分な機能を発揮する。このやり方は、パソコンをプレスして金属塊にしたり、溶融して原子・分子素材とする処分方法と比較して、再利用性が限りなく高い。

　これらの実験事実は、細胞を基本的な構成単位とするすべての地球生命が、そのＤＮＡの中に自発的な自己解体を伴う死のプログラムを宿しており、しかも死に際して、他のすべての生命にもっとも利用しやすいパーツへと自己の躰を丁寧に分解した上で土に還す仕組を具えていることを支持する。まさに古代インドの〈ウパニシャッド〉以来の輪廻転生の発想、とりわけ釈迦の思想に通じるような限りなく慈悲深く利他的な仕組といえるのではないだろうか。

　なお、地球生命の遺伝子にはこのような自己解体を伴う死のメカニズムが普遍的にプログラムされており、この〈利他的遺伝子〉は、寿命が尽きたとき、および、適応不可能なほど決定的に不適合な環境に出遭ったときにその活性を発現すると考えることができる。[*3、4]

慈悲深く利他的な輪廻転生

人工生命で実験すると有限不均質な地球型環境では利他的な有死の生命が利己的な不死の生命を凌駕

(一)不死の生命と有死の生命とが世代を重ねて到達した「版図」を比較する

私たちは、不死の生命と自己解体を伴う有死の生命とどちらが進化的に優越性をもつかを検討した。そのために、悠久の進化的時間をシミュレーション可能にするコンピューターサイエンスの最先端の成果のひとつ〈人工生命〉を駆使して新しい実験手段――私たち自身がオリジナルな構想のもとに開発した人工生態系ＳＩＶＡシリーズ[*4~6]を使った実験系――を構築した。

まず、自己複製すなわち自ら増殖することが可能なだけで死ぬことを知らない〈不死の人工生命〉と、これと瓜二つではあるけれども自ら増殖できるだけでなく死んで自己を解体することも可能な〈有死の人工生命〉とのセットを設計した。そして、場所ごとに物質や温度の状態が違う不均質な――地球生態系のような――仮想生態系をまったく同一の状態で二つ創り、その中心に設定された供試人工生命にとって最適の環境条件をもつ空間に、片方の仮想生態系には不死の人工生命、もう片方には有死の人工生命を入れ、同じ条件で増殖競争させた。すると、まずは当然のことながら、不死の人工生命の方が優勢に増殖する。ところが、何百世代と増殖を繰り返すうちに、有死の人工生命の方が逆転して優勢に立つ、といういとも不思議な現象が観察されたのである[図❸]。

さきの実験で単細胞原生動物テトラヒメナというわば「原始的」な生命体が垣間見せ

〈不死の人工生命〉と〈有死の人工生命〉

有死の生命が不死の生命よりも優勢に増殖

てくれた〈遺伝子にプログラムされた自己解体を伴う死〉というあまりにも利他的な仕組をもつ生命は、利己性と弱肉強食を旨とする近代西欧の生命観からするともっとも淘汰されやすく、その種はいち早く衰亡することになるだろう。ところが、シミュレーションの結果は、こうした予測を真っ向から覆すものだった。

一体なぜ、こうした不思議な結果が導かれたのだろうか。不死の生命は確かに、最初はどんどん増殖し生存可能領域を埋めていく。ところが、そうした生存に都合よい領域を満たし切ってしまうということは、更なる増殖を許容する条件をもった空間や材料を食べ尽くしてしまったことを意味し、したがって増殖は停止してしまう。それに対して有死の生命は、自己解体を伴う死によって有限時間内に自分の体を分解し棲息空間と生体材料とを環境に戻すので、そうして返還された空間と物質を使って子孫が誕生し、繰り返し生きることができる。このように死と生とが循環し遺伝子の複製が限りなく繰り返される有死の生命の系では、必然的に、遺伝子の複製エラーが生み出す突然変異が、不死の生命の系に

有死の生命の系では突然変異が高い頻度で発生

＊5 Oohashi, T., Maekawa, T., Ueno, O., Nishina, E. and Kawai, N., Requirements for immortal ALife to exterminate mortal ALife in one finite, heterogeneous ecosystem, *Proceedings of the 5th European Conference on Artificial Life* (*ECAL'99*), pp. 49–53, 1999.

＊6 Oohashi, T., Maekawa, T., Ueno, O., Kawai, N., Nishina, E. and Shimohara, K., Artificial life based on the programmed self-decomposition model: SIVA, *Journal of Artificial Life and Robotics, 5*, pp. 77–87, 2001.

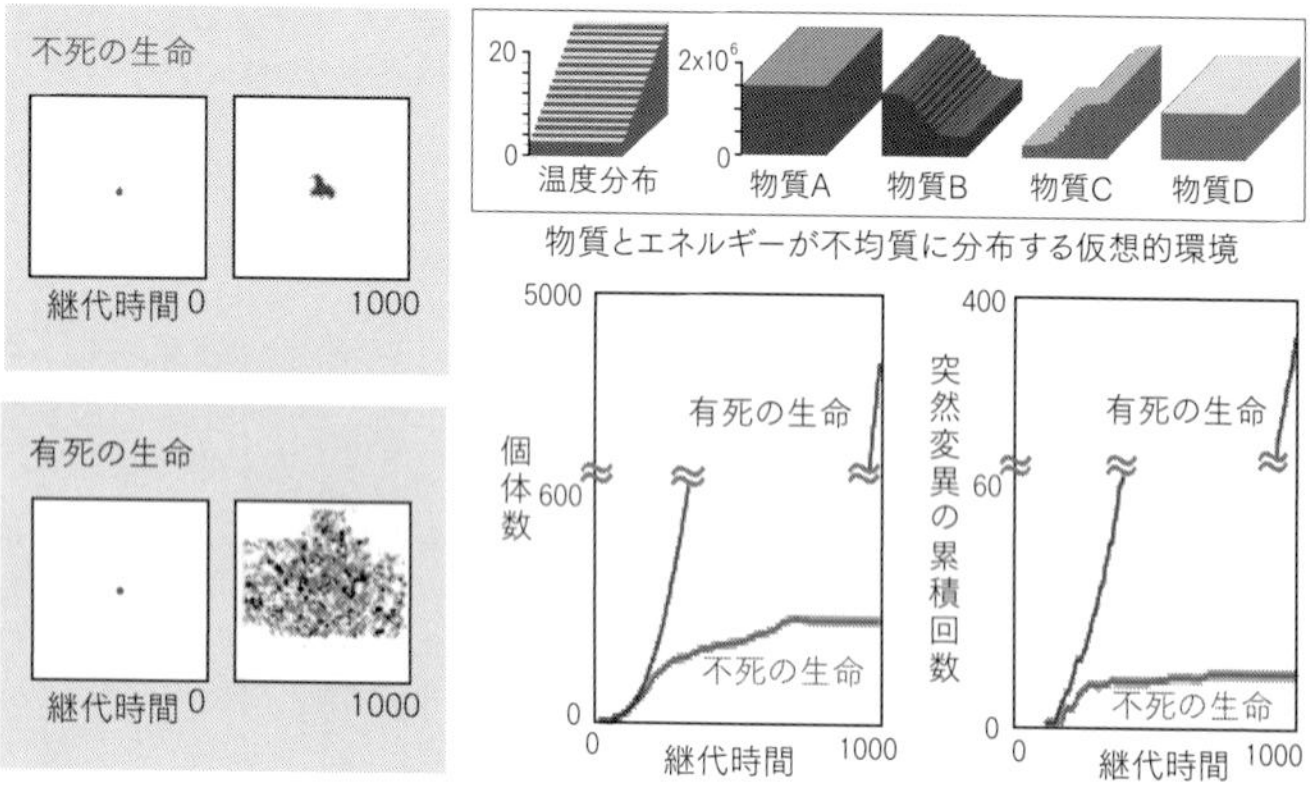

図❸有限不均質な生態系では有死の生命が不死の生命よりも繁栄(文献＊6を改図)

較べて比較にならないほど高い頻度で発生することになる。突然変異が格段に多数発生するならば、その分だけ、従来は生存できなかった環境にも生存できる進化した変異種が出現する機会も大きくなる。つまり、死をもつ生命の子孫の方が不死の生命に較べて新しい遺伝子活性をはるかに獲得しやすいのである。これによって有死の生命の系では、時とともに、それまで生存不可能だった環境条件下で生きていくことのできる突然変異種が誕生する可能性が高くなる。こうした仕組によって、有死の生命の方が圧倒的に生息可能な領域を拡げやすくなり、子孫を繁栄させたと考えられる。これを一言でいえば、自己解体を伴う死が導く〈進化的環境適応速度〉の加速の効果である。

日本経済新聞　1996年（平成8年）5月20日（月曜日）

「生物、死に伴い自己解体」
ATR研究グループが主張
海外の研究者から異論

生物は死に伴い積極的に自己を解体しているのではないか——奈良市で十八日まで開かれた人工生命国際会議で、エイ・ティー・アール人間情報通信研究所（京都府精華町）感性脳機能特別研究室の大橋力室長らの研究グループがこんな大胆な仮説を発表した。

新説は「プログラム化された自己解体モデル」。生物の体が死後に崩れていく現象は死の寸前に生物が分解酵素を分泌して体を積極的に分解する現象と解釈し直し、コンピューターによるシミュレーション（模擬実験）や原生動物のテトラヒメナを使った実験で実証を試みた。

実験では、自己解体する生物は、その「種」全体が生き残り「進化していくうえで有利」との結果が出た。解体によってもたらされる栄養分が種の存続にプラスに働くなどのためらしい。

ただ、生物の体の死後崩壊は単純に死によって身体を維持できなくなっただけ、とするのがこれまでの通説。特に国際会議の事前の論文審査では「死ですべてが終わる」とする死生観を持つ海外の研究者からは異論が続出。「死は次の生への転機」といった東洋思想になじんだ日本の研究者との間で扱いをめぐり議論が紛糾したという。

研究グループの提唱した仮説は東洋と西洋の死生観、生命観の違いを際立たせる結果ともなった。


図❹死を否定的にみる欧米研究者からの猛反撥

この結果を、一九九六年、ある大きな人工生命の国際会議で発表しようとしたところ、研究者の反応が東西で大きく分かれ対立してしまったことは今も忘れることができない。プログラム委員会で欧米のキリスト教文化圏の研究者たちが、「死」に積極的な意味を与えるこの研究は倫理的に不健全だから発表を許すべきではないと猛反撥した。ところが、インドから東の文化圏に属する研究者たちはその正反対で、こんな結構な研究はないじゃないか、ぜひ発表させるべきだという反応だったという。

両者が互いに譲らなかったため、論文を不採択にもできず、結局、口頭発表ではなくポスターセッションで発表するという政治的決着が図られることになった。これには私も相当に衝撃を受けた。研究者の背後にある文化や価値観の重みについて得がたい勉強をさせてもらったと考

「死」に積極的な意味を与える

えている〔図❹〕。

(二)有死の生命と不死の生命とを同じ生態系の中に共存させたシミュレーション

ここまでの人工生命シミュレーションは、不死の生命と有死の生命とを別々の生態系に所在させ互いに無関係な状態で行っている。それでは、不死の生命と有死の生命とを同一の生態系に共存させ、互いに競合する状態で増殖させたら、どうなるだろうか。この場合には不死の生命が優位に立つ可能性が高いのではないだろうか。

そこで私たちは、まずコンピューターの中に、無限の拡がりをもち、どこをとっても同じ物質と温度が生存上最適な条件で均質に分布している、という現実には存在し得ない仮想の生態系の中で両者を共存させて増殖させる実験を試みた。すると、この無限で均質な生態系の中では不死の生命のほうが圧倒的に優勢を示した〔図❺上〕。

無限で均質な生態系では不死の生命が優勢

しかし、現実の地球環境は拡がりが有限である上に物質や温度の状態が場所ごとに違って不均質であり、生存に適した条件をもつ環境は局限されている。そこで今度は、コンピューターの中にそのような有限不均質な性質をもつ地球型の仮想生態系を創り、その中で、不死の生命と有死の生命とを共存させて増殖させたところ、大変面白い結果が得られた。この有限不均質系では、無限均質生態系での実験とは逆に、有死の生命が不死の生命を圧倒的に凌駕したのである〔図❺下〕。この意外な逆転現象が現れた背景は、最初のシミュレーションの場合〔図❸〕と同じ仕組で、遺伝子複製の機会が限定されやすい不死の生命の

有限不均質な地球型生態系では有死の生命が不死の生命を凌駕

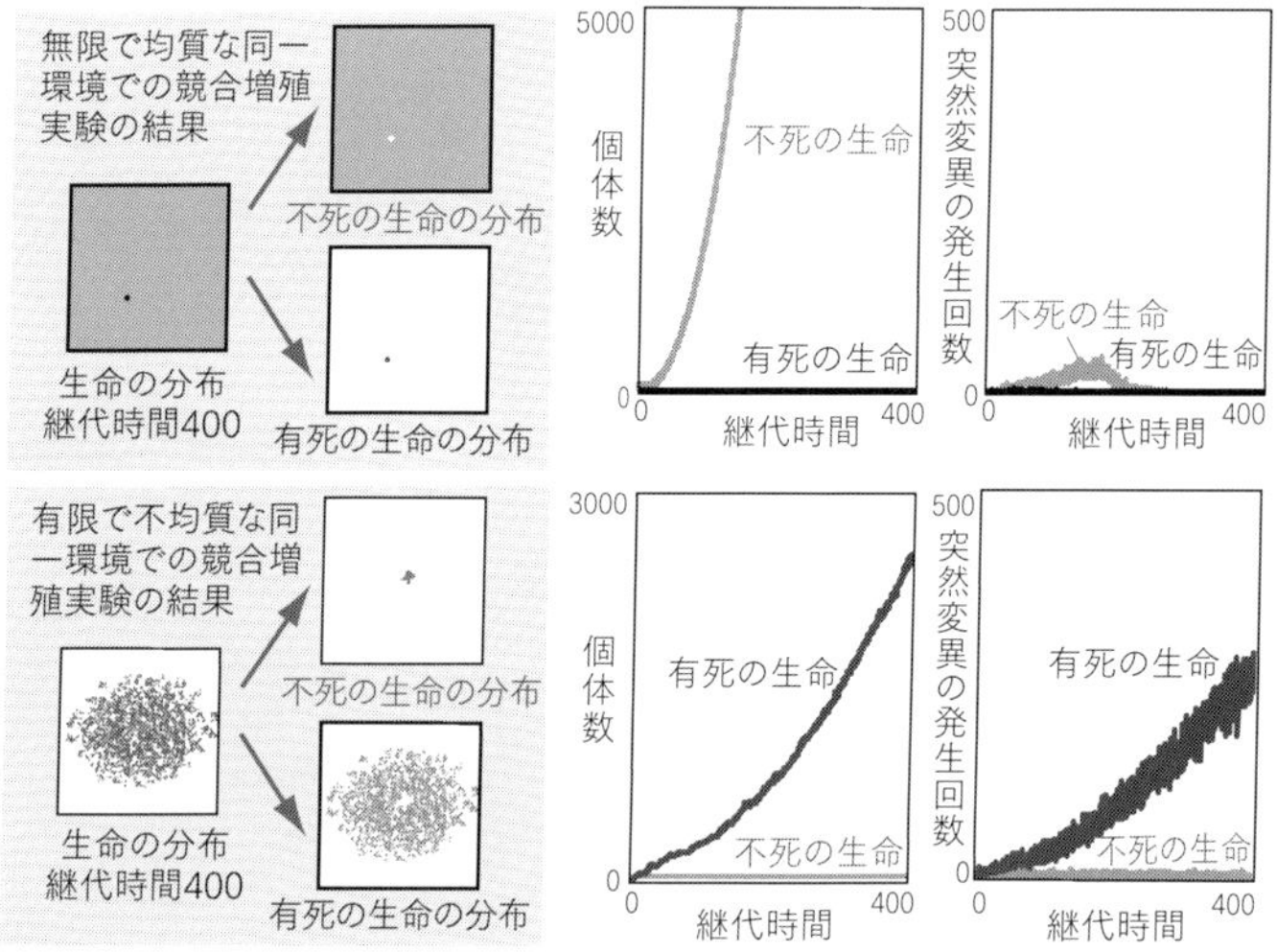

図❺無限で均質な生態系と有限で不均質な生態系での人工生命増殖実験の結果は互いに大きく異なる（文献＊5を改図）

系では突然変異種の発現が乏しいのに対して、自己解体を伴う有死の生命の系では、生態系に返還された物質と空間を活用して子孫が繰り返し誕生でき突然変異の発現頻度が劇的に高まる結果、進化的な環境適応が加速されることに基づく。つまり、有限で不均質な地球環境では、利他的な有死の生命はその進化的適応が加速されるため、この条件下ではより進化しにくい利己的な不死の生命よりも子孫を繁栄させやすい。必然的に、有死の生命の系譜からは、互いに異なる遺伝子をもって多様な環境へ適応を実現したさまざまな種が進化的に発生し、顕著な生物多様性が導かれることになるだろう……実

生物多様性が導かれる

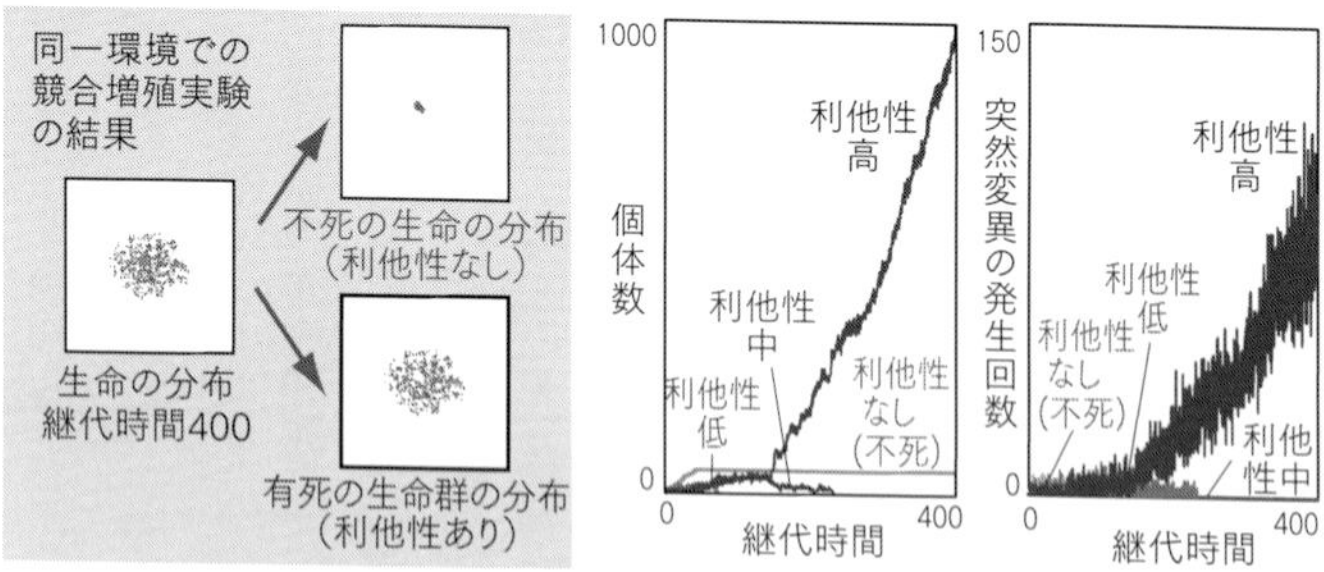

図❻有限で不均質な生態系では利他性の高い生命ほど繁栄（文献＊4を改図）

際の地球生態系がそうであるように。[*4]

地球型環境ではより利他的な生命であるほどより子孫が繁栄する

さらに私たちは、利他性の度合が子孫の繁栄にどのような影響を及ぼすかについて検討した。死を契機に自己解体によってリサイクルされた生体の部品がどの程度効率よく他の生物に利用できるかという点から、全く利他性をもたない不死の生命と、利他性の度合の異なる三種類の自己解体を伴う有死の生命——焦土戦術のように徹底的に自己を分解しつくす利他性の低い系統、己の躰をすべての生命が共同でそのまま利用できる最適の大きさをもつパーツにまで分解するもののそれ以上細かくは分解しない性質をもったもっとも再利用効率が大きく利他性の高い系統、そして両者の中間——とを、コンピューター上に構築した有限で不均質な地球型の仮想生態系の中に共存させ増殖させるシミュレーションを試みた。その結果、不死の生命は、これまでのシミュレーションと同じく、ある段階で版図拡大が頭打ちとなり増殖を停止した。また、有死の生命では、相対的に利他性の低い生命であるほどより速やかに途中段階で絶滅するのに対して、利他性のもっとも高い生命は、その他のすべての生命を圧倒して増殖を続けるという結果が導かれた*4［図❻］。

以上の検討結果から観ると、遺伝子にプログラムされた自己解体を伴う死のメカニズムは、一見逆説的ながら「高度な生存戦略」と呼ぶにふさわしい。そしてその洗練された効果は、単に増殖するだけの原始的な不死の生命には存在しえない。生命の起源が地球上にあったとすれば、こうした次元の高い生存戦略としての複雑な死のメカニズムは、当初は単に自己増殖するだけで自己解体機能をもたず不死だった原始的な地球生命の遺伝子プログラムの中に、高度に成熟した進化のたまものとして後から書き加えられてきたと考えなければならない。

利他性の高い生命は、その他の生命を圧倒して増殖

自己解体を伴う死のメカニズムは、一見逆説的ながら「高度な生存戦略」

不死の生命だけの原始的世界に最初に現れた利他的自己解体を伴う有死の突然変異種の運命

そこで、原始的で利己的な不死の生命たちの中に、より洗練された利他的な死の仕組をもつ生命が突然変異によって一個体だけ誕生したとき、この個体とその子孫はどのような運命を辿るのか、果たして無事に生きのび己の系譜を繁栄させることができるかを調べてみた。

シミュレーションの結果、新しく生まれた利他的な死と自己解体のプログラムをもつ一

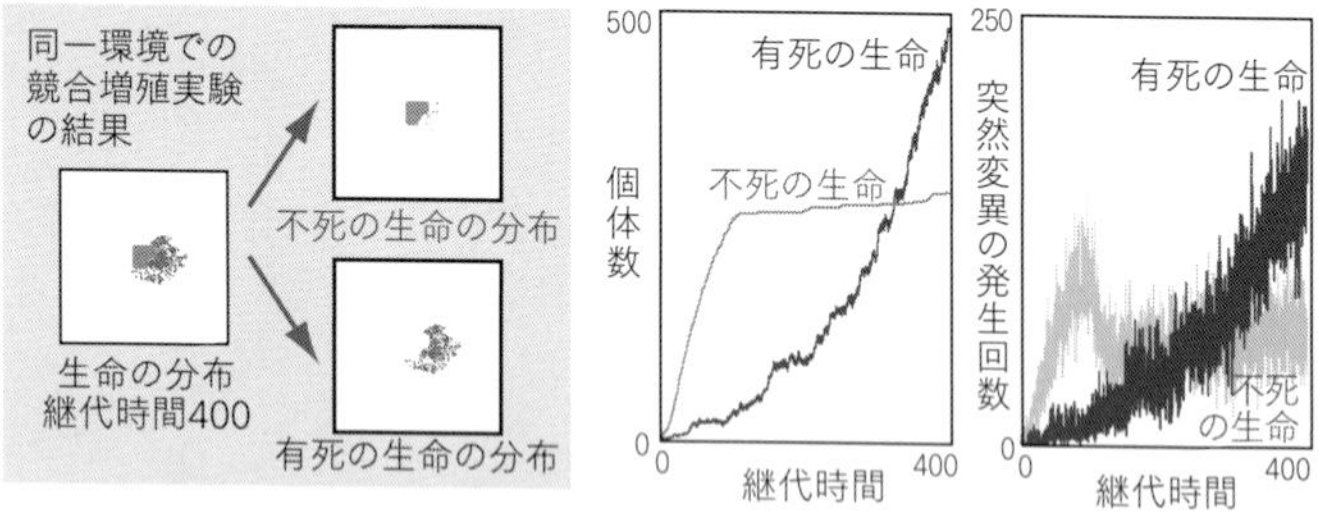

図❼不死の生命だけの世界に初めて現れた利他的な有死の生命は不死の生命を凌駕して繁栄できる（文献＊6を改図）

個体だけの生命は、不死の生命に圧倒されて絶滅するケースもしばしば認められた。しかし、より多くの場合、それは生き延び、順調に増殖・進化を重ね、最終的には不死の生命を凌駕して繁栄する力をもっていることが示された[＊6]［図❼］。

これらの結果は、私たちの眼前に現存している地球生命が、例外なく死して自ら土に還る——いいかえれば、自分自身を他のあらゆる生物にもっとも効率よく再利用可能な部品に分解する仕組を伴う死を普遍的に具えている——という事実を科学的に裏付けるものといえる。それは、地球生命が、進化の果実として、利他性の高い高貴な、そして実はきわめて洗練された合理的な「生存戦略」である自己解体を伴う死のメカニズムを獲得し、その有効性によって淘汰に打ち勝ち、原始的で利己的な不死の生命を地球生態系から掃滅し尽くしてしまったことを想定させる。

西欧近現代文明は、生命現象を極度に利己性の側に偏った「力と闘争[＊7]」の原理で捉えてきた結果、大きな限界に直

地球生命は進化の果実として利他的な死を獲得

面している。この文明の限界、ないしこの文明の危機を乗り切る上で、仏教思想が典型的に示すような、利他性を強調したアジアの伝統的な「美と慈悲」の原理に確固たる科学的背景を与えることには、大きな意義があると信じる。そしてそれは、《日本では人間だけでなく、動植物や山河にも「こころ」の存在を認めてきた。「こころ」は人間同士を融和的に結びつけ、また、森羅万象への共感と畏敬の念を抱かせる》という京都提言2007の認識の優越性を裏付けるものともいえよう。

「美と慈悲」の原理に科学的背景を与える

日本発ハイパーソニック・エフェクトと超言語脳パラダイムが拓く二項対立克服の地平

言語脳・非言語脳をめぐる二項対立

元来は複数の分野に切り分けなくてもよいはずの学問、あるいは決して切り分けてはならない学問までを、目的・対象・方法などの切り口で細分化し縦割にしてきたのが、近代西欧がつくりだした「サイエンス」、すなわちいま私たちのいう「科学」――人文科学、社会科学、自然科学――に他ならない。確かに、小さく切り分けられ限定的に構成された個々の専門領域で、単機能性に磨き上げられた専門家たちが神々のごとく業を振るうことに

＊7　安田喜憲『文明の環境史観』、中央公論新社、二〇〇四年。

よって近現代文明が地球を制覇してきたことは、否定できない。しかし専門分野の過度の細分化はいま、学問の全体性の喪失・崩壊、部分間の相互作用や相互依存性の切り捨てなどの現文明の危機につながる深刻な問題を導き、その見直しが必要な時期にさしかかっていることは、京都提言2007も指摘するとおりである。その状態を、デカルトに源流をもつ近現代文明の情報世界の構造にみてみたい［図❽］。

私たちの脳の情報処理のひとつの特徴は、地上で初めて音声言語による情報伝達を実現した現生人類に至って特異的に発達したといわれる〈言語脳〉（左脳半球にプラグインされた言語脳モジュール）と、それ以外のすべての脳の働きを担う脊椎動物登場以来の伝統と実績をもつ〈非言語脳〉（左右脳半球を含む脳本体）の働きとが混然一体となった状態としてみることができる。言葉脳の働きは、脳の中の情報を語、数、音符などの〈記号〉に変換して「意味の素粒子」をつくり、これらの記号をつなぎ合わせて言語、数式、楽譜といった〈分節構造〉をつくりだす。西欧近現代文明では、その情報世界の背景として、自ら知覚できる心の働きすなわち〈意識〉と、意識で捉えることができ三次元的に計測できる物体の空間的拡がりすなわち〈延長〉の二つだけを疑いようのない実体として認めると同時に、両者を切り離し独立して操作する道を開いたデカルトの二元論が決定的な影響を及ぼしている。この枠組のもと、十九世紀から始まる西欧の専門分化の潮流の中で、〈意識〉に関わる諸問題は人文社会科学や近代芸術が担い、〈延長〉に関わる諸問題は自然科学や工業技術が

〈言語脳〉と〈非言語脳〉

心の働き〈意識〉と物体の空間的ひろがり〈延長〉

デカルトの二元論

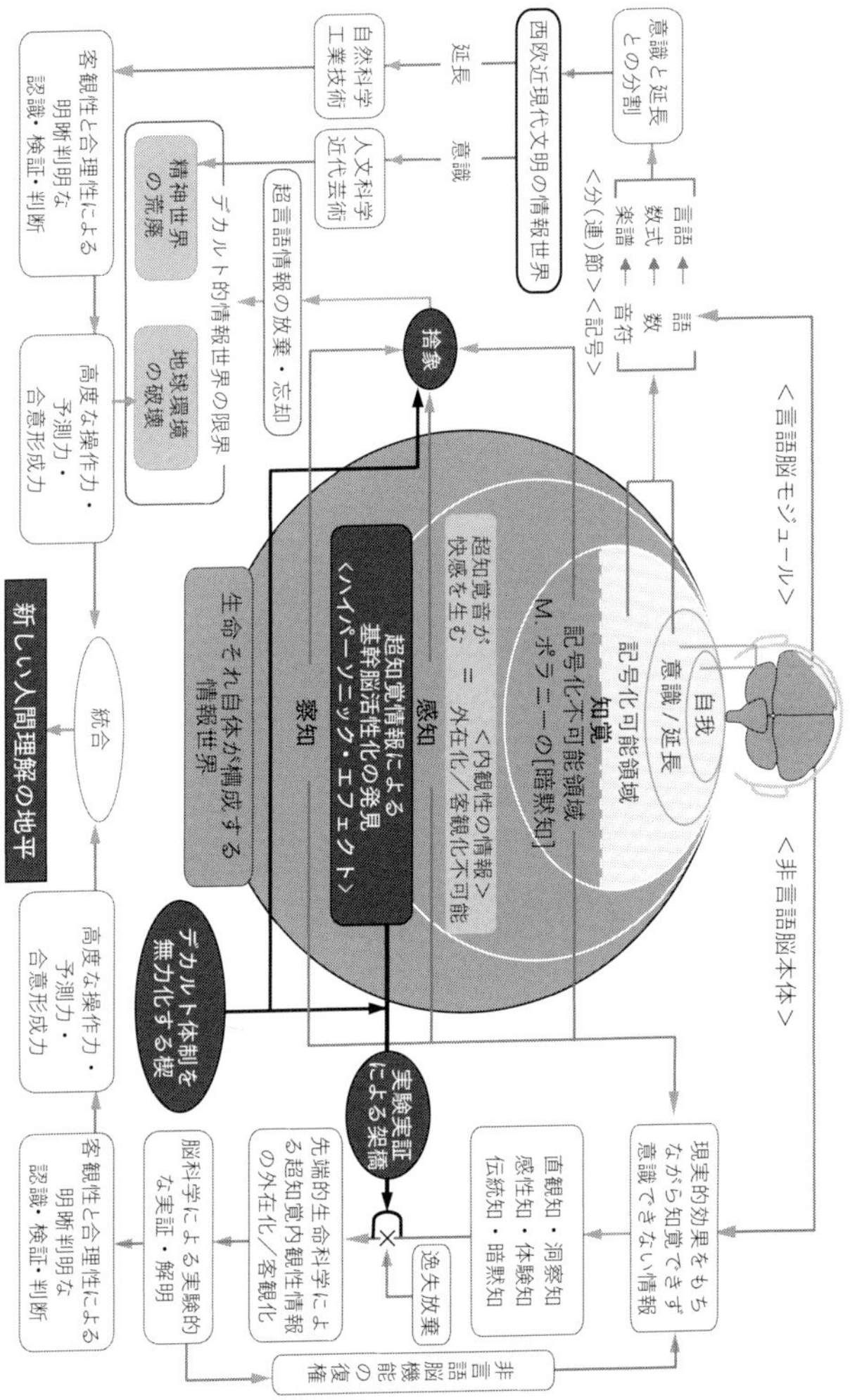

図8 デカルト的知識構造に楔を打ち込んだハイパーソニック・エフェクト

担う、という分業が成立するとともに学問の一体性が解体され、目的・対象・方法などによる限定が介入して極度な縦割の専門細分化が推進されてきた。その頂点に〈からだ〉と〈こころ〉、そして〈もの〉と〈こころ〉との二項対立が聳え立っている。

しかし現在、〈意識〉領域でのデカルト的情報世界の著しい限界は、地球社会全体の精神世界を荒廃させた上にその原状回復にさえも無力な西欧近現代の人文社会科学・芸術の実情に現れている。一方、〈延長〉領域で活性を振るってきた自然科学や工業技術は、客観性と合理性による明晰判明な認識、検証、判断を可能にし、それに基づく高度な操作力、予測力、合意形成力によって科学技術文明の繁栄を開花させた。ところが、これも地球環境破壊という致命的問題を自ら招き寄せ、限界を露にしている。

この西欧近現代文明の危機の思想的な淵源として、生命それ自体が構成する実在の情報世界の構造と、その中から記号分節化可能な部分だけを切り出して操作対象としその他を捨象したデカルト的情報世界との甚だしい乖離を無視できない。言語学の先達フェルナン・ド・ソシュールの言を待つまでもなく、言語機能の本質はまさに意味空間の「切り分け」にある。それゆえに、切り分けが効かず記号・分節化できない情報、とりわけ知覚できず意識で捉えられない情報、そして言語脳機能では処理できず非言語脳領域で処理する他ない情報は、たとえそれが現実的効果をもっていたにせよ、それを処理する脳機能が市民権を奪われたデカルト的情報世界の限界の下では逸失に委ねる他なく、一方的に切り捨

ソシュール的な「切り分け」ができない情報は〈非言語脳〉で処理するべきもの

てられ、放棄される途を辿ってきた［図❽］。

例えば、マイケル・ポラニーのいう知覚できても言語化できない知識〈暗黙知〉をはじめ、今注目されている直観知、洞察知、感性知、体験知、伝統知などの主成分はデカルト的な言語脳の処理能力をはるかにこえている。超知覚領域を含むこうした情報世界の非言語脳による情報処理は本質的に内観的、一人称的であり、それらを記号分節化、外在化し言語脳機能の活性にも適合させつつ客観的、自然科学的に扱うことは、切望されながらも難航をきわめている。この閉塞状況に風穴を空けたひとつの典型的な例として、〈ハイパーソニック・エフェクト〉の発見について述べたい。

〈暗黙知〉

知覚限界をこえ意識できない超高周波振動の効果――ハイパーソニック・エフェクト――の発見

(一)問題との遭遇

ハイパーソニック・エフェクト発見の契機は、パフォーマンス・グループ芸能山城組の活動の中にあった。音楽芸術家としての私、山城祥二と仲間たちが一九七四年創立した「芸能山城組」は、一九七六年からビクターレーベルのアーティストとしてレコード創りを始めた。アナログ録音・再生技術とも爛熟を極めた時代環境の中で、「芸能山城組」のＬＰレコードは、「音そのものの響き、味わい」がセールスポイントとなり、順調に新作のリリースを続けていた。クリエーターとしての私・山城祥二の自覚はいわば「音の料理人」で、美味しい音を創るためには、権威、理論、科学的合理性といった外在する支持材料よりも、己自身の感覚と経験をより決定的に信頼するという現象学者のような態度を貫いていた。

その中でも私にとって究極の体験となったのは、人間に音として知覚できる周波数上限を大幅に上廻る「聴こえない高周波」の効果だった。周知の通り、人間には20Hzから20kHz（20,000Hz）くらいまでの振動が音として知覚され、それ以上の周波数をもつ振動は音としては聴こえない。ところが、この地球上には、そうした人類の音知覚の限界を大きくこえて50kHz以上に及び、時には100kHzさえも上廻って全く音として聴こえない上に複雑なゆらぎに満ちた超高周波成分を豊かに含む音源が存在する。バリ島のガムラン音楽、日本の琵琶や琴、そして熱帯雨林の環境音などがそれである。それに対して、ピアノやオーケストラなど西欧近代の楽器音には、超高周波はあまり含まれていない。

「聴こえない高周波」の効果

超高周波成分を含む音源の例

レコード制作の過程で私は、ある種の音素材について、全く聴こえない超高周波領域を電子的に強調すると音の響きが妖艶に変容し、えも言われぬ玄妙な味わいを醸し出すという学問的には想像できない性質をもつことに気付いた。私は、山城組の音創りの「奥の手」としてひそかにこれを常用し、時には妖しいばかりのサウンドを、当時絶頂期にあったLPレコードに刻み込んでいた。超高周波が有効という私の見解に同調する腕利きのスタジオエンジニアやミュージシャンは、当時少なくなかった。

LPからCDへ

ところが、この「奥の手」は、ＬＰからＣＤへのメディアの変遷とともに封印されてしまった。初めてＣＤ制作に手を染めたとき、同一のアナログマスターテープから造られた山城組のＬＰとＣＤとの製品を比較試聴した私は、愕然とした。当時の音響技術の粋を尽くして制作されたはずのＣＤが、ＬＰのもたらす醍醐味の片鱗もない索漠たる響きしか聴かせてくれなかったからである。この背景は、ＬＰが50kHzを上廻り100kHzに迫る超高周波帯域まで記録再生できたのに対して、デジタル音響規格のＣＤは22.05kHz以上の肝心な超高周波成分を記録再生ができないゆえであることが現在、明らかになっている。

私の体験的認識は、当時の学会の定説とは正面から対立するものだった。ＣＤの規格策定に先立って厳密な音響心理学実験が世界各地で行われ、「16kHz以上の高周波成分をフィルターでカットした音とカットせずそのまま再生した音との間で音質の差は弁別できない」という実験結果が一致して得られていたからである。それに基づいてサンプリング周波数44.1kHz、再生周波数上限22.05kHzというＣＤの国際規格が決められていた。こうした経緯を承知していながら、音の料理人としての私・山城祥二の体験に基づく「超高周波の共存は音の味わいを玄妙に高める」という内観的認識は、少しも揺るがなかった。むしろ、山城にとって「自明」のこの否定できない音質の違いが実験結果として弁別できないのであれば、「弁別できない」という結論を導いた「正統的な研究方法」それ自体に問題があるのではなかろうか、再検討すべきだと考えた。そこで、もう一人の私・生命科学者大橋 力の活性を動員し、音の芸術家・山城祥二としての活性と融合して、知覚限界をこえ意

音響心理学実験

「超高周波の共存は音の味わいを玄妙に高める」

識できないがゆえに現代音響心理学の対象外におかれている音楽の中の超高周波成分が人間に及ぼす影響について、あらためて追究することにした。

(二)知覚限界をこえる高周波成分の生理的・心理的・行動的影響を捉える

この検討に当たって最初に遭遇した困難は、高周波が人間に及ぼす影響を検討する上で十分な超高周波成分を含む音源をはじめ、記録・再生装置、そして不可欠であるはずの周波数分析器（FFT）さえ、音楽の中の聴こえない超高周波に対応できるものが、音楽音響学の範疇をこえているがゆえに一切存在していないことにあった。まさに知覚できず意識できなければ存在しないも同然というデカルト体制の限界が露に観える。そこで、これら必須のツールをひとつひとつ開発整備しながら、手造りで研究を進めた。[*8]

それ以上の困難は、知覚できない超高周波成分が人間に及ぼす影響をいかに判明に計測するかにあった。高周波成分の効果を検討するためにこれまで専ら採用されてきた手法は質問紙調査に基づく心理学的実験法で、「こころ」という究極的に複雑で不安定な情報処理プロセスに主観的に問いかける手法一本槍であることが招く限界が著しい。そこで、私たちは、そうしたこころの反応の基層をなす生理的プロセスに着目することによって、すこしでも簡潔明晰に結果を導くことを構想した。とりわけ近年の脳科学研究手法の著しい進展は、さまざまな非侵襲脳機能計測を可能にする。

こころの反応の基層をなす生理的プロセスに着目

私たちはまず、高周波の共存によって音の趣きが高まる、というレコード制作過程での自身の体験を当時の先端的な脳科学の知見に照らし、それが美・快・感動を生みだす脳の神経回路〈報酬系〉の活性化を反映しており、その活性指標となる脳波α波を増強する可能性があるものと想定した。この場合、報酬系の活性化を妨げる計測環境下では、その負の影響に埋没して結果が現れにくくなる恐れがある。ところが、医療目的で開発されている現場の脳波計測にあっては、こうした感性反応に関わる配慮――負の相互作用への注目――がほとんど認められず、緊張や恐怖などのネガティブな情動反応が報酬系の活性化を妨げる可能性を否定できない。こうした影響を排除し、快適な環境で音楽を楽しむことができる脳波計測実験環境を特別に構築することをはじめ、実験条件に工夫を重ねた。

こうして全面的に再構築した実験の結果、超高周波を豊富に含む音を呈示したとき、脳波α波のパワーは呈示開始から数十秒をかけて顕著に増加し、超高周波を含まない音に切りかえると数十秒間の「脳活性の残像」を経由したのち減少する、という報酬系の神経伝達に固有の大きな遅延・残留を反映した特異な経過が観察された。そこで、この残像が消え尽きてから後の時間領域について脳電位を比較したところ、超高周波を含む音によってα波パワーが統計的有意に増強されるという事実を初めて見出すことができた。[*9]

超高周波を含む音によってα波パワーが増強される

続いて私たちは、脳内活性化領域について高度な情報を与えてくれるポジトロン断層撮

*8　大橋力『音と文明――音の環境学ことはじめ』、岩波書店、二〇〇三年。

像法（PET）を用いて領域脳血流計測を行った。その結果、超高周波を含む音を呈示したときには、超高周波を含まない音を呈示したときに比べて、脳深部にある脳幹、視床、視床下部、および上部脳幹から発し前帯状回および前頭前野へと拡がるモノアミン系神経ネットワーク（以下これらを〈基幹脳ネットワーク〉と呼ぶ）、さらに頭頂葉楔前部が活性化されることが見出された。[*10] ここで活性化された〈基幹脳ネットワーク〉は、美しさ・快さ・感動を司る報酬系の拠点になるとともに生体の防御や恒常性を司る自律神経系・免疫系・内分泌系の最高中枢をなす領域である。つまり、人問の可超域上限をこえ高度に複雑に変化する超高周波成分を豊富に含む音は、臓器運動から免疫力におよぶ「生理活性」と快感から感動におよぶ「精神活動」とを連携して一括制御する最高中枢として働く〈基幹脳ネットワーク〉を劇的に活性化し、健康・快適・美・感動の反応を発現または増強させることが明らかになったのである。

超高周波を含む音が〈基幹脳ネットワーク〉を活性化

健康・快適・美・感動を高める

　しかも、超高周波成分の共存によって活性化された脳の部位は、R・ザトーレが明らかにした音楽を聴いて身震いするほど感動した時に活性化する脳の部位[*11]とほとんど重なっていた。知覚できず音として聴こえない超知覚情報によって、聴こえる音でつくる音楽というデカルト的な知覚世界の所産と非常によく似た脳の応答が得られたことは注目される。

音楽を聴いて感動した時

　さらに、基幹脳の活性化現象を反映した反応は、領域脳血流の増大、[*10] 脳波α波の増強、[*9、10] 免疫活性の上昇、[*12] ストレス性ホルモンの減少、[*12] 音のより快く美しい受容の誘起、[*9、10] 音をより

〈ハイパーソニック・エフェクト〉

大きく聴く行動の誘導[*13]など多岐にわたる。これらの複合的な心身賦活反応は〈ハイパーソニック・エフェクト〉と総称されている。ここに見出された一連の実験事実は、「心に美しいものは躰に良く、躰に良いものは心に美しい」という関係の存在を鮮やかに示している。こうした実験事実によって〈心身一如〉と呼ばれる二項対立を超越した現象の実在性が、それを実現する器官、および発現機構とともに、生命科学的に浮彫にされたといえよう［図❾］。

ハイパーソニック・エフェクトの発見を報告した私たちの論文は、基礎脳科学のトップジャーナルのひとつであるアメリカ生理学会誌 *Journal of Neurophysiology* に採択され、二〇

＊9 Oohashi, T., Nishina, E., Kawai, N., Fuwamoto, Y. and Imai, H., High Frequency Sound Above the Audible Range Affects Brain Electric Activity and Sound Perception, Audio Engineering Society 91st Convention (New York) Preprint 3207, pp. 1-25, 1991.

＊10 Oohashi, T., Nishina, E., Honda, M., Yonekura, Y., Fuwamoto, Y., Kawai, N., Maekawa, T., Nakamura, S., Fukuyama, H. and Shibasaki, H., Inaudible high-frequency sounds affect brain activity : hypersonic effect, *Journal of Neurophysiology, 83*, pp. 3548-3558, 2000.

＊11 Blood, A.J. and Zatorre, R.J., Intensely pleasurable response to music correlate with activity in brain regions implicated in reward and emotion, *Proceedings of national Academy of Science, 98*, pp. 11818-11823, 2001.

＊12 大橋力・河合徳枝・本田学・中村聡・仁科エミ・八木玲子・森本雅子・前川督雄「ハイパーソニック・エフェクトの生理学」、AES東京コンベンション2003予稿集、二〇〇三年、九四〜九七頁。

＊13 Yagi, R., Nishina, E. and Oohashi, T., A method for behavioral evaluation of the "hypersonic effect", *Acoustical Science and Technology, Vol.24 No.4*, pp. 197-200, 2003.

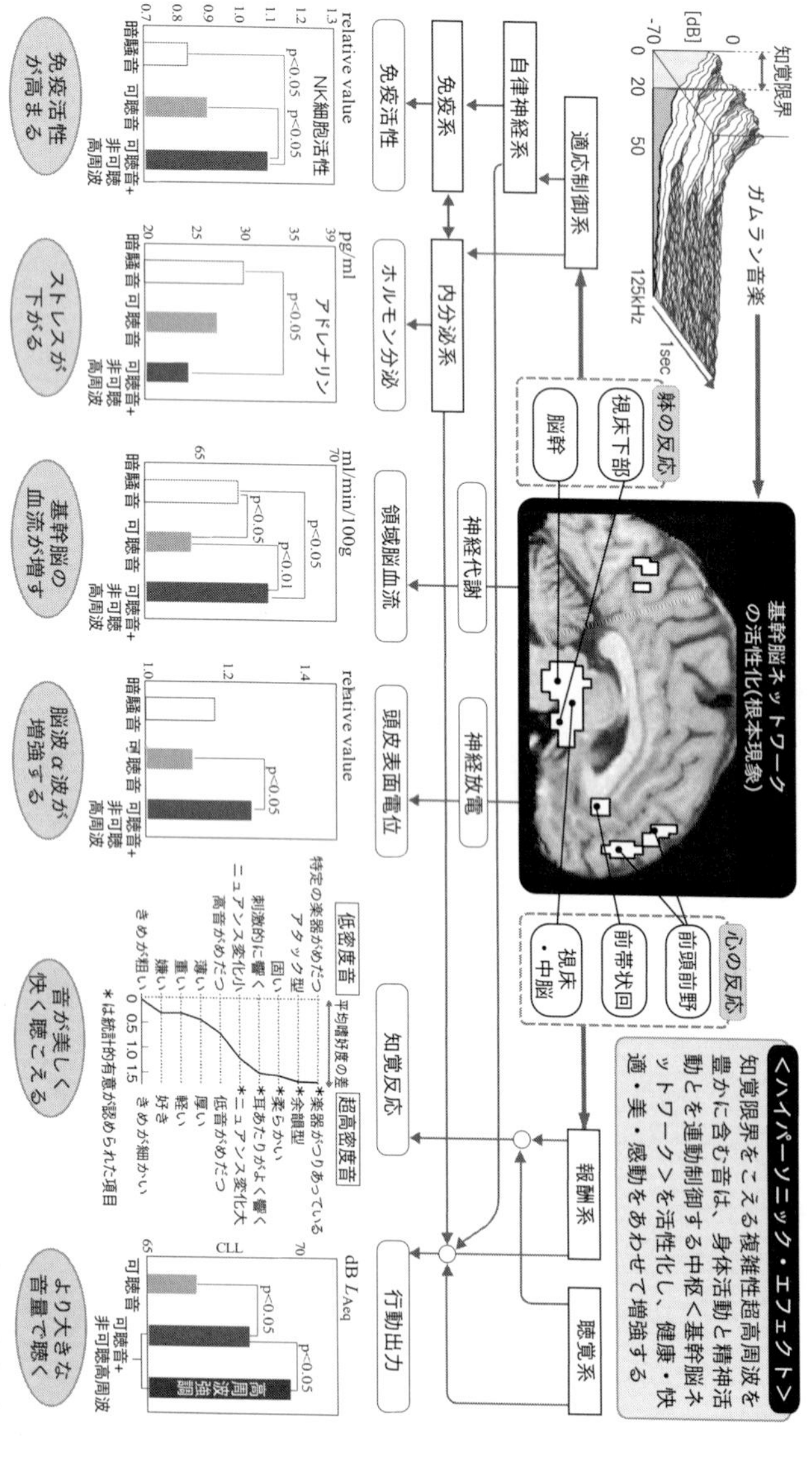

図❾「心に美しい音は躰に良く、躰に良い音は心に美しい」ハイパーソニック・エフェクトは〈心身一如〉のメカニズムを浮彫にする

〇〇年六月に公表された。[*10] その後二〇〇三年末から現在に至るまで、同誌のインターネットによる購読論文ベスト10に入り続け、そのうち第一位が二四カ月に及ぶという、同誌始まって以来空前の国際的関心を集めている。[*14] その最大の理由は、基幹脳の活性低下に起因し薬品による治療が限界を見せている、がん、高血圧など生活習慣病、不登校、ADHDなど発達障害、うつ・自殺・暴力・認知症など精神・行動の異常の防御に著しい効果が期待されるところにある。

治療効果への期待

この特異な基幹脳の活性上昇は、超高周波単独の呈示では観察されないだけでなく、可聴音だけを呈示するとこの部位の活性は逆に下降し、音を呈示していないときに比較してさえ統計的有意に活性が抑制されることが判明した。[*10] 基幹脳ネットワークの機能はさまざまな生命活動に密接に関与しており、その活性低下がいわゆる現代病の誘発可能性と関連して近年急速に注目されつつあることからも、それがもたらす直接間接の影響に十分な注意を払う必要がある。また、基幹脳ネットワーク全体の活性が特定の脳波α波のパワーと高度に有意に相関していること、さらに、超高周波の受容器が聴覚系ではなく体表面にあるという驚くべき事実も明らかにできた。[*15]

超高周波の受容器は体表面に

なお、こうした効果をもつ音――〈ハイパーソニック・サウンド〉は、人類の遺伝子が

＊14　大橋力「至福の音体験と脳」、小泉英明編『脳科学と芸術』、工作舎、二〇〇八年。

進化的に形成された環境の最有力候補とされる熱帯雨林の環境音や邦楽器をはじめとする民族楽器音の中に多く認められる。[*8] 逆に、回転機械騒音や都市環境音、楽器としてはピアノ音を代表とする近代西欧楽器音にこの効果を導く構造が乏しいことには注意を要する。

意識で捉えることのできない音が惹き起こすハイパーソニック・エフェクトの発見は、これまでのデカルト的知識構造の中で意識できず記号・分節化できないがゆえに捨象されてきた超知覚情報の効果を、先端的な情報科学と生命科学の手法、すなわちその面においてはきわめてデカルト的な自然科学の手法を活用することによって外在化、客観化させ、定量化することによって導かれた。この過程と結果とは現時点ですでに、理性と感情、精神と身体、知識と信仰、芸術と技術といった西欧起源の二項対立的理解を克服する展望を開くものとなっている［図❽］。このことは、京都提言２００７が呼びかける《人間の細分化してやまない諸活動を統合させ、人々の生活そして世界全体を方向づけるあらたな英知を構築するための共同探究》の可能性を裏付けることになるのではないかと考えている。

＊15　Oohashi, T., Kawai, N., Nishina, E., Honda, M., Yagi, R., Nakamura, S., Morimoto, M., Maekawa, T., Yonekura, Y. and Shibasaki, H., The role of biological system other than auditory air-conduction in the emergence of the hypersonic effect, *Brain Research, 1073-1074*, pp. 339-347, 2006.

III

kokoroはちがいを超えて

kokoro transcending differences and cultural barriers

パートⅢ「ｋｏｋｏｒｏはちがいを超えて」は、地球化時代の〈こころ〉を捉えるために文明、文化、近代化、グローバリゼーションなどをキーワードとして、地球上のさまざまな時代、地域における〈こころ〉とその多様な広がりをさぐっている。

朱捷「文明のかたちと〈こころ〉――中国と日本」は、文明の性格を大きく左右する〈こころ〉のあり方について、西欧文明を念頭におきつつ、中国文明の〈こころ〉の特徴を簡明に示そうとしている。孔子の有名な言葉「詩に興こり、礼に立ち、楽に成る」は、儒教が理想とする〈こころ〉の「設計図」として見ることができるという。〈こころ〉の根幹として情や感性を重んじることが、中国文明とギリシアないしそれをうけつぐ西欧の文明とのちがいを決定づけたと主張する。

ギリシア文明が東方文化との融合によって民族を超え普遍的な性格をもつようになったヘレニズムの時代は、都市文明の時代といわれる。内山勝利の「ギリシア・(似非)コスモポリタン列伝――「世界市民」の可能性を考えるために」は、この激動の時代を生きた古代ギリシア人ディオゲネスなどの「(似非)コスモポリタン」の生き方に目を向ける。ともに生きるしかない有限の地球の状況をふまえ、地球の構成員たる「世界市民」のあり方を模索するうえで、ひとつの視点をすえたといえよう。さらに内山は、ソクラテスが「世界市民」を志向することがありえたとしたら、と仮定して大胆な仮説を展開するが、そこにみえる若者たちとの対話、また対話があらゆる人びとを一つに結びつけるとする主張は、現代においてまことに示唆に富んでいる。

小杉泰「イスラームのこころ――宗教復興とイスラーム経済」は、時間的にも空間的にも広い視野からイスラーム世界、とくにその宗教と経済・商業、イスラームの〈こころ〉について述べる。近代化(西洋化)の成功と失敗がアイデンティティの回復としてイスラーム回帰、宗教復興をもたらしたが、イスラーム復興の大きな広がりや、それと同時に発展したイスラーム金融（無利子金融）は、イスラームの〈こころ〉を現代社会の中に生かそうとする運動の現れであったとする指摘は重要であろう。

イスラーム文明や中国文明、また多くの文化において大きな社会・文化変容の契機となったのが、「近代化」（西洋化）、グローバリゼーションである。応地利明「文化・文明・「近代化」」は、「生態系」に着目して文化と文明を明確に区分し、それらと近代化を定義しなおし、地球化時代の〈こころ〉を捉えるフレームを作っている。応地によれば、文明の進出・侵入にともなう文化の変容が「近代化」だという。京都の場所性と「近代化」について論じた後半部は、京都の文化の〈こころ〉、ひいては日本文化の〈こころ〉を描きつつ、なぜ京都が京都文化会議を開催するにふさわしい都市であるかにも答えている。この辺りは、池坊由紀のコラム「いけばなにおけるこころ」のいう、日本の自然と四季が育んだ「日本の美と心」と通い合うところがある。

「対話」はいうまでもなく大切な行為であるが、しかし異なる意見の人と感情やこころを含めて「対話」することは容易なことではない。小杉のいうイスラームの〈こころ〉と私たちの〈こころ〉は、「対話」できているのであろうか。サドリアの「権力と心――この間に横たわる厚い障壁」は、西欧文明の世界観がイスラーム社会の人々の声を聞けなくしていると指摘する（東洋文明の世界観もまた同じことをしているにちがいないので、サドリアを理解するために、先に小杉論文を読んでおいた方がよいのかも知れない）。そこで、サドリアは「平等と和解を獲得するという我々の目標」を達成するために「異なった角度から耳を傾けること」を主張する。

一連の論考は、地球化時代に必要とされる〈こころ〉のあり方を示唆し、読者にちがいをこえてkokoroが向かうべき方位を示す羅針盤となっている。

（髙橋康夫）

こころとは…

孔子の有名な言葉「詩に興こり、礼に立ち、楽に成る」は、儒教が理想とする〈こころ〉の設計図とみることができる。この設計図にもとづく中国文明の〈こころ〉——礼に立つ〈こころ〉——は、「和」・「中庸」の〈こころ〉であるという。

シュ・ショウ　同志社女子大学現代社会学部社会システム学科教授

1958年上海生まれ。1979年に上海の復旦大学日本語日本文学科を卒業して来日し、1987年京都大学大学院文学研究科博士課程修了。1989年京都大学文学博士。国際日本文化研究センター共同研究員、中京女子大学助教授、スタンフォード大学客員研究員、客員助教授などを経て、現在同志社女子大学現代社会学部教授。専門は比較文学・比較文化論。著書に『神さまと日本人のあいだ』（福武書店、1991年）、『比較文明学の理論と方法』（共著、朝倉書店、1999年）、『においとひびき——日本と中国の美意識をたずねて』（白水社、2001年）、『京都学を学ぶ人のために』（共著、世界思想社、2002年）など。

文明のかたちと〈こころ〉

——中国と日本

朱捷

Zhu Jie

はじめに

「一箪の食、一瓢の飲」

人間は意味を求める動物である。物質に恵まれていても充実した日々をおくれない人もいれば、孔子（前五五一～四七九）の一番弟子顔回のように、「一箪《いったん》の食《し》、一瓢《いっぴょう》の飲、陋巷《ろうこう》に在り」（論語「雍也」。竹の器に盛った飯と、ひさごに入れた飲み物しかなく、路地裏住まいの意）という赤貧のなかでもそれを楽しむことができる。人間の喜怒哀楽や幸不幸は、つきつめていえば、すべて意味の所産ともいえる。

〈こころ〉のあり方と文明

そして文明は、さまざまに定義されうるが、その文明に属する人間が編み出した巨大な意味のシステムとしてとらえることもできる。意味の糸を紡ぎ出しているのは、いうまでもなく〈こころ〉である。したがって、〈こころ〉のあり方のちがいは、糸や編み目がちがえばできあがった編み物もおのずと異なるように、文明の性格を大きく左右する。

「詩に興こり、礼に立ち、楽に成る」

本稿では、与えられた題、「文明のかたちと〈こころ〉――中国と日本」に沿って、中国人の〈こころ〉のあり方を、孔子の言葉「詩に興こり、礼に立ち、楽に成る」にしたがって、三節に分けて探ってみたい。論語「泰伯」篇にみえる孔子の言葉はつとに有名だが、儒教が理想とする〈こころ〉の設計図として見ることも可能である。そして、その次の節「かりそめとあいだの〈こころ〉」では日本についてふれていきたい。

詩に興こる——〈こころ〉の醸成

情に根ざす

「詩を学ばざれば、以って言う無し」

詩について、孔子は論語のなかでさまざまに語っている。たとえばある日、息子の鯉を呼び止めて、詩を勉強したか、詩を勉強しないとものが言えないぞと諭した（「季氏」）。

「詩を学ばざれば、以って言う無し」の詩は、詩経を指し、孔子門下の基本教科書でもある。孔子の時からすでに数百年前にさかのぼる西周時代から誦詠《しょうえい》されてきた中国古代歌謡のこの集成は、古代中国人の哀歓をとどめた最古の詩集である。そこにはいにしえから変わらぬ人間の喜怒哀楽があり、情感を表出する言葉の最古の結晶がある。それを勉強しなければ「以って言う無し」の無しは、豊かな〈こころ〉をもちえないこととそれを表現する言葉を獲得しえないことの両方をおそらく意味していよう。

またある日、孔子は鯉に向かって再度、詩の勉強を促した。おまえ、「周南」、「召南」を勉強しているか、人間でありながら、それを学ばなければ、あたかも壁に向かって立っているようなものだよ、と（「陽貨」）。

「周南」、「召南」は詩経の中でも、とくに恋愛の詩を集めている巻である。それをとりわけとりあげて息子にすすめ、しかも詠まなければ、「牆《かべ》に面《む》いて立つがごとき」、言いかえ

豊かな情感は〈こころ〉の原点

れば〈こころ〉がふさがれてしまう、と厳しい言葉で言っているのは興味深い。愛情など豊かな情感を〈こころ〉の原点として、孔子がいかに重んじているかを垣間見るひとこまである。

その意味で、詩経をめぐる、弟子の子夏と孔子の以下の対話もすこぶる興味をそそる。

子夏はたずねた。詩経に、「巧笑倩《こうしょうせん》たり、美目盼《びもくはん》たり、素《そ》以《も》って絢《あや》を為《な》す」（うるわしい笑顔にえくぼが愛らしい、涼しげな目に黒目と白目があざやか、素《しろ》いものが絢爛たる絵を完成させる）と、ありますが、どんな意味でしょうか。

孔子は答えた。「絵を描くときは、白い絵の具をいちばん最後に加えて、絵を引き立てるのだよ」。

「それでは、礼は後、ということでしょうか」。

「商（子夏）よ、おまえがわたしの言わんとすることをよくわかってくれた。これでやっとおまえと詩を語り合えるのだ」（「八佾」）。

美人と引き立て役の白い絵の具

孔子の解説に、子夏はすぐに美人と引き立て役の白い絵の具から、情感と礼との関係を悟って、師をすっかり喜ばせた。

ここの美人とは、孔子が息子の鯉に詩を詠んで身につけさせようとする豊かな感性のことであり、それは礼よりも先に〈こころ〉に植え付けなければならないものであると孔子は考えている。子夏の悟りは、若者たちに詩を学ばせようとする孔子の親心をわかってくれたものなので、ともに詩を語り合える相手として師に手放しで褒められたわけである。なぜ詩を学ぶべきなのかを弟子たちに諄々と説く孔子の親心は、次の一章にもよくあらわれている。

「若者たちよ、どうしてもっと詩を学ばないのか。詩を学べば、感性を豊かにすることもできれば、世相を観察し、人とのつきあい方を覚え、政治を批判することもできる。近くにおいては父に仕えることができ、遠くにおいては主君に仕えることができる。多くの動植物の名前も知ることができるのだよ」(「陽貨」)。

世相観察や集団生活の勉強、政治批判など、より理性を求める社会生活の知恵の獲得はいずれも、感性を豊かに培う詩の勉強を下地に語られている。さらには、いまでいう自然科学知識の習得も感性を前提にして述べられている。直接には詩経に動植物の名称が豊富に出ているからといえばそれまでだが、おそらくはそれにとどまらず、自然を観る目を養うのにも、詩的で豊かな〈こころ〉がその土壌になると孔子は考えていただろう。

孔子の描く〈こころ〉の設計図

詩にまつわる孔子の言説をここまで見てくると、孔子の描く〈こころ〉の設計図が情に根ざしていることがわかる。これは中国人や日本人にとって、一見ことさらとりあげる必要のないほど自明なことのように見えるが、たとえばプラトンのイデア説を想起すれば、必ずしもそうとはいえなくなる。

プラトンのイデア説

よく知られているように、『饗宴』のなかでプラトンは、ディオティマという女性を通して絶対超越的な美のイデアを語らせている。それは時空を超越して永遠に存在するものであり、生滅も増減もせずに、しかもいかなる具体的な存在にあらわれることもなく、永久にその純粋性を保つものであるという。

　つまり、人間の感覚を不完全で儚いものと考えるプラトンは、至上の美、絶対的な美を人間の感覚では到達しえないところに想定し、それに接近するのは人間の理性しかないと考えていたのである。

　人間の根幹として情や感性を重んじる孔子、いっぽう、人間の感性の危うさを主張するプラトン、この〈こころ〉のあり方の分岐が中国文明とギリシアないしそれをうけつぐ西欧文明とのちがいを決定づけたといってよいだろう。

超越を敬遠する情

美を感じる人間の〈こころ〉への信頼

　孔子はプラトンのように、人間の〈こころ〉が感じとる美の彼方にさらに永遠に変わらぬ、超越的な純粋な美を考えようとはしなかった。プラトンは人間の感覚でとらえた美を不完全でうつろいやすく儚いものとしてしりぞけたが、孔子は美を感じる人間の〈こころ〉に全幅の信頼を置いた。美人を愛でる〈こころ〉が礼より先だと弟子が気づいてくれたことを手放しで喜んだのも、息子の鯉に恋愛の詩を詠まなければ〈こころ〉がふさがれると諭したのも、そのためである。〈こころ〉がふさがれると意訳したが、原文の「牆《かべ》に面《む》いて立つがごとき」の「牆」に遮断されふさがれるのは感性のみならず、理性も目隠しされてしまう、とおそらく孔子は考えていたのである。

そういう孔子の重んじる人間の情もおのずと、超越を志向しない。

ところで、孔子も超越の世界とは無縁ではない。白川静によると、孔子は「巫祝《ふしゅく》の子であり、おそらく巫祝社会に成長した人であろう」[*1]という。しかも、孔子を始祖とする儒教の「儒はおそらく、もと雨請いに犠牲とされる巫祝をいう語であった」[*2]とされる。つまり、孔子は神と人間を媒介する巫祝の世界にその出自からして精通していたのである。

にもかかわらず、孔子は、「怪力乱神を語らず」(「述而」)、「鬼神を敬してこれを遠ざく」(「雍也」)のであり、超越の世界のことを語ろうとしない。『論語今読』の著者李澤厚が指摘しているように、「このような、鬼神を肯定も否定もせず、あるいは尋ね、疑い、思考しようともしない態度は、典型的な中国の知恵である。なぜなら、いかなる探求や懐疑、思考も、理性の思弁を頼りにするが、理性の思弁では、神や鬼神の存在を論証することも否定することもできないからである」[*3]。

孔子はけっして神や鬼神を否定していない。ただそういう超越的な存在よりも、人間の〈こころ〉により大きな関心をはらっているのである。

---

*1 白川静『孔子伝』(白川静著作集六)、平凡社、一九九九年、三三一頁。
*2 同右 三四〇頁。
*3 李澤厚『論語今読』、生活・読書・新知三聯書店、二〇〇四年、一七八頁。

これはひとり孔子だけがそうであるというわけではなく、ほとんど中国文明の遺伝子といってよい特性のように思われる。

鬼神を敬う

鬼神を敬うといえば、中国の歴史においても、殷を上回る時代はない。大小問わず、ありとあらゆることに関して神の意志を占い問うていた。白川静によると、「これほど日常的に、すべての行為が卜問によって営まれている例はまれである[*4]」。

ところがそれにもかかわらず、貞卜の対象の神のことはほとんど語られない。貞卜の結果は丁寧に甲骨に記されるが、それは神の意志を記録するよりは、貞卜の最高責任者、巫祝王としての王様が神意を正しく解釈したこと、つまり王様の権威を示すためなのが実情のようである。

したがって、「貞卜は神意を問うという行為であるが、それは神を絶対化するものではなくて、むしろ神意を介して王を絶対化する道であった[*5]」、と白川はいう。

中国文明は、漢字を発明した殷の人々の時代から、超越した神の世界よりも人間世界に関心を向けていたのである。

宗教に昇華された家族愛

親孝行、家族愛

孔子の重んじる人間の情は、超越を志向するかわりに、現実の人間の世界に注がれる。実際、論語のなかで孔子が語る情の多くは、親孝行、すなわち家族愛のことである。

孝にふれた章は、論語にそれこそ枚挙にいとまがない。そのなかからここではとくに子游との問答に注目してみたい。

子游が孝とはなにかと聞く。孔子は答えていう。いま孝といえばみな親を養うことというが、それなら人間は犬や馬も養っているではないか。もし親を敬う気持ちがなければ、犬や馬を飼うのとどう違うのか（「為政」）。

孝を語るとき孔子はそのつどちがう言葉を使うが、共通しているのはじつはこの親を敬い、尊敬する〈こころ〉を強調することである。〈こころ〉のこもった孝行こそ、孔子がもっとも重んじる人間の情のひとつである。

親を敬い、尊敬する〈こころ〉

そして孝のなかでとりわけ重んじられるのは、父子の絆だと指摘されている。[*6] その父子の絆が試されるのは、たとえば論語にみえる次のような場面である。

孔子の知人で葉公《しょうこう》という人が、ある日、自分の村に四角四面の正直者がいて、父親が羊を盗んだのを証人となって告発した、と孔子に語った。それに対して孔子はこう答えた。いやわれわれの村にも正直者がいるが、君の村の人とは違う。父親は子のためにかばい、子は父親のためにかばうのだ。正しい人間の道はじつはこの中にあるのだよ、と（「子路」）。

父が不正をはたらいた場合、子はどうすればいいのか、孔子の答えには迷いがない。父

＊4　白川静『甲骨文の世界』（白川静著作集四）、平凡社、二〇〇〇年、二四頁。
＊5　同右　二七頁。
＊6　前掲（＊3）　一二五頁。

図❶シャルダンの「食前の祈り」（ルーブル美術館蔵）
©PhotoRMN / Franck Raux/amanaimages

子の絆は社会の公徳より優先すべきなのだ。それほど人間の情のなかでこの父子の絆は重要なのである。

父子の絆は社会の公徳より優先

これはたとえば李澤厚も指摘しているように、キリスト教の考え方と大いに異なる。よく知られる「マタイ福音書」の次のような一節を思い起こせばよい。

キリスト教の考え方

わたしは子を〃その父と、娘を母と、嫁を姑と〃仲違いさせるために来たのだから。〃家族が自分の敵となろう。〃わたしよりも父や母を愛する者は、わたしの弟子たるに適しない。わたしよりも息子や娘を愛する者は、わたしの弟子たるに適しない。[*7]

全知全能の一神教の神がいる世界では、人間同士は血ではなく、神との絆で結ばれる。

ゆえに、人間の家族の絆も神を軸に再編される。カトリック教で聖職者のことを神父、ブラザー、シスターなどと呼ぶのは、そのあらわれである。

その意味で、木村尚三郎が描いたパリの歴史は興味深い。木村尚三郎によると、パリそのものが巨大な修道院であった。そして修道院で事実上もっとも大切な場所は、人の心と心を結び合わせる食堂である。フランス革命以降は、この聖なる場は、教会からレストランへ移っていった。十八世紀半ばにパリに登場したレストランは、じつは新しい修道院だったのである、という。[*8]

そこで木村がとりあげたジャン・シメオン・シャルダン（一六九九〜一七七九）の絵「食前の祈り」［図❶］もまた興味深い。「母親がテーブルに食事の皿を並べ、二人の小さな娘に食前の祈り、『主よ、お恵みを』をさせている」[*9]場面が描かれている。

神は家族関係を再編したのみならず、本来なら家族団らんの食事の場を信者同士の聖なる場に変更させ、親子の食事の時間にも神への祈りを挿入させている。まさに「マタイ福音書」にあるように、神との絆が家族の絆を凌駕しているのである。

ところで、そういう全知全能の神がいない世界では、人間が頼りにできるのは人間の絆

神との絆が家族の絆を凌駕

＊7　塚本虎二訳『福音書』、岩波文庫、一九六三年、九八〜九九頁。
＊8　木村尚三郎『パリ』（世界の都市物語一）、文藝春秋、一九九二年、四六〜一〇〇頁。
＊9　同右　九四頁。

しかない。そして人間の絆のなかで、親子の絆はなんといっても基本である。孔子があれだけ親孝行の〈こころ〉を重んじ、父子の絆を絶対視するのも、ここに理由がある。

「二十四孝」物語

親孝行はのちに儒教のもっとも重要な徳目となっていき、ついに「二十四孝」物語が登場する。そのなかにたとえば、呉猛という八歳の男の子が出てくる。家は貧乏で蚊帳が買えない。そこで親が蚊に刺されないように、自分の服を親に着せ、自分は毎晩裸になり蚊を引きつけて親のかわりに蚊に刺されたという。

一見現実離れした話のようだが、釈迦の捨身飼虎よりははるかに現世的な話である。いっぽう現世的でありながら、少年呉猛のこの行為は一種の宗教的な犠牲に通じる。すべての人間の罪を身代わりに負って十字架に磔《はりつけ》にされたイエス・キリストの犠牲と同じ宗教的な自己犠牲といえる。あるいは親を慈しむ八歳の呉猛の〈こころ〉は、さきほどの食前に神に祈りを捧げる少女の〈こころ〉と同じく宗教的な感情ともいえる。

全知全能の神がいる世界では、人間の家族愛が神への愛に譲歩させられるのに対して、そういう神のいない中国では、家族愛そのものが宗教に近い神聖なるものへと昇華されている。

「詩に興こる」、と孔子が考える〈こころ〉の設計図の第一歩は、このような家族愛を母胎とする情感の醸成であろう。

礼に立つ――〈こころ〉の熟成

礼・和・中庸

楽しみて淫せず、哀しみて傷らず

子曰く、関雎《かんしょ》は、楽しみて淫《いん》せず、哀しみて傷《やぶ》らず（「八佾」）。

論語にみえる、詩を批評する孔子のこの言葉はよく知られている。詩による豊かな情感の醸成を重んじる孔子だが、情感が度を過ぎると淫、すなわちバランスをくずすことになることも戒めており、「関雎」は孔子の理想とする詩としてあげられている。

ではどうすれば「楽しみて淫せず、哀しみて傷らず」になれるか。ここに「礼」が登場してくる。

子曰く、君子は博《ひろ》く文《ぶん》を学び、これを約《やく》するに礼をもってすれば、またもって畔《そむ》かざるべし（「雍也」）。

詩をふくめ広い教養を身につけてから、礼をもって「約」する、すなわち律する。そうすれば、道にそむかない、と孔子は考える。それゆえに、「詩に興り」の次のステップは、「礼に立つ」になるわけである。

礼は「人間の秩序の法則」

この「礼」を、吉川幸次郎は、「人間の秩序の法則[*10]」と呼ぶ。吉川の言葉を借りていいかえれば、〈こころ〉を「楽しみて淫せず、哀しみて傷らず」の状態に保つ法則ともいえる。

儒教の中核概念「中庸」

　ではこの法則にどんな特徴があるのか。論語にみえる有子の言葉が非常に示唆的である。「有子《ゆうし》曰く、礼をこれ用うるには、和を貴《たっと》しとなす」（「学而」）。すなわち、礼の本質は、「和」であり、調和、ほどあいである。そして、調和、ほどあいの「和」は、儒教の中核概念「中庸」につながる。「庸」は、そもそも「和」の意味をもっていたのである。[*11]

　ところで、「和」という文字は、吹奏楽器の笙《しょう》をかたどった「龢」に由来するとされる。[*12]さらに、「庸」も楽器のひとつであった。詩経に、「庸鼓有斁」（「商頌・那」）との句があるが、この「庸」は鏞、つまり大鐘のことである。

　ここで、「礼」という法則の音楽的性格が顔をのぞかせている。

〈こころ〉の処方箋としての音楽

　そもそも音楽は中国では、法則であった。

『春秋左氏伝』に、名医の医和《いか》が晋の平公を診察するひとこまが見える。女色におぼれたのが病因だと診断した医和は、ご病気は手の施しようがないと平公に直言し、そして、医学の処方箋のかわりに〈こころ〉の処方箋として音楽を語りはじめる。かなり微細にわたる音楽の講義だが、要点はこうだ。いにしえの王の音楽は、万物に節度を守らせるためのもので、君子が琴瑟《きんしつ》を近づけるのは、己に節度をつけようとするためである。女色も近づけてはいけないというわけではないが、ほどほどにすべきだ（「昭公元年」）。

音楽の起源に関する中国の神話

　名医の語る音楽の法則は、そのまま生命の法則である。音楽の起源に関する中国の神話も同じ消息を伝えている。そのひとつにこのようなものがある。

昔、朱襄氏が天下を治めていたとき、風が吹きすさび、（陰陽のバランスがくずれ）陽気ばかりが溢れかえって、万物がいたずらに成長し、果実を結ぶことができなかった。そこで士達という者が五弦の瑟を作り、（その音楽で）陰気を招き（陰陽のバランスをとりもどし）、もろもろの生物を落ち着かせたのである（『呂氏春秋』「古楽」）。

このように、音楽は自然のバランスさえ整えると考えられていた。朱襄氏は神農のことで、農業の神様である。別の神話では、「神農氏は、上をあおいで天の法を観察し、下にうつむいて地の法にならって、身近な事や遠方の物より学びながら、桐の木を削って琴を作り、縄や糸を弦とした。これをもって神の徳に通じ、天地の和に合わせた（桓譚（?〜五六）『琴道』）」、とも語られている。中国の神話では、音楽を創出したのは、音楽の神ではなく、農業の神だったというのはすこぶる興味深い。

神話の時代から音楽は中国人にとって、宇宙の秩序や法則そのものであった。いや、むしろ反転してこう強調すべきであろう。中国人にとって根源的な法則は、音楽だったのであると。

中国人にとって根源的な法則は、音楽

*10 吉川幸次郎『論語』上、朝日選書、一九九六年、二六二頁。
*11 『廣雅疏證』巻三下、「庸、和也」。江蘇古籍出版社、一九八四年、九二頁。
*12 郭沫若『甲骨文字研究』、科学出版社、一九六二年、八九〜一〇二頁。

〈こころ〉を「約」すると孔子がいう「礼」も、このような音楽的なものであろう。

一般に情感を律するものは理性であり、この理性はとかく情感と対立するものとされる。しかし、音楽的性格を多分にもつ「礼」は必ずしもそうではない。

アリストテレスの中庸論

たしかにアリストテレスも情を律するのに中庸をいう。たとえば、「徳は情念と行為にかかわっており、情念と行為における超過と不足は誤っているけれども、中間は賞讃され、正しいあり方をしているのである。（中略）徳とは、中間をねらうものである以上、ある種の『中庸』（メソテース）なのである[13]」、というようなアリストテレスの中庸論は、中国の中庸と接点をもつ。

しかし、アリストテレスは次のようにも述べている。「（前略）その場合の中庸とは『道理（ロゴス）』によって、しかも思慮ある人が中庸を規定するのに用いるであろうような『道理』によって規定されたものなのである[14]」。このように、アリストテレスの中庸はロゴスに根ざしており、「情念と行為における」「中間」は、ロゴスから測られた感が強い。

中国の中庸

いっぽう中国の中庸には、ロゴスにもとづいて、数学的に物理的に計測されたような中間点という意識がない。中国の中庸のいうバランスはむしろ、数学的よりは音楽的、物理的よりは生物的である。

情感のバランスをとるのに理性を必要とするが、中国の中庸では、この理性は音楽において情感に融けこみ、物理的に甲乙分かちがたくなるほど一体となるのである。あの子夏と孔子の対話を思い出してみよう。「礼」は美人画にほどこされる白い絵の具にたとえられている。美人画に融けこみ、美人をいっそう引き立てこそするが、美人と艶を競うような対立はけっしてしない。このように理性を情感の中に融けこませることは、儒学の特徴であると指摘されてもいる。[*15]

漢語文法構造の柔軟性

中国の中庸には、ロゴスにもとづいて、数学的に物理的に計測されたような中間点という意識がない、と書いたが、これは中庸の音楽的性格のほかに、中国の言語構造、すなわち漢語文法構造に由来するものとも考えることができる。

漢語文法構造の羅列性

そもそも漢語文法構造の特徴のひとつに、羅列性が指摘される。たとえば、論語の次の文には、

子曰、道千乗之国、敬事而信、節用而愛人、使民以時(「学而」)。

子曰く、千乗《せんじょう》の国を道《みち》びくには、事を敬《つつし》みて信、用を節して人を愛し、民を使うに時を以ってせよ。

---

*13 アリストテレス『ニコマコス倫理学』、朴一功訳、京都大学学術出版会、二〇〇二年、七三頁。
*14 同右 七四頁。
*15 前掲(*3) 九八頁。

「道」、「敬」、「信」、「節」、「愛」、「使」、と動詞が六つ数えられるが、英語ではこれらの動詞のすべてを羅列して対等にしてしまうと意味が通じなくなる。ちなみに、Arthur Waleyによる英訳を見ると、

The Master said, A country of a thousand war-chariots cannot be administered unless the ruler attends strictly to business, punctually observes his promises, is economical in expenditure, shows affection towards his subjects in general, and uses the labour of the peasantry only at the proper times of year.[*16]

となっており、ここでは「敬」、「信」、「節」、「愛」、「使」を訳すのに、それぞれattends, observes, is, shows, usesと五つの動詞が使われていて、それぞれ対等・並列と解釈できるが、それらは「道」に対応する動詞 administer(s) とは位置づけが異なり、原文で「道」もふくめて個々に独立している動詞の並列性、羅列性が英訳では（そして日本語読み下し文でも）失われている。

回文詩

動詞ばかりでなく、個々の漢字も文中に高度な独自性をもっている。それゆえに、漢字の品詞も高い自由度を保持している。それを端的に示すのが、いわゆる「回文詩」であり、ここではその一例として宋の李禺の「双憶」[*17]を見てみよう。

枯眼望遙山隔水　　泣き枯れた眼、山水に隔絶された遙か彼方を望み

往来曾見幾心知　むかしより心を通わす人は何人いただろうか
壺空怕酌一杯酒　酒壺が空となり、酒を一杯酌することもままならず
筆下難成和韻詩　筆先には和韻の詩が成り難い
途路阻人離別久　途《かえ》り路が人を阻めば、離別してすでに久しい
訊音無雁寄回遅　雁がいないため旅の便りをおくるのも遅れている
孤燈夜守長寥寂　孤《ひと》つ灯を夜な夜な寂しく守り
夫憶妻兮父憶児　夫は妻を憶うよ、父は児を憶う
一見ありふれた、旅先で妻子を思う詩にみえるが、この詩のねらいは逆さまにも読めることにある。
児憶父兮妻憶夫　児が父を憶うよ、妻は夫を憶う
寂寥長守夜燈孤　夜な夜な寂しく灯を守るのはわたし孤《ひと》り
遅回寄雁無音訊　便りをもたらす雁が遅々として帰らず音信がとだえ
久別離人阻路途　別れて久しいあの人が旅路に阻まれている
*16　Arthur Waley, *The Analects of Confucius*, p. 84. George Allen & Unwin Ltd, 1938, London.
*17　余元洲『歴代回文詩詞三百首』、岳麓書社、二〇〇八年、四五頁。

詩韻和成難下筆　　詩の韻ができていても筆は下ろし難く
酒杯一酌怕空壺　　酒杯に酌すれば壺を空にするのをおそれる
知心幾見曾来往　　心を通わす人はとかく離別しがち
水隔山遙望眼枯　　山水に隔絶された彼方を遙かに望む眼は泣き枯れる

逆さまに読むと、一転して妻が旅先の夫を思う詩にかわる。回文は言葉遊びとして英語をふくめて他の言語にも見られるが、ここまで自在に操れるのは、おそらく漢語をおいてほかにない。その理由のひとつは、文脈における品詞の高い自由度である。たとえばこの詩でいうと、「壺空」の場合の「空」は、空《から》になっている意味の形容詞であるが、逆さまにして「空壺」となれば、「空」は壺を飲みほし空にする意味の動詞に変身する。同じく、「筆下」と「下筆」の「下」は、前者が名詞、後者が動詞である。

品詞の高い自由度

ここで生物学的な話をふたつ思い出す。ひとつは、鳥がなぜ群れをなして飛べるのかの話である。複雑系の研究例としてよく知られる人工生命シミュレーションプログラム、「クレイグ・レイノルズの『ボイド』」というのがある。クレイグ・レイノルズは本物の鳥の動きをアニメにとりいれるために、公園に観察に行った。群れをなして飛ぶ鳥にリーダーとして指令を出している鳥が見当たらないにもかかわらず、鳥たちが同じ方向に、同じタイミングで飛び上がったり下りたりしていた。なぜなのか。

クレイグ・レイノルズの『ボイド』

そのうち彼は三つのことが分かった。鳥はつねに鳥の多くいるほうに飛んでいること。鳥はつねに隣の鳥と速さ、飛ぶ方向を調整しようとし、隣の鳥に合わせるようにして飛んでいること。鳥が物体や障害物に接近しすぎると、そこから離れようとすること。彼はこの三つを指令として、コンピュータープログラムに入れてみた。

するとコンピューターの画面で、アニメの鳥がまるで生きた鳥のように群れをなし、障害物を自然によけながら飛びはじめた。全体を束ねる司令センターがないのに、システムがスムーズに運営されることが鮮やかに示された研究である。[*18]

もうひとつは、タンパク質の話である。生物学者福岡伸一によると、「生命は、その内部に張り巡らされたかたちの相補性によって支えられており、その相補性によって絶え間ない流れの中で動的な平衡状態を保ちえているのである」[*19]という。この相補性は、ジグソーパズルのピースの凹凸がおのずと隣接ピースを決めるように、タンパク質も表面の微細な凹凸によって自分のパートナーを決めるものとして説明される。そして福岡はいう。「つまり全体の絵柄を想定しながらパズルを組み立てるという鳥瞰《ちょうかん》的な視点、いうなれば『神の視座』は」ジグソーパズルの外部にこそあれ、その内部に存在する必要はまったくない。

*18　吉永良正『「複雑系」とは何か』、講談社現代新書、一九九六年、一一九～一二三頁。
*19　福岡伸一『生物と無生物のあいだ』、講談社現代新書、二〇〇七年、一七八頁。

パズルのピースは全体をまったく知らなくとも、全体の中における自分の位置を定めることができるのである」[20]。

言いかえれば、生命は案外なことに、全体の絵柄（生命の全体像）を知らない個々のタンパク質が隣接のパートナーと凹凸の相性をすりあわせているうちにできあがる「動的な平衡状態」のうえに成り立っている、ということであろう。

他を束ねる中心的な動詞がなくて、個々の漢字がそれぞれ文脈に応じて品詞や意味を決めていく漢語の文法構造は、まわりと歩調を合わせながら群れをなして飛ぶ鳥や、隣接のパートナーと凹凸の相性をすりあわせながら生命全体を動かすタンパク質に重ね合わせると、その近似性を認めざるをえない。中国の中庸のいうバランスはむしろ、数学的よりは音楽的、物理的よりは生物的であるとさきほど書いたが、それはまさにこのような漢語文法構造に根ざしているのである。

情を約すると孔子がいう「礼」においても、理性は情感に優位することなく、情感とひとつに融けあってはじめて役割を果たす。

詩により醸成された情感はこうして、理性が融けこむ音楽的な「礼」のなかで熟成していく。

楽に成る——〈こころ〉の完成

矩を踰えず

孔子の一生

子曰く、吾《われ》十有五にして学に志す。三十にして立つ。四十にして惑わず。五十にして天命を知る。六十にして耳順《したが》う。七十にして心の欲《ほっ》する所に従って、矩《のり》を踰《こ》えず（「為政」）。

孔子が自分の一生を振り返ったこの一章は、人口に膾炙しているといってよいほどよく知られている。しかし、よく知られていることはそのまま自明なことではない場合が多々ある。じっさい吉川幸次郎博士もことに「耳順う」を「難解な言葉」としていた。[*21] ここでは、必ずしも自明ではない五十以降の孔子の自叙に注目して、わたしなりに読んでみよう。

天命を知る

五十になって、天命を知ったと孔子はいう。天命の中身はこれだけではうかがい知りかねるが、とにかく人間世界の法則を越えたなんらかの高い次元の法則とでも理解しておいてさしつかえがない。それを孔子は五十になってようやく「知った」と感じた。しかし、なにかを知ったことから、そのなにかが自分のものになるまでは、誰でも経験しているよ

＊20　前掲（＊19）一七二頁。

＊21　前掲（＊10）四九頁。

うに、プロセスがいる。孔子といえどもその例外ではない。

耳順う

　次に六十になって、そのプロセスが進んだ。天命は背伸びして聴こうとしなくとも自然に耳に入ってくるようになった。これが「耳順う」。老い来たれば聴力が衰えるのは自然の理であるが、その「耳」ではない。漢字には聴力をあらわす「聖」という文字があり、甲骨文字では、大きな耳と口からなっていた。聖人とは本来、神の声が聴きとれる人のことだった。「耳順う」の「耳」は、そのような神の意志が聴きとれる聴力のことである。六十になって、自分もいよいよその域に入ったと孔子は自覚しただろう。

矩を踰えず

　ついに七十になって、天命を意識しなくとも「矩」、すなわち法則を踏み外すことがなくなった。法則という法則が自分の血と化し肉と化し、〈こころ〉と渾然一体となったため、その「心の欲する所に従って」も天命にそむくようなまちがいを起こさなくなったという。ここにいたって、「知る」から「自分のものになる」までのプロセスが完結した。[*22]

　この孔子の自叙からもわかるように、孔子が十五から学に志し、その「学ぶ」ことの到達した最高境地は、「知る」行為そのものも忘れて、「知」が血や肉、あるいは〈こころ〉と甲乙分かちがたいくらい融けあう世界である。

　まえに、中国の中庸では、理性が音楽において情感に融けこみ、物理的に甲乙分かちがたくなるほど一体となると書いたが、孔子の「学ぶ」が到達した最高の境地もまさにこのような音楽的な世界である。

じっさい孔子には、最高の音楽を聞いて、「三ヶ月肉の味を知らず」（「述而」）というエピソードが知られる。「三ヶ月肉の味を知らず」とはむろん比喩的表現で、おそらくありとあらゆる知覚や感覚が音楽にとろけてしまい、一時的に止揚されていたことであろう。「矩を踰えず」の境地もこのような境地と想像できる。

北門成の音楽体験

『荘子』の寓話に、北門成《ほくもんせい》という人が黄帝の音楽を聞く話がある。長い話だが、かいつまんでいうと次のようである。

黄帝の演奏を聞いて北門成は、始めは戦慄を覚えたが、そのうち緊張がほぐれ、最後には精神がとろけて、混沌とした世界に迷いこんだかのごとく、ことばを失い、あらゆる知覚を喪失してしまった。そこで北門成は黄帝に、これはどういうわけなのかをたずねた。

黄帝は答えていう。わしの音楽は、そなたはどんなに頭をめぐらせても知ることはできないのだ。そこでそなたは茫然自失となり、無心になる。無心になれば、緊張がほぐれるのだ。わしはさらに無心すら忘れさせる演奏をする。そなたはだから混沌とした世界に迷いこんだかのごとく、あらゆる知覚を喪失してしまったのだ。精神がとろけて、あらゆる知覚を失うとそこで無知無欲の愚かものになる。愚かものになるとそこで「道《タオ》」に同化す

道（タオ）

＊22　論語のこの章の解釈、および次にふれる「韻」で人間を評価することについては、拙著『においとひびき』（白水社、二〇〇一年）を参照されたい。

る。同化すれば「道」がそなたと一体となるのである（「天運篇」）。

この北門成の音楽体験は、「三ヶ月肉の味を知らず」の荘子ふう寓話版と見てよい。「精神がとろけて」、「無心すら忘れ」、「無知無欲の愚かものになる」など荘子一流の誇張表現が駆使されているが、それらはいずれも、とかく分離されがちな情と理が音楽によって再統合された人間の〈こころ〉の状態をいっているだろう。「道に同化する」は抽象的な表現であるが、孔子の到達した「心の欲する所に従って、矩を踰えず」の世界とおそらくそう遠くはない。

北宋の詩人欧陽修に、知人の音楽を愛でる詩、「無為軍李道士に贈る」がある。

音楽を愛でる詩

無為道士三尺琴　　無為道士　三尺の琴
中有万古無窮音　　中に万古無窮の音有り
音如石上瀉流水　　音は石上に流水を瀉《そそ》ぐが如く
瀉之不竭由源深　　之を瀉《そそ》ぎて竭《つ》きざるは源の深きに由る
弾雖在指声在意　　弾くは指に在りと雖も、声は意《い》に在り
聴不以耳而以心　　聴くは耳を以ってせずして心を以ってす
心意既得形骸忘　　心意　既に得らるれば形骸　忘れらる
不覚天地白日愁雲陰　　覚えず　天地の白日の愁雲に陰《くも》るを

極上の音楽を聴いて、精神がとろけて「形骸を忘れる」——肉体の存在という知覚すら消失したという。この「形骸を忘れる」は、いいかえれば、「道に同化する」境地であり、「心の欲する所に従って、矩を踰えず」の境地である。情と理、肉体と精神が完全に融けあう至福の状態である。

六朝時代の中国人が、音楽の響きを意味する「韻」でもって人間への最高の讃辞としたのも、この至福の体験を前提にしていたに違いない。

このような至福は、中国ではつねに音楽と結びついていた。孔子の描いた〈こころ〉の設計図も、詩により醸成され、礼により熟成され、最後にはやはり音楽によって完成されるのである。

孔子の〝自画像〟

前述の〝自叙伝〟ほど有名ではないが、論語には孔子の〝自画像〟もある。

葉公が子路に孔子の人柄をたずねた。子路は答えなかった。それを知った孔子はいった。おまえはなぜいわなかったのか。その人となりは、発憤すれば飲食も忘れるほどがんばるが、いつも憂いを忘れるほどわが人生を楽しんでおり、老いがおとずれようとしているのにも気がつかない、とこういえばよかったのに（「述而」）。

孔子がきわめて明瞭なタッチで自分のために描いたこのスケッチは、じつに生き生きしている。発憤すれば飲食も忘れるほどの努力家だが、いっぽう憂いを忘れ、年をとる暇もないほど、日々の人生を楽しんでいる孔子の素顔が手にとるように伝わってくる。

ちなみにその時、孔子は六十三、四歳くらい、「耳順う」を過ぎて、「矩を踰えず」へ向かう途中である。孔子の自画像でありながら、音楽によって完成された人格の見本のひとつとしてみることもできる。

ところで、これをたとえばギリシア神話のシーシュポスと並べてみると興味深い。シーシュポスは、知られているように、神の怒りに触れたがために、地獄で岩を転がして山頂に運び上げる仕事を罰として受けた。ところがようやく山頂に押し上げたとたん、岩はきまって麓へ転がり落ちてしまう。シーシュポスも一からやりなおさなければならない。永遠にそれを繰り返させられる責め苦である。

カミュはこのシーシュポスを不条理の英雄とよび、シーシュポスの受けた罰は、人生の不条理そのものだと考える。そして、カミュはいう。「この神話が悲劇的であるのは、主人公が意識に目覚めているからだ」。「シーシュポスは、自分の悲惨な在り方をすみずみまで知っている」。自分の運命を知った瞬間から悲劇ははじまる。しかしそれと同時に、人間の幸福は運命を自分の手に握ることでもある。その意味で、頂上をめがけて日々戦うシーシュポスは、悲劇的でありながら、「幸福なのだと想わねばならぬ」[*23]、と。

同じ幸福でも、孔子の場合とシーシュポスの場合とはあまりにもちがう。シーシュポスの幸福は、醒めた意識で不条理な運命を見つめ、受け入れ、そしてそれに立ち向かうこと

ギリシア神話のシーシュポス

にある。「幸福と不条理とは同じひとつの大地から生れたふたりの息子である。このふたりは引きはなすことができぬ[*24]」、とカミュのいうように、シーシュポスの幸福は不条理と背中合わせになっている。いっぽう、孔子の幸福にはそういう二項対立がはじめからない。幸福はむしろ憂いも老いも忘れた境地にあるのである。

幸福と不条理

孔子の幸福

「心の欲する所に従って、矩を踰えず」や「形骸を忘れる」は、中国人の考える情と理、肉体と精神が完全に融けあう至福の境地だということを先ほど見てきたが、このような至福には、運命の不条理を凝視する理性の入ってくる余地がまったくない。

シーシュポス神話のように、人生を神からの罰と見るかどうか、あるいはキリスト教のように、原罪を背負うものと見るかどうか、そして人生の意味をどこに、どう求めるか、この〈こころ〉のあり方のちがいは、一方が人生や存在の「真」を執拗に追い求め、他方が与えられた人生をいかに最善に生きるか「善」に執着するように、西欧文明と中国文明の進路を大きく左右したように思われる。

「真」と「善」

論語には「知」の三つのステップを簡潔に語るこんな一章もある。

「知」の三つのステップ

＊23　カミュ『シーシュポスの神話』、清水徹訳、新潮文庫、一九六九年、一七〇〜一七三頁。
＊24　同右　一七二頁。

子曰く、之を知る者は、之を好む者に如かず。之を好む者は、之を楽しむ者に如かず（「雍也」）。

「知る」においては、まだ理性が勝っている。「好む」になると、理性と感性が融合しはじめる。そして、「楽しむ」にいたれば、理性と感性が完全に一体に融けあうことになる。このように中国では、最高の知はつねに「楽」を目指している。それは音楽の「楽」でもあれば、楽しむの「楽」でもある。

そしてこのような最高の知は人間の日々の起居を、「疏食《そし》を飯《くら》い水を飲み、肘《ひじ》を曲げてこれを枕とす。楽しみまたその中にあり」（「述而」）、のような「楽」に導く。「はじめに」でふれた顔回が「一箪の食、一瓢の飲、陋巷に在り」ながら、その楽しみを忘れないのもこの「楽」である。ここにはシーシュポス神話のように、運命の不条理に目覚めた鋭い精神と岩を押し上げつづける屈強な肉体との緊張が見られない。

「楽に成る」には、このような文明の遺伝子が包み込まれている。孔子の自画像は図らずもその格好なお手本になっている。

かりそめとあいだの〈こころ〉

かりそめの〈こころ〉

日本人の〈こころ〉

紙幅の関係で、ここでは日本人の〈こころ〉について、「かりそめの〈こころ〉」と「あいだの〈こころ〉」、という二つの点において手短にふれてみる。

柳沢淇園の『ひとりね』に、こんな一節がある。

女郎を請出す時、一斤半斤といふ事有。たとへば、千両に請出したる女郎は、郭《くるわ》をふみ出すと五百両に位が見ゆるもの也。五百両は郭の門口より、いづくともなふうするものといふ。[*25]

「美はむしろかりそめのなかにある」

「近江散歩」のなかでこれをとりあげた司馬遼太郎は、興味深い解説をしている。「要するに、男の側からいえば女郎をわがものにして廓から連れだしたとたん、幻覚が半分は落ちるというのである。いいかえれば、廓という幻覚こそ文化だというわけだ」。「廓というかりそめの宮殿に、女郎という、人工的な女君子《おんなくんし》がいて、その装置や仕掛け、あるいはふんいきにだまされてこそおもしろいのだ」。「美はむしろかりそめのなかにある」[*26]。

＊25　『近世随想集』（日本古典文学大系九六）、岩波書店、一九六五年、九五頁。
＊26　司馬遼太郎『近江散歩、奈良散歩』（街道を行く二四）、朝日文庫、一九八八年、三三～三五頁。

だまされるとわかっていても、かりそめの美に遊ぶ柳沢淇園も風流ならば、それを読み解く司馬遼太郎の筆致もまた風雅である。廓という「装置や仕掛け」は非日常で特殊であるとはいえ、仏教の無常観に深く共鳴する日本人は、この世のすべてをかりそめと見るいっぽう、そのかりそめのなかにこそ美があると考えるのが日本人の美意識の全般に認められる。うつろいやすい桜の花などをとりわけ愛でるというのもその美意識のあらわれである。

この「美はむしろかりそめのなかにある」という〈こころ〉のあり方は、人間の感覚でとらえた美を不完全でうつろいやすいものとし、その彼方に永遠に変わらぬ純粋な美のイデアを求めるプラトンのそれと対極をなす感がある。むしろ、人間の生々しい情感を肯定する孔子に近い。

「自己」とは何か

ところで、この日本人の〈こころ〉を理解するのに、「自己」とは何かについての精神病理学者木村敏の研究がすこぶる示唆に富む。

木村敏によると、「自己」には、「主語的な自己」と「述語的な自己」とがある。前者は名詞的、「もの」としての、リアリティとしての「自己」、後者は動詞的、「こと」としての、アクチュアリティとしての「自己」である、という。[*27]

たとえば離人症の場合、リアリティとしての「自己」は冒されていない。しかし「一つひとつのものごとが、それが辞書的な意味で何であるかは全部わかっているのに、自分にとっての意味がなくなり、自分との親しさがまったくなく」、つまりものごとを「もの」として認識できるが、「こと」としては実感できず、アクチュアリティが欠損しているという。しかし、「意味というものは、すべてアクチュアリティによって支えられてい」るから、アクチュアリティが欠損すると、「現実感」が失われてしまう。[*28]

この離人症の例から見てもわかるように、「リアリティとしての自己が、アクチュアリティとしての自己に裏づけられて、はじめて本当の意味で、自己が自己だということがいえます[*29]」。

さらに、「アクチュアリティというのは、わたしがいまここで体験しているという、あくまでその場かぎりの一回だけの出来事で、反復不可能、再現不可能な一回性を最大の特徴としている[*30]」のである。

再現不可能な一回性

この「反復不可能、再現不可能な一回性」とは、まさに「かりそめ」のことで、それを自己が自己として成り立つ要件として重要視する木村敏の「自己」のとらえ方は、日本人の美意識に通底し、「美はむしろかりそめのなかにある」という日本人の〈こころ〉の格好

＊27　木村敏『臨床哲学の知』、洋泉社、二〇〇八年、二四～二七頁。
＊28　同右　一一八～一二一頁。
＊29　同右　二八頁。
＊30　同右　一二二頁。

なる脚注である。

あいだの〈こころ〉

「自己とはあくまで『あいだ』のことだ」

ところで、アクチュアリティを重視する木村はいっぽう、「自己とはあくまで『あいだ』のことだ」と考える。そして「『あいだ』には『もの』がないからこそ『あいだ』であるわけで、あるのは関係や動きだけだといってもいい」[*31]、といっている。この「関係や動き」は、アクチュアリティのことであろう。

興味深いことに、木村はみずからの「あいだ論」や「自己論」の原点が、「学生時代に音楽仲間と一緒にやっていた合奏体験」[*32]にある、と振り返っている。「音楽というのは音の芸術ではない、音と音との関係の芸術だ」、「音楽で大切なのは、音と音との組み合わせというよりも、音と音との『あいだ』をどう組み合わせるかなのだということを、徹底的に教わった」[*33]、という。

この「あいだ」が音楽の合奏でじっさいどう作用するかについて、木村は三つの段階で考える。

初歩的な段階では、演奏者「各自が楽譜を忠実に再現しようとするだけ」である。次の段階では、「物理的な正確さから抜け出して、個々の演奏者が共演者の演奏に合わせようと努力する」。そして最後の段階になると、「楽譜や相手に合わせようとする意識すら消えてしまい」、「その結果として、ひとつのまとまった自然な流れとしての合奏が成立[*34]」するという。

三一三頁からの項で漢語文法構造の柔軟性にふれ、個々の漢字の意味や品詞が文脈のなかで決まることを見たが、その「文脈」はまさに「あいだ」といいかえられる。「自己とはあくまで『あいだ』のことだ」と強調する木村の主張は、漢語文法構造のほうから見ると共鳴するところが多い。

そして、その「あいだ」が音楽の合奏を例に表現されるのも、孔子の述べる知の三つのステップ、さらには、醸成から完成への〈こころ〉の三つのステップを思い起こさせる。前者は融合が生じる場、後者の二つは融合への流れに主眼をおいているが、いずれも融合を志向しているのは興味深い。

ところで、この「あいだ」は、日本人の倫理観にもあらわれている。

倫理学を「人間」(人の間)の学として規定する和辻哲郎は、「倫理問題の場所は孤立的個人の意識にではなくしてまさに人と人との間柄にある。だから倫理学は人間の学なのである。人と人との間柄の問題としてでなくては行為の善悪も義務も責任も徳も真に解くこと

＊31　前掲(＊27)　七一頁。
＊32　同右　二四頁。
＊33　同右　六八頁。
＊34　同右　三〇〜三二頁。

ができない」[35]、といっている（傍点は原文）。

そして和辻によると、日本の神ですらこの「間柄」から例外にならず、日本の神の特徴は何よりも、祀られるとともに、みずからも祀る存在だということにある[36]、という。

さらに和辻によると、漢字の善悪に当てた日本語の読みは、ヨシ・アシなどだったが、この場合のヨシ・アシは、絶対的な善悪ではなく、「他者との関係、全体性との関係」を意味している。つまりアシとは、他者の「利福を害」うことだ[37]、とのことである。

このような絶対的な善悪基準をもうけない倫理観は現代にも生きており、現代日本人のもっともよく口にする言葉でいうと、それは「人に迷惑をかけない」ことであろう。

そういう倫理観にもとづいた日本のアニメやマンガを、絶対的な倫理基準を疑わないアメリカ人が見ると、「日本には儀礼的、社交的、そして冠婚葬祭のエチケットがあるにもかかわらず、宗教的道徳心などかけらもないポップカルチャーを創造してきた[38]」、と驚いてしまうわけである。

この文化の差異は、木村敏が一九六〇年代初めにドイツでおこなった罪責感の日独比較研究で、すでにあざやかに示されていた。ドイツ人ばかりでなく、日本人も罪責感をもつが、ただ前者がもつのは神様に対する罪責感であるのに対して、後者のそれは、まわりの人々に申し訳ないことをしたという自責としてあらわれてくるという[39]。

この「あいだの〈こころ〉」は、「かりそめの〈こころ〉」とともに、現在でも日本人の〈こ

「他者との関係、全体性との関係」

罪責感の日独比較研究

ころ〉を読み解く鍵であろう。

むすび

二〇〇六年に出版された北京師範大学教授于丹の、一般向けの論語啓蒙書『于丹《論語》心得』が、わずか一年で中国で四〇〇万部も売れた。ほぼ同じ頃、二〇〇五年にあらわされた、論理より情緒や惻隠の情の復権をうったえる藤原正彦の『国家の品格』も日本でミリオンセラーになった。

この共時性はおそらく単なる偶然ではあるまい。

西洋の〈こころ〉に遭遇し、摩擦し、格闘する近代も百数十年経ち、〈こころ〉の振り子が揺り戻り、われわれの〈こころ〉とはなにかがあらためて問われているように思われる。

終末期医療

いまわたしの手元に、終末期医療専門家大井玄の『「痴呆老人」は何を見ているか』がある。同じ痴呆でも、敬老思想が守られている沖縄では症状が穏やかなのに対して、人間の

＊35 和辻哲郎『倫理学』上（和辻哲郎全集一〇）、岩波書店、一九六二年、一二頁。
＊36 和辻哲郎『日本倫理思想史』上（和辻哲郎全集一二）、岩波書店、一九六二年、五九頁。
＊37 同右 七九～八一頁。
＊38 ローランド・ケルツ『ジャパナメリカ』、永田医訳、ランダムハウス講談社、二〇〇七年、一九〇頁。
＊39 木村敏『人と人との間』、弘文堂、一九七二年、三五～七九頁。

つながりが希薄な東京では、妄想・幻覚・夜間せん妄などの周辺症状が著しく多くみられる、などなどの指摘が目を引く。

そして著者はいう。「現在、日本社会で多くの者が当然のごとく受け入れている人間観は、アメリカという開放系の世界で創られたもので、各個人はプライバシーなどの権利をもつ独立した思考・判断・行為主体である、といいます。しかしそこには、『つながり』の視点が欠落していることが指摘されるべきでしょう[*40]」。

人間の「つながり」の回復

この人間の「つながり」の回復のうったえも、〈こころ〉のあり方への反省のひとつにちがいない。

「はじめに」には、〈こころ〉のあり方のちがいは文明の性格を大きく左右する、と書いたが、いまわたしたちがどこに、どのように、どんな意味を求めるか、わたしたちの〈こころ〉のあり方が地球文明の将来を決定づける、といってもけっしてさほど大げさではないであろう。

＊40　大井玄『「痴呆老人」は何を見ているか』、新潮新書、二〇〇八年、二一四〜二一五頁。

こころとは…

古代ギリシア人ディオゲネスのコスモポリタニズムとは？　著者は「コスモス（全宇宙）に住まう民の意識」、あるいは「いかなる国家、いかなる制度の制約をも拒否して宇宙のただ中に孤立した人間の意識」と理解する。

うちやま・かつとし　京都大学名誉教授

静岡県出身、1942年生まれ。1960年京都大学文学部入学、哲学（西洋古代哲学史）専攻。1975年同大学院文学研究科博士課程修了。同年関西大学文学部哲学科助手となり、講師、助教授を経て、1987年教授。1988年京都大学文学部助教授、1993年教授。1996年同大学院文学研究科教授（思想文化学専攻・西洋古代哲学史担当）となり、2005年に定年退職。現在の主な研究領域は、初期ギリシア哲学、プラトンおよびアリストテレス哲学で、著書として『哲学塾・ここにも神々はいます』（2008年、岩波書店）『対話という思想――プラトンの方法叙説』（2004年、岩波書店）、『哲学の初源へ――ギリシア思想論集』（2002年、世界思想社）、『ソクラテス以前哲学者断片集』（全６冊、1996～1998年、岩波書店）などがある。

ギリシア・(似非)コスモポリタン列伝

——「世界市民」の可能性を考えるために

内山勝利
UCHIYAMA Katsutoshi

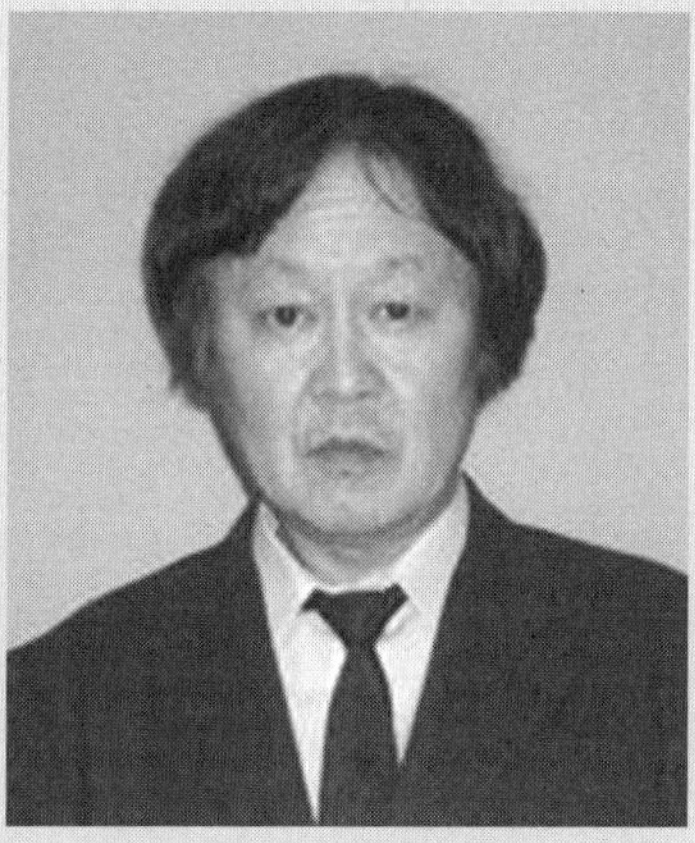

シノペのディオゲネス

コスモポリーテース（コスモポリタン）

「コスモポリーテース（コスモポリタン）」という言葉をはじめて作り出し、それをセルフ・アイデンティティとしたのは、ヘレニズムの激動期を生きた古代ギリシア人、シノペのディオゲネス（前四〇〇／三九〇〜前三二五頃）［図❶］だったと伝えられている。

あなたはいずこのお方かと訊ねられると、「世界市民（コスモポリーテース）だ」と彼（ディオゲネス）は答えた。

（ディオゲネス・ラエルティオス『ギリシア哲学者列伝』第六巻六三節）

奇人ディオゲネス

シノペのディオゲネスは、この有名な書物に収められた八十数人のギリシア哲学者たちのうちでも最大の奇人の一人である。生国シノペで父親とともに粗悪な貨幣を鋳造したのが露見するとアテナイに逃亡し、そこでアンティステネスに感化されて哲学者となった。『ギリシア哲学者列伝』には、ディオゲネスが彼のもとに押しかけ、強引に弟子にしてもらったと言われている。両者が直接師弟関係にあったかどうかについては疑問の余地も大きいが、彼がアンティステネスを師表と仰いだことはたしかである。ディオゲネスが生涯にわたって実践した単純質素な生活と苦行による心身の鍛練は、師に輪をかけて徹底的に激しいものだった。夏には熱砂の上を転げ回り、冬には雪の積もった彫像を抱きかかえたりも

心身の鍛練

した、とのことである。簡素な生活への徹底ぶりについては、あるとき子供が手で水をすくって飲んでいるのを見て、わずかな持ち物の中からコップを捨て去り、また別の子供がパンを凹ませてそこに豆スープを注いでいるのを見て、スープ鉢も捨ててしまったという逸話が伝えられている。それ以後、彼の所持物は、すがって歩く杖と空っぽの頭陀袋だけだったのであろう。

彼に「コスモポリーテース」を自覚させたゆえんはどこにあったのだろうか。この言葉が「ポリーテース」、すなわち「正規に認められた国家の構成員（市民）」に対立させられたものであり、実在するポリス（都市国家）の一員ではないことの意思表示であることは言うまでもあるまい。実際、犯罪者として故国から逃亡してアテナイにやってきた身の上では、いかなる国の「ポリーテース」でもありえないのはたしかである。しかし、そのことがただちに「コスモポリーテース」の意識に結びつくわけではあるまい。そうした国外逃亡ないし追放という事態に置かれ、ポリスの庇護を喪失した人たちは古来少なくない。

ポリス（都市国家）の一員ではない

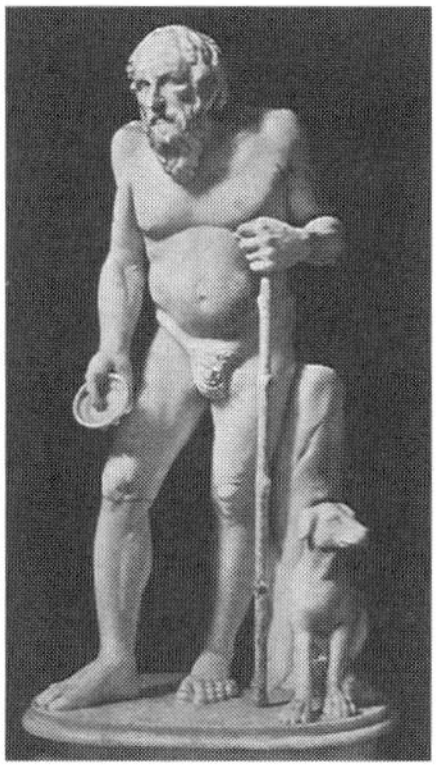

図❶ディオゲネス

祖国を離れた人たち

たとえば、前五世紀後半のソフィストの一人で、

ソフィスト

本格的な弁論術をアテナイにもたらしたゴルギアス（前四八五頃〜三七五頃）も、シケリア（シチリア）島の祖国レオンティノイの有力政治家であったが、隣国のシュラクウサイとの争いに敗れたためにギリシア本土に亡命し、そこでいま触れたような活動を始めたのだった。彼のみならず、ソフィストたちの多くが祖国を離れざるを得ないような境遇におかれていた。プロタゴラスやプロディコス、エウエノスなどほとんどの人たちが、ペルシア戦争後に締結されたデロス同盟によってアテナイの帝国主義的支配のもとに属国化させられた小国の出身者たちであった。そうした状況におかれていた彼らは、自国における政治活動よりもむしろアテナイに出て活動することに実質的な意義を見いだした。ソフィストの活動は政治家養成教育であったが、一面においては、みずからの政治理念や目標を間接的に実現しようとする「政治活動」の意図を持っていたのである。

イオニアから南イタリアへの移住の波

より古く、ペルシア勢力が小アジアの地中海沿岸部（イオニア地方）のギリシア人たちを圧迫しはじめた前六世紀前半頃には国を挙げてはるか西方のイタリア方面に移住する動きもつづいた。たとえば、ポカイア市民はペルシアへの反乱に失敗すると国を捨て、長年にわたる放浪の旅をつづけたのち、南イタリアにエレアの町を創建した。哲学者のピュタゴラス（前五七〇頃〜六世紀末）や詩人哲学者のクセノパネス（前五七〇頃〜四七〇頃）が祖国を捨てて西方に新たな活動の場を求めたのも、同じ波の中のできごとである。歴史家のヘロドトス（前四八四頃〜四二五頃）はイオニア地方のハリカルナッソスに生まれたが、独裁者との

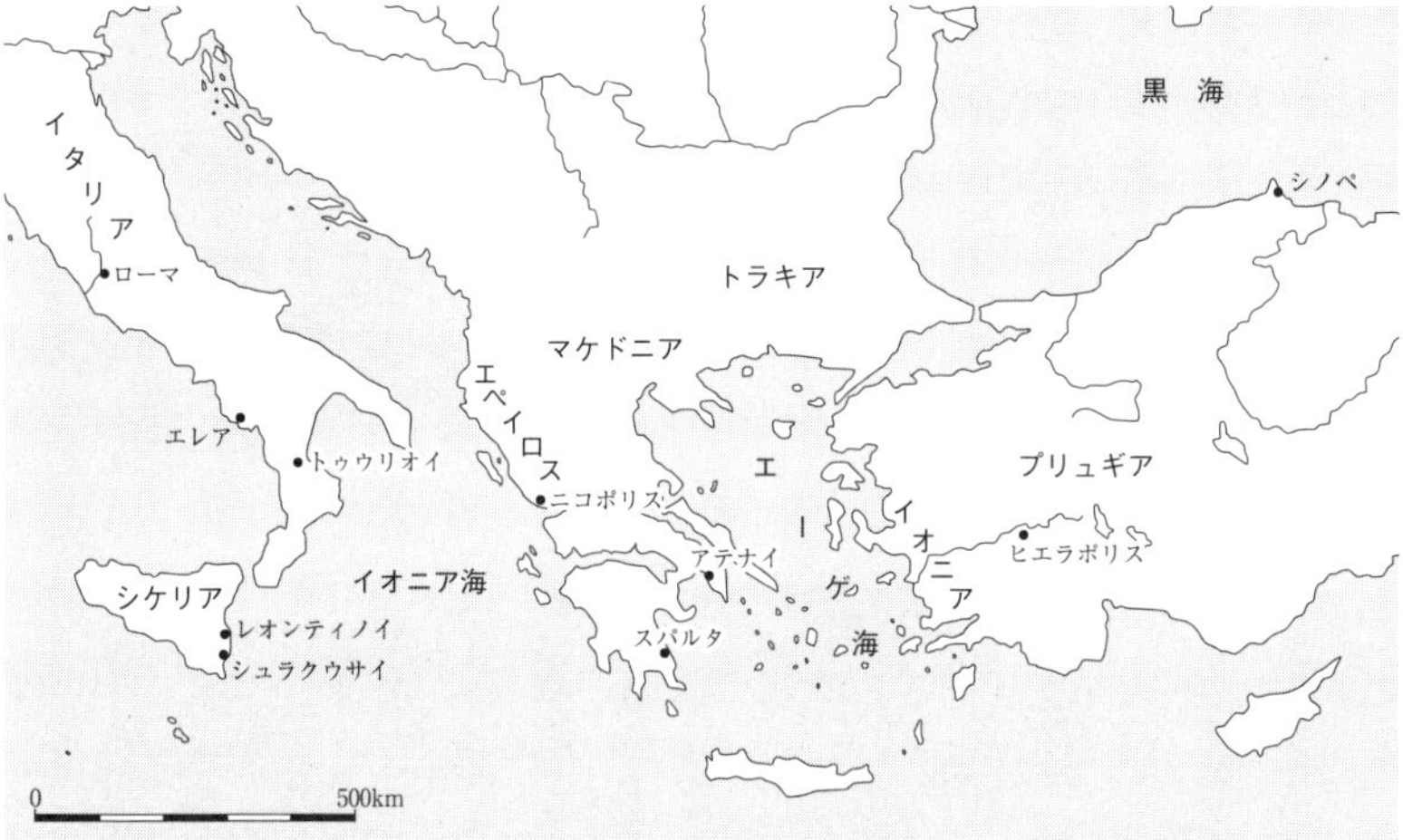

関連地図

抗争やペルシアとの軋轢を経験したのち、オリエント各地を広く旅行して歩き、後半生はアテナイや南イタリアの新興国トゥウリオイで過ごした。

祖国という枠を越えて

さらにラディカルに祖国という枠を越えた生き方をした人たちも多々見られる。その典型はアテナイが生んだ二人の天才的政治・軍事指導者、テミストクレスとアルキビアデスである。

サラミスの英雄テミストクレス

テミストクレス（前五二八頃～四六二頃）［図❷］は第二次ペルシア戦争を指導しサラミスの海戦でペルシア側の大艦隊を打ち破った人として知られている。その勝利は、まぎれもなく、彼のすぐれた戦術的指導力のみならず、早くから再度のペルシア軍襲来を予見し国を挙げてそれに備えるように努めた政治的洞察力の賜物であった。彼の母

図❷テミストクレス

独特の「国際感覚」

親は異国人であったと言われている。彼に備わった独特の「国際感覚」は、おそらくそのことと無関係ではあるまい。ごく早い時代にあって、彼の思考と行動の規範は、明らかにポリスの枠を越え出ている。そして、彼のそうした本領が発揮されるのは、むしろペルシア戦争における功業ののちにおいてである。生来名誉心と功名心が並はずれて強かったテミストクレスにはつねに政敵が多かったが、ペルシアの脅威が遠ざかるにつれて反発が表面化し、サラミスの海戦からほぼ一〇年後（前四七〇年頃）には陶片追放の処分を受けてアテナイを去る。しかもある陰謀事件に荷担したとの嫌疑を受けて、反逆罪に問われる。そのために彼はアテナイの勢力の及ばない「敵国」に身をゆだねるほかなくなってしまう。テミストクレスがとった手段は、彼に対してむしろ最も強い敵意を抱いている国々や支配者のもとに庇護を求めることだった。彼は、大胆さと細心の手練手管を弄しつつ見事に敵国の中枢部を渡り歩く。むろん、魅力的な性格と弁舌の冴えも大きな助けになったにちがいない。枢要な人物の妻女や愛妾などに取り入り、たくみに彼女らの力を利用するすべも心得ていた。

最後に行き着いたところは、こともあろうに、生涯の宿敵ペルシア大王の宮廷であった。ここでもある女性を通じて大王の側近に近づき、大王との直接謁見の機会を得る。彼は自分こそがペルシア軍を打ち破ったテミストクレスであると名乗りを上げ、巧みな弁舌でペルシア大王の庇護をも得てしまう。その夜、大王は喜びのあまり「アテナイのテミストクレス、わが手中にあり」と三度も叫んだと言われている。この謁見にさいして注目されるのは、テミストクレスは全面的にペルシアの風習に従うことを少しも厭わず、ギリシア人の忌み嫌う跪拝の礼をも平然ととっていることである。とはいえ、彼はけっして卑屈な態度は見せず、大王の面前でも傲然とした態度で、自己の主張を貫いているのである。しかも、彼はこの日のためにペルシア語の習得に努めた上で謁見の場に臨んだのだった。早くから自国文化に優越感を抱き自国語に誇りを持っていたギリシア人は、およそ異国の言葉には関心を示さなかった。それらを話そうと思ったり、実際に話せた者は、はるか後代に至ってもほんの数えるほどしかいなかったはずである。この端的な事実こそ、テミストクレスが備えていた異例の「国際感覚」を如実に示しているのかもしれない。その後、彼はギリシア制圧のために働くことになるのだが、いざ両国の対決の機が熟し、実行を迫られると、かつての自分の功業と名声を惜しむ「廉恥の心」が募り、ペルシア王をもさらに感服させるような、見事な仕方で自ら命を断ってしまう。

ペルシア大王の庇護

テミストクレスの自殺

アルキビアデス

さらにすさまじい追放と亡命の生涯を送ったのはアルキビアデス（前四五〇頃～四〇四）である。彼は政治家ペリクレスとも姻戚関係にあり、アテナイきっての名家に生まれたにもかかわらず、その破天荒ぶりはテミストクレスも遠く及ばないほどであった。並ぶ者のな

ペロポネソス戦争

い容貌の美しさと才知を誇り、野望と野心に燃えていたこの人物は、テミストクレスがペルシア戦争の英雄となったように、ペロポネソス戦争のさなかに全アテナイ人の輿望《よぼう》を担って政治・軍事の表舞台に登場する。スパルタ陣営とアテナイ陣営とが対峙したこの戦争は前四三一年に始まり、当初ペリクレスの指導のもとに賢明な方針を維持していたが、彼がペストに倒れたのちも長くつづき、アテナイ側に焦りが見え始める。前四一五年、すでにいくつかの手柄を立てて人気の絶頂にあったアルキビアデスは、敵側の物資供給源である、はるか西方のシケリア（シチリア）島を抑えようとする無謀な積極策を立て、強引に作戦を実行に移す。それは彼のつまずきと転落の始まりでもあった。出撃の直前、奇妙な瀆神事件を引き起こした彼は、不穏な空気の中でシケリアに向かうが、途中で死刑判決が下されたことを知るや、逃亡を企てる。しかも、ちょうどテミストクレスがペルシアに身を寄せたように、自分をスパルタに売り込み、敵国のために大いに働くことを約束して歓迎される。事実、彼は、自らの立案したシケリア遠征軍を殲滅すべしと敵側に扇動し、結局前四一三年夏にアテナイ軍は、彼の言葉通りに全滅してしまう。また、アテナイの弱みを衝いた作戦をいくつも成功させ、戦局は一気にスパルタ側優勢に傾くことになる。

　しかし、その間に王妃と通じてひそかに子供をもうけることまでしたために、それを察知したスパルタ王アギスの敵意を買い、また相次ぐ勲功で有力者たちの妬みをも買っていたアルキビアデスは、小アジアでイオニア諸国をアテナイから離反させる工作の最中に身の危険を感じて、今度はペルシアの地方総督ティッサペルネスのもとに駆け込む。当時の国家間の力関係を鋭敏に嗅ぎ分けながらきわどい仕方で渡り歩くさまは、テミストクレスと瓜二つである。ティッサペルネスは大のギリシア人嫌いで有名だったにもかかわらず、アルキビアデスの弁舌と底知れぬ魅力にたぶらかされてしまい、プルタルコスによれば「彼の口の巧さには完全に参ってしまい、逆に自分のほうからアルキビアデスに取り入るありさまだった」とのことである。このあたりもテミストクレスの生まれ変わりのようではないか。

もっとも、アルキビアデスの本領は、むしろその後にこそ発揮されるのである。彼はその間もギリシア情勢に注意を向けることを怠らず、スパルタ側とアテナイ側の双方と連絡を図りながら、自らの勢力回復の機会をねらいつづける。そして、そのころサモス島に集結していたアテナイ艦隊にペルシア大王を味方につけられそうだという、ありもしない話を通報して取り入る(前四一二年頃)。その余波でアテナイに起こった政変もからんで、アルキビアデスは死刑判決を取り消されたのみか、全艦隊の将軍に推戴される。彼の指揮ぶりはさすがに見事で、その後数次の海戦で、スパルタ勢をことごとく打ち破っている。アテナイに凱旋したアルキビアデスは、民衆の歓呼に迎えられる。その後もさらに連戦連勝を重ねるが、彼が不在の折に部下の犯した失態を反対派に追及され、たちまち将軍職を剥奪される。彼自身の持ち前の不品行や奢りも災いしたにちがいないが、そもそも彼の立場が

国家間の力関係を嗅ぎ分けながら

不安定のきわみを揺れ動いていたのである。もっとも、もしペロポネソス戦争末期のアテナイを救いうる人物がいたとしたら、彼をおいて他になかったことも明らかだった。多くのアテナイ市民はその後も彼が没するまで空しい期待を寄せつづけたのだった。

アテナイの敗戦

トラキア地方に赴いたアルキビアデスは傭兵を組織して独自の戦いをつづけるが、彼を失ったアテナイ軍は勝利から見放され、前四〇四年には大艦隊のほぼすべてを殲滅される。そしてアテナイは無条件降伏に追い込まれ、三〇年以上つづいたペロポネソス戦争は終わる。行き場を失ったアルキビアデスは、ふたたびペルシア王のもとに身を寄せようと画策し、プリュギア地方を支配するペルシアの有力な将軍パルナバゾスの庇護を受けることに成功する。しかし、彼の存在を危険視するスパルタから暗殺指令が将軍のもとに送られると、彼はこの稀代の策士を見殺しにすることに決める。アルキビアデスは芸妓のティマンドラと同衾していたところを刺客団に襲われて最期を遂げる。彼に言わせれば、自分はペルシアを頼ったとはいえ、テミストクレスのように敵に身を売ったわけではないという危なっかしい自意識は失うことがなかったのだが、しかしサラミスの英雄のように死後もペルシア人から尊敬を受け、子々孫々まで厚遇を与えられるということはなく、誰からも見放され、ただティマンドラによって厚く葬られただけだった。

アルキビアデスの最期

自足する賢者

個人と「国(ポリス)」

このように国を追われて各地をさすらった人たちは古来数えきれぬほど多いが、彼ら古典期のギリシア人とヘレニズム期を生きたシノペのディオゲネスとでは、個人と「国(ポリス)」との紐帯の意識に強弱の差があることは明らかであろう。テミストクレスやアルキビアデスのようにレアルポリティーク(現実政治)に生涯を賭けた人たちにしても、その軌跡の中心にアテナイというポリスの存在があり、流浪や反逆の間にもそれが彼らの意識からぬぐい去られることはありえなかった。彼らには共通して、いわば転倒したかたちでの国家中心主義が根強い。その点では、のちにギリシア・オリエントを征服したアレクサンドロス大王も、巨大な版図を拡張しつづけたローマ帝国の支配者たちも同様で、(少なくとも「支配者」の限りにおいては)国家を突き抜けようとする意識は兆しようもなかった。なるほどアレクサンドロスがバビュロンで敢行したペルシア風俗の摂取やペルシア人との婚姻の推奨は、当時のギリシアにあっては破天荒なものであったかもしれないが、しょせんは勝者による過激な同化政策の域を出るものではなかったと言わなければなるまい。

アレクサンドロス大王

「帝国」の出現

しかし、ヘレニズムの時代に移り強大な帝国が出現すると、その支配下に置かれた人びとにとって、国家との関わりは大きく変わる。アレクサンドロスとマケドニアによる東地中海周辺全域の支配は、ただちに従来のポリス制度を空無化したわけではなかったにせよ、

図❸アンティステネス

「ポリス的人間」という古典期の理念が急速に実質性を失っていったことは否めなかった。その変動は、とりわけ知識階層に大きな影響を及ぼし、実際にはそれ以前から胎動していたいくつかの思想動向を表面化させる契機となった。ストア派やエピクロス派はまさにこの時代の変化の中で生まれた、新たな哲学思想の担い手であったし、その趨勢は、すでに彼らに先立って、アンティステネス（前四五五頃〜三六〇頃）［図❸］やアリスティッポス（前四三五頃〜三五〇頃）など、ソクラテスに学び、彼の思想の特異な一面をそれぞれに継承した「小ソクラテス派」の人たちの間にも認められる。こうした人たちが（ストア派のゼノンやエピクロスもそうだが）いずれも正系のアテナイ市民ではなく、庶子であったり遠隔地の出身者であったことは注意されるべきかもしれない。彼らの置かれた環境は、おのずから時代の動向を鋭敏に察知し、それを先取りすることを促すような条件をはらんでいたのであろう。

「コスモポリーテース（コスモポリタン）」を造語したとされるシノペのディオゲネスがアンティステネスに学んだことは、先に触れたとおりである。もう一度、彼の場合に立ち戻ってみよう。彼の《コスモポリーテース宣言》の背後にある種の「自然法」思想を読み取る解釈も古くからあるが（『ギリシア哲学者列伝』第六巻七二節）、それはむしろ後代のストア派思

アンティステネス

小ソクラテス派

ディオゲネスの「自然法」思想

想が浸透したアナクロニズム的推測ではないかとも思われる。より直接的には、むしろヘレニズム初期に共通の思潮の中で理解するべきであろう。

故郷を喪失してさすらっていたディオゲネスがアンティステネスに共感したのは苦行と簡素な生のあり方であった。それを支える考え方はこうである。「幸福になるには、徳だけがあれば足りるのであり、ソクラテス的な強さ以外には何も必要としない。……賢者は自足（アウタルケイア）している者である」。そして「賢者はポリス的な生活を送るのに既存の法に従うのではなく、徳の法に従うであろう」とも考えている（『ギリシア哲学者列伝』第六巻一一節）。これらは一連の議論であり、明らかにそこにはポリスから自立した生への志向がうかがわれる。それは古典期にはありえなかったものである。強固なポリス制度の中で生きていた人びとは、実生活においても多くの場面で具体的にポリスの規制のもとに置かれるとともに、それによって各自の生が配置されることで、はじめて豊かな意味づけを得ていたのである。アリストテレスが「倫理学」と「政治学」を一連のものとし、前者は後者への依存関係においてのみ、あるいはその一部としてのみ成立するものであると語っているのは、きわめて適切な理念的総括であった。幸福はポリス的生において実現される。しかし、いまやポリスがそうした生の完結性をもたらす場ではなくなった。ヘレニズムを生きるためには、彼らは別の生のかたちを求めなければならなかった。「自足せる賢者」の理想は、まさにそれに取って代わるべきものであった。ディオゲネスの狂気じみた身体の

賢者は自足（アウタルケイア）する

ポリスから自立した生への志向

ヘレニズムを生きる

鍛錬や貧窮生活はその実現の方途にほかならない。彼はそれを神の完全性になぞらえている。「神々はすべてのものを所有している。しかるに、賢者は神々と近しいものであり、近しい者の所有はすべての者に共通である。したがって、賢者はすべてのものを所有している」（『ギリシア哲学者列伝』第六巻三七節）。

神の完全性

ディオゲネスの世界は、人間関係とそれらの総体としてのポリス的有機体を一挙に捨象して、個と神ないしその具現化としての宇宙全体とを直結することで成立している。彼にまつわる無数のエピソードは、いずれも世間的な風習や通念の虚飾と虚構を率直に明るみに出してみせることで、端的に人間的諸関係のすべてを否定し去るものである。そのとき彼は、裸の彼自身に収斂するか、すべてを超え出た至高の存在と一体化することで、すなわち乞食＝神としてこの世界に自存する。――あるとき彼が「おおい、人間たちよ」と叫んだので、人びとが集まってくると、彼は杖を振り上げて彼らを追い払い、こう言った、「わしが呼んだのは人間たちだ。有象無象ではないぞ」（『ギリシア哲学者列伝』第六巻三二節）。

個と神ないし宇宙

とすれば、ディオゲネス的コスモポリタニズムとは、おそらく文字どおりにコスモス（全宇宙）に住まう民の意識、言い換えればいかなる国家、いかなる制度の制約をも拒否して宇宙のただ中に孤立した人間の意識を意味するものと解するべきであろう。あるいは、ことによると、単にマクロコスモスとしての宇宙の内なる存在として人間を位置づけたのみならず、われわれ各個がそのままミクロコスモスとして宇宙を体現したものとして、完結し

ディオゲネス的コスモポリタニズム

た独立自存的あり方を表明しているのかもしれない。ディオゲネスの激しい心身の鍛練や徹底したアウタルケイアへの追究姿勢は、むしろ後者を目指しているのではないか。いずれにせよ、この語の一般的ないし近代的概念としての「国家的制約を越えた地球的視野のもとに、全人類を平等の同胞と見なす」立場とは、むしろ対極にある内実がそこには込められていると言わねばならないであろう。

こうした意識としてのコスモポリタニズムは、ディオゲネスにおいてとりわけ鮮明にされているとはいえ、むしろこの時代を通底する大きな思潮でもあった。たとえばストア派のゼノンやエピクロスにしても、アテナイ哲学の洗礼を受けたのちも、前者はヘラクレイトスのロゴス思想を、後者はデモクリトスのアトミズム(古代原子論)を、それぞれの哲学の基盤としていた。すなわち、ヘレニズム期に盛行した主要な学派は、ともに宇宙の成り立ちへの考察を基盤として、人間の生のあり方を見つめた点において、むしろ初期ギリシア哲学の自然学的伝統に立ち返っているのである。明らかに、宇宙的転変への洞察のスケールは矮小化され、その内なる人間の生との緊張関係は希薄化されてはいるが、両者の運命的一体性は少しも失われていず、「宇宙的理法によって生きる」はヘレニズムに共通の理想であった。他方、彼らの思想からは「政治哲学」が完全に欠落させられているに等しい。エピクロスは「庭園」の哲学者であったし、ゼノンの『国家論』とされているものの実質はプラトン的ポリスに対する否定論である。

コスモポリタニズムの一般的ないし近代的概念

「宇宙的理法によって生きる」

エピクテトスの解釈

もっとも、はるか後にネロやドミティアヌスらの暴君時代のローマに奴隷として売られ、苦難の生涯の中で忍従と不動心の哲学を説いたエピクテトス（後五五頃～一三五）〔図❹〕は、ディオゲネスの生き方と哲学に共鳴しつつ、そこに「世界市民（コスモポリタン）」的思想の萌芽を見いだしているようにも見える。

図❹エピクテトス

「哲人皇帝」マルクス・アウレリウスに対して「奴隷哲人」エピクテトスと併称されるように、彼は小アジアのプリュギア地方にあるヒエラポリスに奴隷の子として生まれ、おそらくはいまだ少年の頃にローマに売られたようである。長年そこで暮らした後（その間に解放奴隷の身となった）、ドミティアヌス帝の哲学者追放令により、ギリシア北西部エペイロス地方のニコポリスに移って、その地で残る生涯を送った。ローマでの主人エパプロディトスはもと奴隷の身ながら解放されて皇帝ネロに仕えたが、彼の没後に惨殺された。卑劣さと悪辣さと狡猾さのかたまりのような人物で、エピクテトスとの愛憎に満ちた主従関係は、ほとんど陰惨のきわみだった。ただし、それらすべては彼自身の言行を弟子のアリアノスが記録した『談論集（ディアトリーバイ）』や『要録（エンケイリディオン）』に語られていることがらの端々からうかがい知られるだけである。むしろ「奴隷エピクテトスとしてわれは生

「奴隷哲人」エピクテトス

まれ、跛行の身にして／貧しさはイロスさながらなれど、神々に愛されたり」という自作の二行詩が、彼についての最も正確な情報源だと言うべきかもしれない（「イロス」は『オデュッセイア』に登場するイタケ島の貧者）。彼は早くからアンティステネスやディオゲネスのキュニコス（犬儒）派の哲学に親しんだようで、後にムソニウス・ルフスから本格的にストア哲学を学んでいるが、『談論集』にもむしろキュニコス派の直接的影響が（そしてその背後には理想的哲学者としてのソクラテスの姿が）色濃く映し出されている。みずからに負わされた運命をひたすら受け入れることで耐え抜いた生涯の中で、共感するものの多かったのは当然のことであろう。

エピクテトスのコスモポリタニズム解釈

ディオゲネスについてのコスモポリタニズム解釈をうかがわせるとされるのは、たとえば次のような一節である。

友好的（ピラントローポス）

ディオゲネスはあれほどにも穏和で、人に友好的（ピラントローポス）であり、人間の公共のためにあれほどにも大きな苦痛と身体的な労苦によろこんで耐えた人だったというのに、いかなる人をも愛さなかったと言うのかね。もっとも、愛していたとすれば、どんな風にだったのか。むろんそれは、ゼウスに仕える者がなすべきような仕方であったのだ。つまり、人のことを気遣いながらも、しかしかの神に仕えることをおろそかにすることのないようにしてのことである。だからこそ、彼一人にとっては、大地のすべてが例外なく祖国であったのであり、どこかある土地が選び取られるべきではなかったのである。（『談論集』第三巻第二四章六四～六六節）

しかし、この言葉の意味するところは微妙である。第一に、これがディオゲネスの思想についての「解釈」なのか、あるいはむしろ彼に仮託してエピクテトス自身を語っているのではないか。「穏和」で「人に友好的」なディオゲネスとは、まさに彼自身に他ならないのではあるまいか。そして、より直接的な問題は、ここに語られている事柄が（ときにそう解釈されるように）近代的なコスモポリタニズムを示唆しているのかということにある。事実は、むしろ反対に人間関係の広がりにネガティヴな意味しか認めない立場を語っているようにも思われるからである。

この言葉のコンテクストを見直してみよう。それ以前からの論点は、他者に対する情愛と正しい生き方を貫くこととの関係にあり、直前ではソクラテスを例に挙げながら、人間関係のしがらみのために、あるべき生き方を枉げてはならないことが説かれている。とすれば、それにつづくこの個所の趣旨は、ディオゲネスもまたみずからの生の原則を貫徹した（すなわち「ゼウスに仕えた」）ことを第一義としたのであり、そうしつつも周囲の人間との関係もけっして黙視したり否定したりはしなかった、あるいは人間関係を維持しつつも彼の本来の生き方を貫いたのだ、ということにあろう。「ゼウスに仕える」ためには、しょせ

みずからの生の原則を貫徹

ん世間的な人間関係は最優先事とはなりえない。だからこそ、ディオゲネスは特定の土地での、特定の人間関係に縛られることなく、「大地のすべてが例外なく祖国であったのであり、どこかある土地が選び取られるべきではなかったのである」。

ここでさらに注意しておきたいのは、「ピラントローポス」の名詞形である「ピラントローピアー（人間愛）」という用語についてである。近代におけるこの語の用法（たとえば英語化されたphilanthropic/philanthropy）では「博愛」のニュアンスが強いから、そこからの類推で普遍的な人間愛（人類愛）の意味を読み込みがちである。先のエピクテトスの言葉にコスモポリタニズムを嗅ぎつけようとするのも、この語に引き寄せられることが理由の一端となっている。しかし、本来のギリシア語の限りでは、そうしたニュアンスは希薄であり、もともとの意味としては「たとえば客もてなしのよさと思いやりとを含んだ、他人に対する好意ある態度」（B・スネル『精神の発見』、新井靖一訳、四五〇頁）のような具体的感覚、すなわち周囲の人間に対する好意感情ややさしさを表している。まさに「ミサントローポス（人間嫌い）」と対になった、その反意語であると考えていい。むろんその用法の延長上で、（これも同個所でのスネルの指摘を引くならば）たとえばクセノポンはスパルタのアゲシラオス王について、彼は力では落とせなかった都市を「ピラントローピアー」によって獲得したと記し（『アゲシラオス』第一巻二二節）、また彼が参加したペルシアの反乱にさいしてキュロス王は兵士たちに向かって、征服した都市の財物を強奪することは構わないが、しかし何がしかの

ピラントローピアー（人間愛）

ミサントローポス（人間嫌い）

ものを被征服民に残してやるのは「諸君のピラントローピアーのしからしむるところであろう」と語ったと述べている（『キュロスの教育』第七巻第五章七三節）。ここでは、クセノポンは、彼が尊敬する他国の王たちの（単なる好意感情を越えた）仁愛的人道精神を賞賛しているものと解することができよう。こうした一般的用例も少なくはないが、しかしそれはなお普遍的な博愛や人類愛の精神からは遠いものにとどまっていよう。

ちなみに「アントローピスモス（人間性）」という語がアリスティッポス（ディオゲネスの師アンティステネスとともにソクラテスの弟子の一人）によって用いられていて（『ギリシア哲学者列伝』第二巻七〇節）、「ピラントローピアー」とともにローマ的なhumanitas（フーマーニタース）の源流をなしているが、そこに考えられている「人間性」理念の骨格は文化的教養を身につけることにあり、やはり普遍的な人間一般へのまなざしは含まれていない。そもそも古代的なhumanitas概念は人間尊重の精神とはほとんど無関係で、もっぱらローマ人の間でギリシア的教養の豊かさを意味するものだったのである。

「人間性」理念の骨格

ソクラテス的精神と「世界市民」

ここで、先に見たエピクテトスの語録の一節にもう一度立ち返りたい。彼の言によれば、ディオゲネスは彼自身の生き方を貫いたからこそ、いかなる地にあろうともそこを「例外なく祖国とする」ことができたのだった。とすれば、彼の「コスモポリーテース」の精神は放浪の生を送ったことによってよりも、むしろ自らの生き方を貫徹したことによって支えられていると考えるべきではないのか。言うまでもなく、われわれはすべて、個々の限られた生の特殊を生きるほかない。その絶対的な限定性に比せば、生国において営まれる生も、異郷にあって送られる生も、ほとんど些細な条件の違いを課すものでしかないと言うことさえ許されるであろう。異国人ディオゲネスには国政に携わる機会がありえないことについて、エピクテトスはこう述べている。

個々の限られた生の特殊を生きる

とんでもない、彼が携わっている国家以上にさらに大規模な国家を求めようと言うのかね。それともどうだろうか、アテナイ人たちにも等しく、コリントス人らにも等しく、ローマ人らにも等しく、つまり全人類に対して、しかも財源や歳入や戦争と平和の問題ごときではなく、むしろ幸福と不幸、幸運と不運、隷従と自由といった事柄を問題として対話を行うべき人が、アテナイにまでやってきて、そこで収入だの財源だののことに口出ししていればいいのだろうか。あれほどにも大きな国家のことに携わっている人に対して、国政に携わるべきかなどと訊ねようというのかね。

(『談論集』第三巻第二二章七九〜八五節)

この点で、キュニコス派もエピクテトスもともに究極の模範としてソクラテス(前四七〇

ソクラテスを模範として

図❺ソクラテス

〜三九九）〔図❺〕の生を仰いだことは示唆的である。彼がいかなる生活苦をもやすやすとやり過ごし、いかなる事態に直面しても（不当な判決による死罪に対してさえ）平静さと快活さを失うことなく身を処していく態度、そしてつねに「よく生きる」ことのみを心がけて哲学的対話をつづける生き方こそ、彼らの理想であった。

「よく生きる」こと

そのソクラテスは、同時に、万やむを得ないときのほかは、およそアテナイを離れたことのない人であったと言われている。事実、ペロポネソス戦争およびその前哨戦の間に、北ギリシアのポテイダイア、アンピポリス、そしてアテナイ北郊のデリオンの三個所に出征・従軍したほかは「ただ一度のイストモス行を除けば、いまだ祭礼のために国外へ出かけたこともなく……ほかの人たちがするような外国訪問もしたことがない。……むしろわたしたち［アテナイの法］とわたしたちの国家があればそれで十分だったのだ」（プラトン『クリトン』五二B〜C）。いや、アテナイの人びととの交わりを愛したソクラテスは、仲間の若者の一人があきれて言うように、「あなたはアテナイの町から出ない。国境の外へ旅をすることもなさらないし、この様子では、どうやら城壁から外へ出ることさえ全然なさらないようですね」（『パイドロス』二三〇D）。

異郷を生きたディオゲネスやエピクテトスとアテナイを離れようとしなかったソクラテ

スとでは、一見したところ、まったき対照をなしているように思われよう。しかし、各個に課された外的条件のすべてをあるがままに受け入れ、それに従って(あるいは、それに左右されることなく)自らの生を営んでいく仕方においては、両者はむしろ共通してもいるのである。自分自身と自らの生の選択のほかは、それらを取り囲むあらゆる制約的条件はすべて「外なるもの」である。ソクラテスにとっても重要だったのは、ただ一つ、いかなる場合においても「自分でよく考えてみて、結論として、これが最上だとあきらかになったものでなければ、自分のうちの他のいかなるものにも従わない」とする根本原則だった(『クリトン』四六B)。それはむろんエピクテトスの言う「ゼウスに仕える」ことと一つであった。ソクラテスの凄味は、いかにも淡々と日常の生を送りつつ、終生その原則の遵守をなし通したことである。

自らの生を営んでいく仕方

ソクラテスの根本原則

とはいえ、ソクラテスはそこにコスモポリーテースへの方途を見ようとすることはなかった。もしも彼がそうしたものを志向することがありえたとしたら、(これは、キュニコス派には受け継がれなかった側面であろうが)その糸口はむしろ常にアテナイのどこか片隅で倦むことなくつづけていた若者たちとの対話の中に求められていたのではないだろうか。対話を通じての合意形成、あるいはその可能性を目指した吟味論駁こそ、究極において、真の意味であらゆる人びとを一つの共通のロゴスの場へといざない、一つに結びつける可能性を、きわめてひそやかにではあれ、秘めていたはずである。のちのちに至るまで、ソクラ

若者たちとの対話の持つ意味

テスの影響は大きな地下水脈のような強力さを持ちつづけていく。ローマ時代における新たなコスモポリタニズムの萌芽的思想にも、それは及んでいる（この点については、國方栄二「コスモポリタニズムの起源」、『西洋古典学研究』五七号、二〇〇九年、六五頁以下を参照されたい）。その根本にあるのは、彼の人間的生への洞察の深さにほかなるまい。むろん、そのはるかな道のりは、世界の果てを往還する以上の旅程をはらんでいることもたしかではあるが。

参考文献〔引用ないし言及した書目の邦訳を挙げておく。ただし、文中の訳文は筆者によるものも多く、また既訳を参照した場合にも、文脈などの都合により適宜改変されている。〕

エピクテトス（アリアノス）『談論集』、長坂公一訳、筑摩書房『世界文学大系（六三）／ギリシア思想家集』、一九六五年。エピクテートス『人生談義』（上・下）、鹿野治助訳、岩波文庫、一九五八年。

クセノポン『キュロスの教育』、松本仁助訳、京都大学学術出版会、二〇〇四年。

ディオゲネス・ラエルティオス『ギリシア哲学者列伝』（上・中・下）、加来彰俊訳、岩波文庫、一九八四〜一九九四年。

プラトン『パイドロス』、藤澤令夫訳、岩波文庫、一九六七年。『ソークラテースの弁明・クリトーン・パイドーン』、田中美知太郎、池田美恵訳、新潮文庫、一九六八年。

プルタルコス『英雄伝』（上・中・下）、村川堅太郎編、ちくま文庫、一九六七〜一九八七年［「テミストクレス」（馬場恵二訳）、「アルキビアデス」（安藤弘訳）は、ともに中巻所収］。

B・スネル『精神の発見――ギリシア人におけるヨーロッパ的思考の発生に関する研究』、新井靖一訳、創文社、一九七四年。

こころとは…

kokoroのアラビア語、ナフスは「自己」を指す。聖典クルアーンによれば、「確信を持ち内面が安らかな自分」が一番いいという。そうしたイスラームの〈こころ〉の基調は、「商業や利益追求の肯定、さらには人間の欲望を全般的に肯定し、その上で、教えに従ってよい生活をするように」という考え方である。

こすぎ・やすし　京都大学大学院アジア・アフリカ地域研究研究科教授

1953年北海道生まれ。東京外国語大学に学び、エジプト政府招聘留学生としてカイロ留学。1983年、エジプト国立アズハル大学イスラーム学部卒業。法学博士（京都大学）。日本学術会議会員。日本中東学会会長、日本比較政治学会理事などを歴任。イスラーム学、中東地域研究、比較政治学、国際関係学専攻。国際大学中東研究所主任研究員、英国ケンブリッジ大学中東研究センター客員研究員、国際大学大学院（国際関係学研究科）教授などを経て、現在、京都大学大学院アジア・アフリカ地域研究研究科教授（イスラーム世界論担当）。1994年サントリー学芸賞、2002年毎日出版文化賞、2005年大同生命地域研究奨励賞受賞。著書に『現代中東とイスラーム政治』（昭和堂）、『イスラームとは何か――その宗教・社会・文化』（講談社）、『ムハンマド――イスラームの源流をたずねて』（山川出版社）、『現代イスラーム世界論』（名古屋大学出版会）、『イスラーム帝国のジハード』（講談社）ほか多数。

イスラームのこころ

——宗教復興とイスラーム経済

小杉　泰

KOSUGI Yasushi

イスラーム復興の背景――近代化を超えて

イスラーム復興

宗教復興が世界的に盛んになったのは二十世紀後半のことで、中でもイスラーム復興は世界の動きに大きな影響を与えてきた。これは、それまでの西洋を手本とする近代化の流れを逆転させるものであった。それ以前は、経済や政治の近代化と共に、社会は次第に世俗化し、宗教は個人の内面だけに関わるものになると思われていた。

日本にしても、明治維新を遂げてから、一心に近代化に邁進してきた。世界的にも、十九世紀から二十世紀後半にかけて、近代化や経済発展が大きな課題となり、人びとは宗教から離れつつあるように思われた。イスラーム世界もその例外ではなかった。

特にイスラーム世界の場合は、ほとんどの地域が植民地化されたため、近代化も上からの西洋化そのものであることが多かった。日本のように、自らが取捨選択して近代化を進める自由もなかった。ところが、二十世紀半ば以降になると、イスラーム復興という「歴史の逆転」とも見える現象が起こったのである。欧米や日本で、この逆転を見て驚きが生じたのは、当然であった。

「歴史の逆転」

二十一世紀に入った現在では、イスラーム世界の人口はおそよ一四～一五億人と推計され、世界人口の五分の一強となっている。現地へ出かけると、イスラームの教えが強く生きていることが感じられる。訪問者の目には、昔ながらのイスラームが強い力を持っているように見える。しかし、そこに住む人びとがイスラーム的なアイデンティティを持ち、「イスラームのこころ」を大事にしているとすれば、それは伝統の残存よりも、新しいイスラーム復興の功績といえる。

一直線に昔も今も、イスラーム世界ではイスラームが大事にされてきたとは言えないのである。実際、近代に入ると、科学技術と工業化の時代に対応するためには、古いイスラームの教えに従っているだけではダメだ、という気分が満ちた時代もあった。

そのような時代には、西洋化を主張する者も多かったし、「イスラームが近代化を阻害するのではないか」とか、「日に五回も礼拝したり、毎年断食の月があるようでは、現代生活は送れない」というような主張がなされたこともあった。

ところが、植民地時代から離脱し、独立した各国でそれなりに近代化が成功すると、現代的な職業人が生まれ、モダンな生活ができるようになって、かえってイスラーム復興が起こった。そのような新しい世代の人びとが、自分たちが誰であるのか、何のために生きているのか、問うようになったからである。自分たちのアイデンティティは何か、あるべき文化的な自己は何かを問い、そこからイスラームへの回帰が生じた。

その一方で、近代化には、大きな影の部分もある。アジアやアフリカの国々では、近代化への流れは、経済的な繁栄や新しいエリートを生んだだけではなかった。経済発展が成功せず、国全体が貧しくなって、大きな債務を抱えたり、全体としての経済発展は成功し

イスラームのこころ

何のために生きているのか

ても、格差が広がり、貧困に苦しむ人びとが増加するというように、マイナス面も広がった。近代化に乗り遅れ、物質的な幸福を得られない人びとが、宗教的な価値の中に人間らしさを見いだすことは、決して不思議なことではない。イスラームは彼らにとって、残された最後の砦となった。

近代化のマイナス面

近代化に成功したエリートがイスラームに回帰すると、単に個人的に礼拝や断食を励行するだけではなかった。イスラームは社会的な宗教であり、イスラーム回帰によって、「イスラームのこころ」に従って、貧者の救済や草の根の福祉運動に邁進することが多かった。つまり、彼らが、近代化に乗り遅れ、最後の手段としてイスラームに依拠しようとする人びとに、助けの手を伸ばしたのであった。このようにして、近代化の成功と失敗の両面からイスラーム復興が加速することになった。

貧者の救済や草の根の福祉運動

もちろん、イスラーム復興だけが今日のイスラーム世界を覆っているわけではない。そもそも、伝統的なイスラーム世界は二十世紀初め頃には、列強による分断と植民地化によって昔日の姿を失った。各国が独立するときは、イスラームを名乗らず、西洋的な自由主義やナショナリズムの主張をした。第二次世界大戦後は、アジア・アフリカ連帯や第三世界主義、非同盟運動などに加わり、イスラームの旗はずっと姿を消してきた。国際的なイスラーム連帯が再生したのは、二十世紀後半にイスラーム復興が生じたためである。

イスラーム世界の現状は、それらの諸潮流が競合する状態にある。西洋的な近代化を推

イスラーム世界の現状

進し、世俗的な社会を追求する流れも強くあるし、ナショナリズムの志向もある。かつてほど強くはないにしても、社会主義の主張も消えたわけではない。ただ、半世紀前には西洋的近代化、ナショナリズム、社会主義などが圧倒的な強さを持ち、イスラームは次第に力を失っていくと思われていた状態と比べると、過去三〇年の間に景観は一変した。

イスラームの誕生――新しい一神教

世界宗教の中でもっとも若い、ということがイスラームについて、よく言われる。たしかに、仏教、キリスト教と比べると、七世紀生まれのイスラームは比較的新しい。宗教的な信条の系譜から言えば、ユダヤ教、キリスト教と姉妹宗教であり、いわゆるセム的一神教の流れに属する。

セム的一神教

「セム的一神教」という表現は、セム諸語で表現された聖典をもつ一神教、ということを意味している。古代イスラエルの民の言葉であるヘブライ語、イエス・キリストの時代のアラム語、イスラームが生まれたアラビア半島のアラビア語などは、いずれもセム諸語に属している。しかし、セム的一神教という言葉は外から見た言い方である。当人たちの世界観を表す用語として「アブラハム的伝統」という表現もある。

三つの宗教

三つの宗教はいずれも、人類の祖がアダムであり、ノアの洪水のあと、その子孫からアブラハムが現れて一神教を広めた、という世界観を共有している。一神教であるから、世界を創造した神も同じ神を信じていることになる。「アッラー」は、その唯一神をアラビア語で表現する言葉であり、イスラームだけの神というわけではない。この系譜の一神教は、神が人間の中から預言者を選び、「神の言葉」をその預言者に啓示する、という考え方を持っている。

預言は、読んで字のごとく、言葉を預かることで、未来を予見する予言とは異なる。神の言葉を預かった預言者の中には、その教えを広める役割をする者もある。日本語では「使徒」と訳されるが、イスラームの教えをもたらしたのはアラビア半島のマッカ（メッカ）に生まれたムハンマドであった。

神から律法をさずかったモーセや、後のイエス・キリストは、アブラハムの息子イサクの系譜に属する。それに対して、もう一人の息子イシュマエルの系譜に属するのがムハンマドである。イシュマエルの子孫がアラブ人となったことは、旧約聖書にも記述されている。

現代の日本から見ると、アダムとイブが人類の祖であるとか、アブラハムが「諸預言者の父」であるというような世界観は、古代的な神話に属する事柄のように思える。実際、これらは、聖書やイスラームの聖典クルアーン（コーラン）に物語られていることであるから、歴史的事実というよりも、宗教的な故事や訓話である。しかし、単なる昔話ではない。現代に生きる信徒たちは聖典を読んで、古代に生きた人びとの物語から人生の教訓を得た

ムハンマド

イスラームの聖典クルアーン（コーラン）

り、人間とは何かを思索し続けている。

ムハンマドが生まれたアラビア半島は、七世紀当時も現在も、沙漠が広がる乾燥地帯である（「沙漠」は、水の少ない乾燥地の意。アラビア半島の場合は、土漠よりも砂漠が中心）。そこから、昔は「イスラームは砂漠の宗教」という誤解も生まれたが、砂漠は人が住むところではないので、これは全くの間違いである。人間は乾燥地帯の中の水源のあるところに住む。エジプトやイラクも、大河（ナイル川やチグリス川）を除けば砂漠が広がっている。アラビア半島では、オアシスのあるところが農耕地や都市となった。

「砂漠の宗教」という誤解

イスラームが生まれたマッカは商業都市であった。ムハンマドが属するクライシュ族は、この都市の商人の部族であった。アラビア半島の中での定期市も盛んであったが、さらに、インド洋交易と地中海交易を結ぶキャラバン貿易で繁栄を享受していた。

マッカが栄えていたもう一つの理由は、カアバ聖殿を擁していたことである。この聖殿にはアラビア半島各地からの巡礼者が集まっていた。このような人の動きは域内交易の面からもプラスに働き、クライシュ族の繁栄を支えていた。カアバ聖殿を建てたのはアブラハム（アラビア語でイブラーヒーム）と信じられていたが、当時のアラブの諸部族は一神教ではなく、多数の偶像を信奉していた。ムハンマドが布教を始めたイスラームは、「イブラーヒームの純粋な一神教」を再興するものとされたが、マッカの人びとは一神教など「いにしえ人の物語にすぎない」と否定した。

信仰は「よき商売」

ムハンマドが啓示として広めたクルアーンには、商業文化を背景として、信仰を「よき商売」として説く章句が多数含まれている。イスラームに帰依することは「失敗のない商売」であるとか、善行をして神に「貸付けをなせば、何倍にもなって返る」という主張がなされている。

商業や利益追求の肯定、さらには人間の欲望を全般的に肯定し、その上で、教えに従ってよい生活をするように、という考え方は、「イスラームのこころ」の基調となっている。仏教やキリスト教が説く禁欲的な教えと比べると、イスラームには欲望を是認し、現世の生活を肯定する面が非常に強い。

イスラーム商業帝国の繁栄

マッカではイスラームへの迫害が強かったため、ムハンマドはおよそ一三年の布教を経て、北方の都市に弟子たちとともに移住した。この都市は「預言者の町」を略してマディーナと呼ばれるようになり、やがてイスラーム第二の聖地となった。マディーナへの移住によって、ここにイスラーム共同体が確立されたため、のちに「移住（いわゆる聖遷）」の年がイスラーム暦の紀元と決められた。イスラーム暦は太陰暦であるため、一年が太陽暦より十一日ほど短く、暦が少しずつずれて、季節を移動していくようになっている。ちなみに、西暦二〇〇九年の場合はたまたま、イスラーム暦一四三〇年とほぼ重なっている。

マディーナでの一〇年の間に、ムハンマドはマッカを無血開城させ、アラビア半島を統一した。没年である六三二年までに、聖典クルアーンも完成し、イスラームは確立された。イスラームの教えとは、聖典の内容に加えて、ムハンマドの生き方をモデルとするものである。ムハンマドは、宗教指導者としてのみならず、社会のすべての面で指導的な立場にあったため、イスラームは宗教と政治、経済、社会を合わせて考えるものとなった。

ムハンマドの没後、わずか一二〇年のうちに、イスラームの大征服によって、東は中央アジア、インド西部、西は北アフリカを経て、ヨーロッパ側のイベリア半島（現在のスペイン、ポルトガル）に至る広大な版図が成立した。ウマイヤ朝（六六一～七五〇年）の時代には、ササン朝ペルシアを滅ぼし、ビザンツ帝国の所領の半分以上を支配下に収めた。続くアッバース朝は、バグダードの地に巨大な新都を建て、これを東西貿易の中心とした。

バグダードとは古くからのこの地の名前である。外壁の直径が二・三五キロメートルに及ぶ円形都城は新しく「平安の都」と名付けられた。四年の歳月をかけ、七六六年に完成。やがて、世界最大の都市となった。最盛期には一五〇〇万人の人口を擁し、世界第二の都市・長安が一〇〇万人、第三の都市・コルドバ（イスラーム時代のスペイン）が五〇万人の人口であったのを凌駕した。西欧では首都の人口が最大でも数万人に過ぎなかった時代である。

バグダード建設から三〇年ほどたって、長安を手本とした都が「平安京」の名で日本に

イスラームの教え

広大な版図

「平安の都」バグダード

作られた。その頃、遠い西方に、同じ名前の巨大な都があるとは知るよしもなかったであろうが、偶然とはいえ、都の名前の一致は興味深い。

バグダードは四つの門を持ち、その門を通って四方に向かう街道が、東西貿易の基軸をなしていた。広大な版図を得たイスラーム帝国は、インド洋交易圏と地中海交易圏を合わせて、世界的な貿易ネットワークを築いた。東は中国から西は大西洋に至る地域が単一のネットワークで結ばれた。バグダードには、貿易による産物と富が流入し、繁栄に沸きかえった。

貿易ネットワーク

このネットワークの成功因の一つとして、イスラーム帝国が金・銀の二重の本位制を取ったことがあげられる。アラビア半島からあふれ出たイスラーム軍は軍事的には強かったが、複雑な行政制度を持っていなかったためもあって、ビザンツ帝国、ササン朝ペルシアの制度を取り入れた。ビザンツ帝国のディナリウス金貨、ササン朝のドラクマ銀貨がそれぞれ、ディナール金貨、ディルハム銀貨となった（現在も、「ディナール」「ディルハム」はアラブ諸国での通貨単位として用いられている）。これによって、金本位制を取っていたビザンツ地中海経済貨幣圏、銀本位制を取っていたイラン以東やヨーロッパ経済までが、うまく結びあわされることになった。

「地球化」

今日、グローバル化の起源を求める議論がさまざまになされている。人類が一体化している過程として「地球化」をとらえるのであれば、貿易を通じてネットワーク的な一体化がおこなわれたアッバース朝時代に、もっとも初期のグローバル化を見ることもできるであろう。後の十三世紀のモンゴルの大征服は、ユーラシアを面的に一体化した。この時、バグダードのアッバース朝は滅ぼされるが、モンゴル帝国はその商業ネットワークを吸収したため、その後も国際貿易はイスラーム商人に多くを負っていたとされる。

出資者と事業者の協業

イスラーム以前からマッカの隊商貿易で使われていたビジネス形態として、出資者と事業者の協業がある。キャラバン貿易は成功すれば巨利があがったが、道中の危険も含めて、リスクは高かった。そのため、このような協業では、出資金が保障されることはなく、出資者も事業者もリスクを公平に負担した。この協業の契約を「ムダーラバ」という。アッバース朝時代には、イスラーム法の整備と共に、契約法についても明確な規定が定められたが、ムダーラバはのちにイタリアに伝わって「コンメンダ」となり、株式会社の起源となったとも言われる。

当時のイスラーム経済が先進的であったことは、信用手形の発展にも示されている。西のコルドバで発行された手形を、バグダードに持ってきて現金化することも容易であった。今日の小切手は英語で「チェック」と言うが、これはアラビア語の「サック」に由来する。

イスラーム文明

ちなみに、八世紀から十五世紀くらいまでは、イスラーム文明がもっとも先進的であった時代で、西欧にも大きな影響を与えた。ギリシアやペルシア、古代メソポタミアなどの科学が吸収され、独自のイスラーム科学が発展した。特にイスラーム文明が貢献した分野として、天文学、数学、光学、工学、医学、植物学、薬理学、農学などがあげられる。

このような歴史における文明の黄金期の存在は、現代のイスラーム世界がイスラーム復興を推進する上で、大きな自信の源泉となっている。かつてイスラームに立脚した文明が栄えたとすれば、今日、イスラーム世界が文明的に復興することも可能なはずである、と。

イスラーム世界の衰退から再生まで

アッバース朝が十三世紀半ばにモンゴル軍に滅ぼされると、バグダードに代わってカイロがイスラーム世界の中心となった。さらに、トルコ系のオスマン朝が小アジアで勃興し、一四五三年にコンスタンチノープルを征服すると、イスラーム世界の新しい覇者となった。その頃の西欧諸国は自分たちの発展のために、いかにオスマン朝と通商するか腐心した。しかし、十七世紀を境として、力関係は逆転し始めた。十九世紀末には、オスマン朝は「ヨーロッパの病人」と呼ばれ、列強の分割競争の対象となった。長い繁栄を誇った伝統的なイスラーム世界は、オスマン朝の衰退とともに力を失っていったのであった。二十世紀に入ると、第一次世界大戦に敗北したオスマン朝は解体し、イスラーム世界のほぼ全域は植民地支配下に置かれるようになった。

「ヨーロッパの病人」

かろうじて、現在のトルコ共和国がオスマン朝の廃墟の中から立ち上がったが、この国は西洋化をめざす世俗的な共和国となり、脱イスラーム化を進めた。イスラーム世界の大半の国は、西洋的なナショナリズムや自由主義に基づく独立闘争をおこない、独立後もイスラーム国家を名乗ることはなかった。

日々の礼拝をしたり、ラマダーン月の断食をおこなうことや、個人の喜捨として貧しい人びとを助けるなどの信仰実践は続いていたが、政治面や経済面ではイスラームはすっかり影が薄くなった。社会の表面では、「イスラームのこころ」が失われたように見えることも多くなったのである。

経済についての教えを見ると、聖典で「リバー（利子）」が禁じられている。前近代では、一部に高利貸はいたものの、リバーの禁止は他の戒律同様に信徒によって尊重されてきた。ところが、二十世紀に入ると、西洋式の銀行が各地で営業するようになった。さらに、世界の経済システムに統合されると、近代的な金融なしには立ちゆかなくなった。圧倒的な力を持つ近代化の流れの中で、そうした状態もやむをえないと考える人びとも増えた。

これが逆転し始めたのは、今から考えると一九六〇年代であったが、その頃は伏流であり、外面的にはよくわからなかった。誰の目にも明らかにイスラーム復興が顕在化したのは、七〇年代末であった。特に、一九七八年からイランで反王政運動が盛んとなり、翌年二月に王政が打倒されると、世界は衝撃を受けた。二十世紀も終わりが近くなる頃に「宗教による革命」が起きるとは、誰も思っていなかったからである。指導者ホメイニーが姿

信仰実践は続いていたが

リバー（利子）の禁止

「宗教による革命」

を現すと、この黒ターバンと白い長衣をまとった老法学者に従って、国民が命を落としてでも反王政運動に邁進することに、誰もが驚いた。

もし、イラン・イスラーム革命が「イスラームのこころ」を表すものであるなら、これは一体何なのか、といぶかしむ声が、世界のあちこちで聞かれた。これは「イスラームのこころ」というよりも、イランの特殊性によるのだ、という説が主張されたり、過激な「イスラーム原理主義」が原因である、とも言われた。

実際、イラン革命にはイランだけの事情による面もたくさん見られる。背景には、政治的に急進的な思想もあるし、また革命前のイランを米国が支持していたため、革命後には逆に反米路線が表面化し、米国の側でも現在に至るまでイランに対して敵対的な政策を取り続けてきた。その一方で、しばらくしているうちに、イランに限らず、いろいろな地域や国で、イスラーム復興の現象が起きていることが判明した。その復興は、大半の場合、革命とも政治的な動乱とも関係のないものであった。

たとえば、モスク建設運動があった。伝統的な地域では古くからのモスクがあるが、新興の高級住宅地や農村から流入した人びとが住む貧困地区などにはモスクがない。そこで、宗教心の復興にともなって、礼拝の場所が必要となり、モスクが盛んに建てられるようになった。たいていのモスクでは、貧者救済のための信徒の義務である「喜捨（ザカート）」が集金され、それを母子家庭や困窮者のために配分したり、地域の福祉に役立てる活動が生まれた。モスクに、低所得者用のクリニックを併設することも盛んになった。「同胞援護」の意識に燃える若い医師たちが、そのようなクリニックに手弁当で集まった。

「同胞援護」の意識

確かに国際的なニュースとしては、イランでの革命や、エジプトでの過激派によるサダト大統領暗殺事件などに、耳目が集まりがちである。それに対して、草の根の復興運動はニュースにもならず、旅行者の目にもとまらない。しかし、「イスラームのこころ」は、日常的な貧者救済の事業、礼拝の励行を勧め、コミュニティセンターとしてモスクを建設するような活動にこそ、表れている。

もう一つ、政治の陰に隠れていたのは、イスラーム経済の活動であった。

無利子金融の広がり

上で触れたように、二十世紀に入って近代的な銀行制度が、各地に広まった。それと共に、お金を預けても借りても利子が付随するようになった。信徒の中には、銀行利子が聖典で禁じられた「リバー」にあたるのではないか、と心配する者もいたが、「リバー」は高利のことで、銀行利子は当てはまらないという解釈もなされるようになった。

「アッラーは商売をお許しになり、利子を禁じた」

リバーの禁止については、クルアーンは「アッラーは商売をお許しになり、利子を禁じた」（雌牛章二七五節）と、非常に明確である。伝統的な解釈では、リバーは元本からはみ出るものを指す。百ディナール貸して、返すときに五ディナールを付加することを求めれば、これは利子であり、リバーにあたるが、お金は求めずに「本を貸してくれ」と求めてもリバーになる。金利以外でも条件等を付加すれば、すべてリバーとみなされる。

なぜ、リバーはいけないのか

なぜ、リバーはいけないのであろうか。さまざまな議論があるが、整理するならば論点は三つに整理される。第一は不労所得の禁止である。自分の元手を使って「商売」することはイスラーム的に合法であるが、資本を自分では使わずに他人に使わせて利益を得ることは、不労所得とみなされる。第二に、公平性の問題である。通常の金融では元利保証される。それは事業者にリスクをすべて負わせることではないか、という。そのように資本提供者がリスクを負わないのでは、公平ではないというのである。第三に、不等価交換の禁止である。イスラーム法には、資本を一定時間使わせる効用を認めて、その代金（＝利子）を正当化する考えはないため、一〇〇ディナールを貸して、半年後に一〇五ディナールを得るならば、金の不等価交換がなされたことになる。

近代的な銀行でありながら、利子を取らずに経営する道を探すことは、一九五〇〜六〇年代にも、パキスタンやエジプトで模索されていた。しかし、当時はパキスタンにしてもエジプトにしても、経済的な実力がなかったため、あまり成功しなかった。

イスラーム銀行の成立

商業的なイスラーム銀行が初めて成立したのは、一九七五年三月のドバイ・イスラーム銀行であった。ドバイは、最近でこそ、エミレーツ航空のハブ機能の拡大や中継貿易の発展のために、湾岸の商業的中心として名をあげているが、当時はまだ、それほどの実力はなかった。しかし、その二年前に起きた第四次中東戦争とそれに伴う第一次石油ショックのために、湾岸の産油国が勃興し、新しい経済パワーが誕生したのであった。ドバイでイスラーム銀行が設立されると、それを見て、他の国でもイスラーム銀行を設立する動きが始まった。

イスラーム銀行創設の動きと連動するかのように、一九七五年十月には、イスラーム諸国会議機構（OIC）の専門機関の一つとして、イスラーム開発銀行も設立された。これは、イスラーム的な同胞精神に基づき、イスラーム諸国の経済協力を推進し、ムスリムたちの生活水準を向上させることをめざすものであった。

無利子金融

イスラーム銀行は、ドバイでのスタートから一〇年のうちに五〇行を数えるほどに増えた。とはいえ、「無利子金融」の開始は非常に懐疑的な目で見られた。金融には利子がつきものという点から言えば、無利子金融とは語義のレベルですでに二律背反であり、ビジネス的には愚の骨頂と思われていた。当時の英国では、BBC放送がイスラーム銀行を「呪術的な経済」と揶揄している。

イスラーム銀行の仕組みは、事業の成否の前にあらかじめ出資者の利益が「利子」として定まっていることが不公平であり、不労所得にあたることに鑑みて、代替案を提案する。

それは、リスクを公平に負担し、事業が失敗したら出資者も損害を分担することで、成功した際には相応の利益を得ればよい、という考えに基づいている。言いかえると、あらかじめ五パーセントの利子を決めれば不公平であるが、事業が成功してから五パーセントを得るのは正当である。

つまり、銀行も資金を「貸す」のではなく、キャラバン貿易で使われた協業のように、資金提供によって事業者といっしょにビジネスをするものと考えるのである。同様に、預金者も銀行に使わないお金を預けているのではなく、イスラーム銀行という事業に、資金提供者として投資をしていると考える。投資であるから、その成果を毎年受け取ることは不当でもなく、不労所得でもない。

一九九〇年代以降、日本でも、銀行の元利保証にあまり意味がなくなった。金融機関が破綻すれば預金はなくなってしまうし、不良債権となって回収できない投資は、元も子もないものに変わり果てる。その上、ゼロ金利状態さえも長く続いた。その経験から言えば、イスラーム銀行は、良好な事業者を探し、自己責任で投資して、成功報酬として利益をあげる、という金融の基本に忠実な方式とも言える。

九〇年代になると、各地でのイスラーム銀行の成功を見て、シティバンクやＨＳＢＣのような通常の銀行も、イスラーム金融部門を開設するようになった。それだけ、イスラームの教えに適合する金融の需要が拡大したのである。二〇〇九年現在では、六五カ国以上に三〇〇行以上ものイスラーム金融機関が存在している。

イスラーム金融資産の総額については、八〇〇〇億ドル程度という保守的な推計から一兆ドルをはるかに超えているという推計までバラエティがあるが、世界の金融資産の一～二パーセントと見ることができる。まだ規模は小さいかもしれないが、三〇年前に「無利子金融」は言語矛盾と揶揄されていたことを思えば、大きな発展を遂げた。世界経済の中に定着し、もはや簡単に消滅することはないであろう。

イスラーム銀行の成功は、実際のところ、通常の銀行よりも利益をあげる能力が高いからではない。銀行同士の競争においては、イスラーム銀行一般が強いとか、通常銀行が強いとか論じることはできない。過去三〇年の間には、通常の銀行もイスラーム銀行も各地で倒産したり、経営が行き詰まって統合吸収されている。

イスラーム銀行の強み

イスラーム銀行の強みは、それまで利子を嫌って通常の銀行を使わなかった人びとが新規の顧客となったことであった。そのような遊休資金が、想像以上に社会の中にあったのである。そのような預金者は、利益があがるかどうかよりも、イスラームの教えに適合しているからこそ、無利子の金融を選択したのであった。イスラームのこころが、イスラーム銀行を後押ししたのである。

イスラーム金融への関心

日本でも、二〇〇五年を過ぎる頃から、イスラーム金融に対する関心が高まってきた。イスラーム金融の仕組みや事情、あるいは湾岸やマレーシアを中心とするイスラーム圏の経済を紹介する一般書も数多く出されるようになった。二〇〇七年には、東京で開催された経済セミナーにおいて、当時の日銀総裁もイスラーム金融について前向きに発言した。二〇〇九年二月には、イスラーム金融の専門家をサウディアラビアから招いて東京で国際セミナーが開催されたが、世界的な金融危機に対するイスラーム経済の立場からの発言を聞こうと、金融界・ビジネス界から多くの聴衆が参加した。今後も日本で、ますます関心が高まっていくことと思われる。

イスラームのこころ

イスラーム復興の広範な広がりや、それと同時に発展したイスラーム金融は、イスラームのこころを社会の中に生かそうとする運動の現れであった。そのような試みは、現在でも続いている。

これは一見すると、イスラームの戒律で社会や経済を規制しようとするものにも見える。つまり、儲けたい気持ちや利益追求が各自の俗世の願望であり、経済行動の基礎をなすものとすれば、それに対してイスラームの教えが利子の禁止や公正の確保という規律を求めてくる、と考えられる。しかし、イスラームの考え方は、そうではない。儲けたい気持ちも、イスラームの教えだからである。

神の恵みを求めて

たとえば聖典では、金曜の礼拝の義務について語った後に「礼拝が終わったならば、神の恵みを求めて大地に散りなさい」（金曜礼拝章一〇節）と命じている。つまり、商売や労働を通じて「神の恵み」＝糧や利益を求めることは、礼拝に出かけるよき信徒がなすべきこと、ということになる。

喜捨

経済活動をするのが人間という生き物であるという考え方がベースにあって、その上で、儲けるときは公正にしなさい、ということになる。そして、儲けたならば、その一部を貧しい人たちのために喜捨しなさい、ということになる。イスラームにおいては、喜捨は、慈善心の現れではない。実はそれこそが、所有権や経済活動を正当化する基盤なのである。

「貧者の権利」

イスラームでは、世界は唯一神が創造したがゆえに、人間はそれをもらって所有していると考える。所有が認められる根拠は、おおまかに二つある。一つは、人間がそれを必要とし、用いることである。もう一つは、所有物にあらかじめ埋め込まれている「貧者の権利」をきちんと分配することである。

所有権はそれを用いるためにある、という考え方から、用いないのに所有することは不当である、という認識が生まれる。不労所得が禁じられるのはこのためであるし、また、買占め、退蔵などが禁止されているのも、使わずに利益をあげることが不当だからである。

そして、所有や儲けには、その中から貧しい人のために喜捨を出す。豊かな者には社会的な責任があるという考え方よりも、さらに根源的に、所有権自体に喜捨分が埋め込まれているというのである。その意味では、喜捨は基本的な義務であって、慈善行為ではない。慈善となるのは、義務の分を超えて貧しい人たちを助けようとする場合である。

実際、イスラーム圏に行くと、お金を乞う者が全く卑屈でないことに、しばしば驚かされる。お金を受け取っても、礼を言わないことも少なくない。お金を差し出す方も、そのことに頓着しているようには見えない。

「公正」とは何か

ところで、経済における「公正」とは何であろうか。イスラームは人間の平等をめざす、とされており、それに対して、実際に存在する貧富の差は何なのか、という疑問を聞くことがある。実は、イスラームでいう「公正」は、経済的・社会的平等とは少し違う。

人間は根源的に平等

イスラームでは、人間は神の前で全く平等である、とする。そのことは、イスラームのこころにおいては、すでに実現されている。外面的にどのような差があっても、それは人間の尊厳には全く関係がない。人間は存在として平等である、というのが、イスラームの考え方である。イスラームは、人間の平等をめざしているのではない。人間は、生まれながらにして、根源的に平等なのである。これはイスラームの教義の一部であり、信条である。それをよく示すのが、モスクでの礼拝の際の並び方であるとされる。誰もが平等であるため、大臣でも金持ちでも学者でも乞食でも、来た順に並ぶ。また、聖地巡礼においては、人間としての平等を外面的にも示すために、巡礼者は二枚の白布しか身につけることができない（ただし、この巡礼着は肌が見えるので男性のみ。女性は肌が見えず華美でなければ、服装は自由)。

その一方で、個々の経済状態は「神の恵み」の多寡によるため、平等となるとは限らない。そのかわり、余裕のある者は貧しい者を助けなければならない。また、利子などの不労所得や、買占め、退蔵などの不正な手段で儲けてはならない。イスラームでいう「公正」とは、不正をなくし、おもいやりを持つことであって、物質的な意味での平準化を図ることではない。

現代のイスラーム世界で、貧しい人びとが不満を述べるとしたら、それは富者が不当な手段で儲けているように見えるからにほかならない。もし、イスラーム銀行がなくて、すべての金融機関が利子を扱うのであれば、イスラーム的に見てどのような公正がありうるのか。そうして儲けた利益が、喜捨として還元されていないのであれば、何が公正なのか、というのが彼らの持つ疑問である。

一九七〇年代からイスラーム銀行を設立する動きが起きたのは、イスラーム的な公正を図りたい、という思いが強まったからであろう。また、資産家たちは、イスラームで許された儲け心を、正当な方法で満たしたいと願った。

聖典クルアーンはアラビア語でしるされているが、その中で「心」に相当する言葉はいくつかある。「ｋｏｋｏｒｏ」に照応しうるアラビア語の言葉の一つは、「ナフス」であるように思う。ナフスとは、魂と訳されることもあるが、原義は「自分」「おのれ」「自己」

おもいやりを持つこと

「ｋｏｋｏｒｏ」に照応しうるアラビア語「ナフス」

を指す。つまり、内面における人間自身のことである。聖典によれば、「おのれ」は、「何かと要求する自分」であったり、「何かと他者をとがめる自分」であったりする。一番いいのは、「確信を持ち内面が安らかな自分」であるという。

イスラーム的な意味での公正が図られるならば、経済的に上向きであって、辛いことがあっても、それぞれの自分は安らかでいられる、ということになるであろうか。激しく変転する現代において、イスラームのこころを実現することは容易ではないと思われるが、それをめざした営為は各地で続いていくに違いない。

いけばなにおけるこころ

池坊由紀

IKENOBO Yuki

いけのぼう・ゆき

華道家元池坊次期家元

華道家元四十五世池坊専永の長女として生まれる。1989年11月に得度（法名：専好）し、華道家元次期四十六世に指名を受ける。国内外でのいけばな作品の発表はもとより、日本画や彫刻など他の芸術分野とのコラボレーションも展開。また、日本文化の振興や、子どもの教育に関する委員会への参加など、池坊では初となる女性後継者として多彩な活動を行っている。現在、日本いけばな芸術協会副会長を務める。

古来日本人は、南北に長い地理的条件から生成された豊かな自然と穏やかに移ろいながらも明確に存在する四季を友として生きてきた。日本の様々な伝統文化を振り返るとき、この二つが日本の美と心の形成において与えてきた影響ははかりしれない。

柔道や相撲の様に、訳されることなく日本語のまま認識され、また世界中の人々から愛好されている「いけばな」はその最たるものである。恐らく、フラワーアレンジメントのアレンジ（配置構成）するという概念におさまりきれない世界観からそのまま「いけばな」という表記がされているのだろうが、以下いけばなに於いて、こころはどのように捉えられているのか、二つのことから探ってみたい。

仏前供花◉

文献上の記録からさかのぼりすでに五百有余年の歴史を持ついけばな（華道）は、元来、仏前供花にその起源を持つ。恵まれた自然環境そして森羅万象に神仏が宿ると見る依代信仰を基盤とする日本に仏教が伝来し、同時に仏前に花を供えるという習慣も導入された。今尚京都の華道家元池坊の家元が六角堂の貫主を兼ねながら家元の任についているのはその起源を重んじてのことである。そのころの人々は、自然界の中に自分の力を超えたはるかな大きな力を認め、自分たちのごく身近にあり自分たちと同じように生き、そして枯れていく一木一草に共感を覚え、その姿の中に様々な願いや思いを託したとされる。九〇五年古今集には「花がめに花を挿す」という記述がある。すでにこの頃には瓶に花を挿しそれを観賞していることがわかる。また日本における最も古い花伝書である「花王以来の花伝書」(一四八六年)をひもとくと、作品図の一枝一枝に忍枝、心を引枝、恋枝という言葉が併記されており〔図❶〕、一つの枝が一つの願いや祈りを表していることが理解できる。既に人が花を単に物として捉えるのではなく、自分たちのこころを託するに値するものとして認識していたことは想像にかたくない。

その後、室町時代の書院造建築に於ける床の間の成立を待って、花を挿す行為も座敷を飾るいけばなとしてその姿を整えていき、より芸術的に美的に洗練される。が、いけばなはその成立当初より人の思いが深く関わっていた。言いかえるならば、神仏に信仰する人の願いや思いがなければ、人は花を捧げることもなくまたいけることもなかったにちがいない。

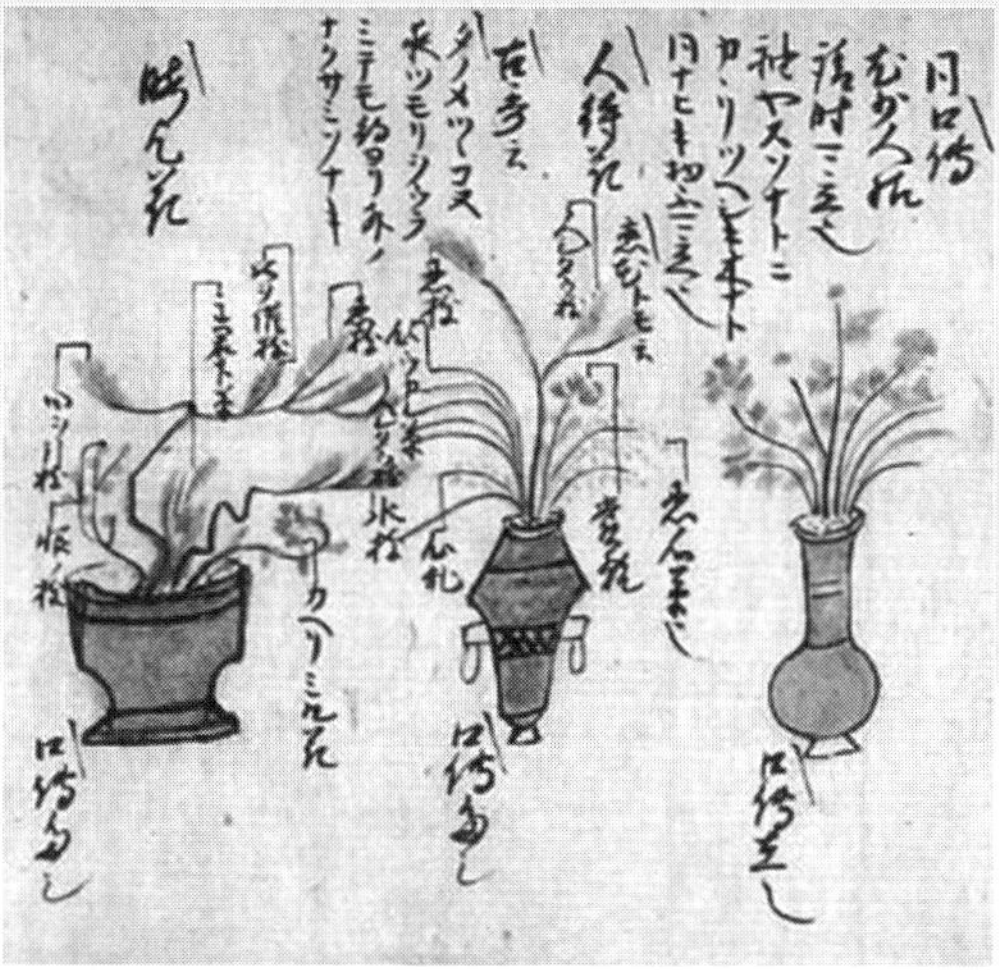

図❶「花王以来の花伝書」(華道家元池坊総務所蔵)より

目に見えないものを推測し想像し表現する力◉

瓶に花を挿す事いにしへよりあるとはきゝ侍れど。それはうつくしき花のみ賞して。草木の風興をもわきまへず。只さし生たる計なり。この一流は野山水辺をのづからなる姿を居上にあらはし。花葉をかざり。よろしき面かげをもとゝし。先祖さし初めしより一道世にひろまりて。都鄙のもてあそびとなれる也。(中略) 抑是をもてあそぶ人草木を見て心をのべ。春秋のあはれをおもひ。一日の興をもよをすのみにあらず。飛花落葉のかぜの前に。かゝるさとりの種をうる事もや侍らん

これは一六四二年池坊二十八代家元である専応によって書かれた専応口伝の抜粋である。専応は、これまでの高価な器に高価な花を挿すいけばなのあり方を否定した。そして植物の持っている本来の姿を理解しすくいあげ表すことがいけばなであり、破れた器、枯れた花にも花があると説いた。即ち目に映る表層的な美しさにとらわれる浅さを喝破した。枝が伸び花が咲く以前の植物の成長する過程を考えてみよう。植物が伸びようとするとき、その成長は必ずしもいつも順調とは限らない。時に土壌は荒れ果て、時に風雨に打たれ、また凄まじいばかりの激しい太陽に苦しめられながら、草木はそれらすべてを受け入れ、現在の環境と

条件下で懸命に生きていこうとする。花の一日は、花の咲かない長い日の集約でもある。その姿勢が曲がりや歪みとなり一本ずつの個性となっていく。そこに日本人は心動かされた。同じ生きとし生けるものとしての共感を覚え、励まされ、美しさを見た。だからこそ破れた器や枯れた花にも花があるのである。いけばなに日本人が見出した美は、決して表面に見える花の形や色の華麗さだけでなく、生きていくものが背負う苦しみを乗り越えて耐えて自らの生命をまっとうしようとする姿への傾斜から生まれた。いけばなはそのような心の振幅をともなった、まさしく生きているという実感から生み出される美の世界であり、その感動を型をかりて外に発露することでもある。かよわい植物に共感と畏敬を抱き、そのいのちの過程をいとおしく思う優しさに満ちた世界は、従って「いけばな」という言葉でしか表現することはできないだろう。そしてだからこそいけばなは時代をこえ空間をこえ普遍的な強さを伴って生き続けているのではないだろうか。

一九六九年川端康成氏はノーベル文学賞の受賞講演「美しい日本の私」に於いて、この専応口伝を引用し禅の影響による日本の美の心の目覚めでもあり、日本の長い内乱の荒廃の中に生きた人の心でもあると説いている。目に映る世界や形あるものの背景にある目にみえないことに想像を膨らませる日本人の営み、心の軌跡がいけばなである。

こころとは…

日本の文化とその〈こころ〉は、「日本列島という特定範域の生態系のなかで生成された」。それは、古代から現代にいたるまで〈文明の強迫感〉と〈それへの羨望と潜在的対抗意識〉の間で揺れうごきながら、文明からあらたな文化要素を選びとり、文化の〈こころ〉を保守しながら、自己変革、すなわち新たな文化を創出してきた。

おうじ・としあき　京都大学名誉教授

大阪府出身、1938年生まれ。1964年京都大学大学院文学研究科博士課程退学。1986年京都大学文学部教授。同大学東南アジア研究センター、同大学大学院アジア・アフリカ地域研究研究科の教授を経て、2000年退官。主要研究分野は、地域研究。アジア・アフリカ諸国で、50数回のフィールドワークをおこなう。主な著書・共著書は、『西南アジアの農業と農村』(1967年、同朋舎)、『日本の模様21　五穀・果実』(1975年、光琳社)、『南アジアを知る事典』(1992年、平凡社)、『絵地図の世界像』(1996年、岩波書店)、『「世界地図」の誕生』(2007年、日本経済新聞出版社)、『興亡の世界史20　人類はどこに行くのか』(2009年、講談社)など。

文化・文明・「近代化」

応地利明
OHJI Toshiaki

はじめに

グローバリゼーションという名の妖怪

マルクスの言葉になぞらえていえば、現在、日本をふくめて世界中をグローバリゼーションという名の妖怪が徘徊している。その妖怪は、経済活動にとどまることなく、グローバル・スタンダードという名のもとに日常の生活レベルにまでも降下し、徘徊しつつある。急変する状況のなかで、未来へのえたいの知れない不安のなかで生活せざるを得ない現実がそこにある。

文化相対主義

ここでの主題である文化をとりあげてみても、二〇世紀を領導してきた文化相対主義の根底をゆるがす状況がうまれつつある。文化相対主義というのは、十九世紀のヨーロッパ中心主義的な文化発展段階論の否定のうえに、一九三〇年代ころから提唱されてきたもので、その主張は、どの文化もそれぞれ独自の価値ある存在であり、文化のあいだには優劣は存在しないとする立場である。しかしグローバリゼーションは単にモノ・カネの世界での画一化だけにとどまらず、文化相対主義が立脚する根底をゆるがす状況を惹起しつつある。

文化の根幹にあるのは、言語

文化の根幹にあるのは、言語である。二〇〇九年初頭に発表されたユネスコの調査は、世界の六〇〇〇前後をかぞえる言語のうち、約二五〇〇語が今世紀末には話者人口がゼロとなる可能性が大きいという（『朝日新聞』二〇〇九年二月二十日）。そのなかには、アイヌ語も含まれている。話者人口ゼロとは、その言語さらには文化そのものが消滅することを意味する。消滅には至らない言語の場合でも、優勢な言語による外圧的バイリンガル化さらにはシンクレティズム（融合・習合）化が進行するであろう。英語と日本語との関係を考えてみれば、この間の状況はよく理解できる。

これと同様の状況は、方言のレベルでも観察される。現在、日本の各地で話されている方言は、もはやかつての方言そのものではない。いわゆる標準語の語彙や表現が大きくとりこまれたものに変化している。シンクレティズム化しつつねに変化していく現在の方言を「ネオ方言」とよぶ研究者もいる（真田信治編『展望現代の方言』、白帝社、一九九九年）。方言の「ネオ方言」化も、一国内での一極収斂というグローバリゼーションと同類の現象がもたらしつつある文化状況である。広汎に展開する現在の趨勢は、極端に表現すれば、文化相対主義にかわる文化撲滅主義ともいうべきグローバリゼーションの妖怪が徘徊しつつあることを示していよう。

方言

しかし日本の現状のなかでは、グローバリゼーションそのものを否定また拒否することは個人のレベルでは不可能ではないとしても、総体としては不可能といわざるを得ない。かといって、「グローバリゼーションのあまりに暴力的な徘徊を是認したままでよいのだろうか」という感覚も、多くの人によって共有されつつある。現在の状況は、この疑問を抱きつつも、方向指示器も制御装置もないグローバリゼーションという名の妖怪号に乗車せざるを得ない乗客にもたとえうる。

日本の歴史をふり返ってみると、グローバリゼーションと類似した状況は過去にも経験していた。とりわけ日本は、中華思想を帝国の理念とする中国と一衣帯水の関係にあった。その地理的位置のゆえに、中華文明の外圧をなんども経験してきた。さらに近代には、西洋文明の外圧も経験した。もちろんそれらの外圧は、現下のグローバリゼーションとまったくおなじではないが、現在の状況につうじるものを含んでいる。ここで日本の歴史経験を顧みつつ、現状を再考することも有意義であろう。

グローバリゼーションと類似した状況は過去にも

その再考にあたって、三つのキーワードを設定したい。文化・文明・近代化である。この三キーワードを頂点として三角形を描くと、各辺は、おのおの〈文化―文明〉、〈文明―近代化〉、〈近代化―文化〉の二項関係を示す。この小論では、とくに文化に注目しつつ、これらの二項関係について考えたい。具体的には、つぎの三つを課題としてとりあげたい。

三つのキーワード

第一は、文化と文明を近似した概念ではなく、位相を異にする概念として整理することである。そのうえで、第二の課題として、歴史とりわけ日本の歴史経験における「近代化」の特質について考えることである。近代化という言葉に「　」をつけているのは、ここでは、近代化という言葉を一般的な用法とは異なった意味で使用するためである。現在の日本で近代化というと、ただちに近世から近代への転換、つまり明治維新や文明開化で代表される変革を指す固有名詞とされる。しかし近代化とは、いわゆる近代だけの独占物では

近代化という言葉

ない。いつの時代にもそれぞれの近代があったし、それを生みだした動因・動向を近代化とよぶことができるからである。近代化とは、いわゆる近代だけにかかわる固有名詞ではなく、各時代に存在した一般名詞である。このような一般名詞としての近代化を指して、「 」をつけて「近代化」とよびたい。

第三の課題は、文化と文明また「近代化」をふまえて日本とりわけ京都の歴史経験を顧みるとき、そこから浮上する特質について考えることである。この問題は、同時に、日本文化とはなにかということへの省察の端緒となる。

文化・文明・「近代化」の位相——一つの定義論

文化と文明は一対の重なりあう円、しかも共通集合部分の大きい円にたとえることができる。そのため文化と文明は、類似した言葉として、極端な場合には互換的に使用されることすらある。たとえば二〇〇八年刊行の『広辞苑』(第六版)での「文化」と「文明」の説明を引用すると、つぎのようになる。

文化と文明の説明

文　化——①文徳で民を教化すること。②世の中が開けて生活が便利になること。文明開化。③(culture)人間が自然に手を加えて形成してきた物心両面の成果。衣食住をはじめ科学・技術・学問・芸術・道徳・宗教・政治など生活形成の様式と内容とを含む。文明とほぼ同義に用いられることが多いが、西洋では人間の精神的生活にかかわるものを文化と呼び、技術的発展のニュアンスが強い文明と区別する。

文　明――①文教が進んで人知の明らかなこと。②（civilization）都市化。㋐生産手段の発達によって生活水準が上がり、人権尊重と機会均等などの原則が認められている社会、すなわち近代社会の状態。㋑宗教・道徳・学芸などの精神的所産としての狭義の文化に対し、人間の外的活動による技術的・物質的所産。

「文化は精神、文明は技術」という二元論

この「文化」と「文明」の説明を交差させると、二つの共通項がうかんでくる。一つは、「文明」②・㋑が述べる「文化は精神、文明は技術」という二元論である。これが、日本での最大公約数的な「文化」と「文明」に関する理解であろう。たとえば江戸時代の「和魂漢才」、明治になってそれを言いかえた「和魂洋才」という対語的な四字成句は、このような文化と文明に関する二元論的理解にもとづいている。この理解にしたがえば、「キリスト教文明」という表現には、「キリスト教」という精神と「文明」という技術が相補的・循環的な関係にあることになる。文化と文明が二元論ではなく、融合し一体化しうることが含意されている。その意味では「キリスト教文明」という場合は、『広辞苑』が述べるもう一つの共通項である「文化」③の「文化と文明は同義」ということにちかい。

しかし「文化は精神、文明は技術」という説明であれ、「文化と文明は同義」という説明であれ、『広辞苑』の説明からは捉えがたい現代日本語での「文化」と「文明」という言葉の用法がある。それは、「文化」と「文明」という言葉に関して、現代の日本語が微妙に用法を変化させることである。現代日本語では、「日本文化」はごく日常的に頻用される言葉である。しかし「日本文明」という表現は、一般には使わない。あえて「日本文明」という表現がもちいられる場合には、そこに意図的な自己主張が込められている場合が多い。

このように、「日本文明」という表現はほとんどもちいられないで、「日本文化」が多用される背後には、たとえば「日本は文化の国であって、文明の国ではない」といった市民感覚がはたらいていよう。その識別感覚は、「文化は精神、文明は技術」という二元論また「文化と文明は同義」という一元論には収斂できない含意をもつ。その識別感覚の背後には、過去の日本の「近代化」経験、その経験をつうじて日本にとって外圧であった中国や欧米との相違を自覚せざるを得なかった歴史意識が存在していよう。そのことによって、逆に日本列島がもつ特質への鋭敏な感覚・意識が触発されてきたのであろう。現代日本語における「文化」と「文明」についての識別感覚が、両者を再考するにあたって重要な視点を提供する。

それが、「文化は精神、文明は技術」という二元論また「文化と文明は同義」という一元論を越えた文化と文明への説明へと導く。私は、この二元論に対しては文化と文明はとも

「文化と文明は同義」

「日本は文化の国であって、文明の国ではない」

に精神と技術を内包するものであり、一元論に対しては文化と文明は別個の概念であると考える。「日本文化」という言葉には、日本人の自然観・生命観などの精神だけでなく、生業・産業などの技術もふくまれている。しかも自然観などの精神と生業の技術とは、たがいに関連しあっていると理解されている。その意味では「文化は精神、文明は技術」という二元論では、「日本文化」は語れない。というよりも、そもそも文化と文明に関する二元論は安直な理解である。しかもこの二元論の否定は、ただちにこれまた「文化と文明は同義」という安直な野合へと帰着するものではない。前述の文化と文明をめぐる日本語の識別感覚は決して二元論的理解でもなく、また「文化と文明は同義」ということでもない。

文化と文明についてのあたらしい理解

とすると文化と文明について、日本語辞典の説明を越えたあたらしい理解がもとめられることになる。私は、前述したように、文化と文明はともに精神と技術の両次元を包含するものであって、『広辞苑』のように構成要素の相違をもとに両者を区別することは不可能であると考える。要素還元主義ではなく、生成の母体また生成の過程という視点から文化と文明を再考することが可能であろう。結論からいえば、文化と文明が意味するものは、つぎのように要約できよう。

文　化――文化は、精神と技術の両次元にかかわる諸要素によって構成されている。それらの構成要素は特定の生態系（eco-system）のなかで生成し、たがいに価値づけられて一つの体系へと整序される。文化は、特定の生態系のなかで生成・整序された諸要素の複合体である。文化の生成にとって重要な意味をもつのは、それを胚胎し整序した生態系である。その意味で、文化は生態系の所産といえる。人類史をつうじて、人類は地表にエクメネ（生存空間）を拡大してきた。そのエクメネの内部に存在する生態系の数だけ、まさに無数ともいえる文化が世界各地で生成してきた。このような考えにもとづいて、文化を、「ある場所を生存場とする人間集団が、その場所の生態系に適応していく過程のなかで胚胎し整序される精神と技術にまたがる生活様式の体系」と定義する。

文　明――文化が内実を整序・拡充していく過程で、ごく少数の文化のみが突然変異を達成する。突然変異した文化は、それまでの文化になかった新たな形質を獲得する。その獲得形質は、生成母胎である自己の生態系を超出して、他の異質な生態系いいかえれば異文化の領域に進出する力である。突然変異によって他生態系・他文化領域に進出・侵入する力を獲得した文化が、文明である。突然変異によって文明へと自己展開できた文化は、ユーラシア全域でみても、無数ともいえる文化のなかでごく少数にかぎられる。中国文化はその例外的な文化の一つであり、中国文化は同時に中国文明である。現代の日本語で「中国文化」また「中国文明」という言葉がともに違和感なく使用されるのは、そのゆえである。それは、日本語での「日本文化」の頻用と「日本文明」の拒否と顕著な対照を示す。「文化」と「文明」に中国と日本という言葉を冠する場合にも、日本語は微妙に用法を変化させるのである。これらの考えにもとづいて、文明を、「突然変異によって自己の生態系を

文化は生態系の所産

突然変異によって

超出して、他の生態系＝他文化領域に進出・侵入する力を獲得した文化」と定義する。

「近代化」——以上の文化と文明の定義が、「近代化」の概念と直結する。文化の突然変異によって強力となった文明は、自己の生態系を超出して、他生態系・他文化領域に進出・侵入していく。多くの場合、その力は強迫的であり、暴力的である場合すらある。文明の進出・侵入によって、それと遭遇した文化は変容をせまられる。それが、「近代化」である。「近代化」とは、自文化領域への文明の進出・侵入を基本営力とする文化の変容である。日本に事例をもとめれば、最初の本格的な「近代化」は原史時代末期にもとめうる。このとき侵入してきた中国文明を日本が受容して文化変容を達成し、原史時代から古代への変換がなされた。この過程を、小論では「古代・近代化」とよぶことにしたい。もちろん「古代・近代化」も、興隆する隋・唐両帝国による東アジア新世界秩序の構築という強迫的な情況のなかで達成されたものであった。それ以後、歴史をつうじて、日本は文明の侵入とその受容による「近代化」を何度か経験する。そのいずれの場合も、侵入文明が中華文明であれ欧米文明であれ、それらの強迫力のもとで遂行された「近代化」であった。「和魂漢才」また「和魂洋才」の四字成句は、その苦渋にみちた関係を端的に物語る。これらの考えにもとづいて、ここでは「近代化」を、「自生態系内に進出・侵入してくる文明への対抗を契機として生起する複合的な文化変容」と定義する。

「近代化」は文化の変容

日本文化と生態系――俳諧・俳句・Haikuを手がかりとして

「人間は生態系とともにある」

日本で常用される「自然」あるいは「環境」ではなく、やや聞きなれない「生態系」という言葉をもちいる理由について、まず簡単にふれておきたい。人間と自然・環境との関係は、「自然と人間」あるいは〈人間―環境〉系のように、両者を対抗的さらには対立的に並置することが多い。これは、「人間は自然・環境に対してある」ということである。一方、生態系の立場では、人間と生態系の関係は二項対位的なものとは考えない。「人間は生態系とともにある」ということである。人間も生態系に内包されて存在する、有力ではあるけれども、一つの構成要素と考える。このような生態系という言葉が意味するものを前提として、はじめて文化は生態系のなかで胚胎し整序されるということができる。

日本の生態系と俳句

日本文化についても、「人間は生態系とともにある」という視座から、日本列島という特定範域の生態系とともに生成された生活様式の体系として理解できる。日本文化を構成する諸要素のなかで、生態系との関係をもっともよく示すものの一つは俳句である。正岡子規によって革新をとげた近代俳句は、五七五という定型詩形式と季語という概念を確立させた。このうち季語は、日本の生態系と直接にかかわる。『広辞苑』第六版は、刊行にさきだつ内容見本で、収録されている季語の数が三五〇〇にも達することを謳っていた。それは国語辞典としての充実ぶりを謳うものではあったが、いわゆる標準語レベルで通用する

季語

ものにかぎっても季語が三五〇〇もあるというのは驚きであった。「日本の自然の特徴をあげてほしい」との質問に対して、ほとんどの人々が四季の明瞭なことを筆頭ないしごく上位にあげる。収録季語数三五〇〇は、この解答と対応する数値である。もちろん季語は、日本の生態系と直接的に関係するものばかりではない。しかしその多さは、四季の推移への鋭敏な意識・感覚の存在を反映するものであろう。その意識・感覚をもとに、俳句は季語を軸に展開をとげてきた。俳句の展開過程を簡単にたどると、〈誹諧→近代俳句→新興俳句〉にまとめうる。

誹諧の段階に、俳句の五七五という定形短詩の形式も成立する。しかし近代俳句とは異なって、誹諧では、連衆《れんじゆう》とよばれる座に会するものが輪番で作句にあたった。作句そのものは個人によってなされたが、誹諧は、連衆による共同的な集団作句であった。自作を連衆に披露するためには、作句者みずからが声に出して朗唱しなければならなかったであろう。たとえば加賀千代女の「朝顔に釣瓶とられてもらひ水」という句を例として、このときの情景を想像してみよう。千代女が朗唱する「あ・さ・が・お・に」という音を耳にした途端に、座の人々はすべて夏の朝の可憐な朝顔の花をおもい描いたであろう。「朝顔」という季語は、一座のものすべてに夏の朝の爽やかさ、そしてそのあとにくる暑気を連想させたであろう。個人個人をとれば個性・感覚・意識・経験などでたがいに相違していても、それらの相違とは無関係に、連衆は季語から触発される連想またイメージをたがいに共有

誹諧は連衆による集団作句

しあうことができたであろう。このとき季語を媒介として、連衆は、個人を越えた間主観性でむすばれる。日本の生態系の所産である季語が、同時に間主観性の成立という統合的役割を演じているのである。それを、文化的一体感の創出といいかえることも可能である。ここには、「日本の〈生態系―季語―文化〉」という連環が成立している。

正岡子規によって革新された近代俳句は、五七五の定形短詩と季語を基本とする点では誹諧を継承するものではあった。しかし大きな相違があった。それは、近代俳句が集団作句ではなく、あくまでも個人の個人のための作句であった点である。たとえば子規の「さまざまの虫鳴く夜となりにけり」という句は、千代女の前掲の句とはちがって、集団のなかでの朗唱という形式にはなじまない。むしろ活字で表現された一句全体を黙読ないし音読したのちに、句全体のイメージを実感することができる。それは、集団作句から自立した個人の営為としての近代俳句がもつ特徴であった。しかし子規の句においても、「虫鳴く夜」という季語がさまざまなイメージを喚起する。秋の夜の凛とした静けさ、冷気をます秋の長夜、忍びよる冬の気配などである。近代俳句においても、誹諧の場合に指摘した「日本の〈生態系―季語―文化〉」という連環の成立という点ではおなじであった。

個人の営為としての近代俳句

このように誹諧と近代俳句がともに季語を鍵概念としているのに対して、季語という伝統からの脱却を提唱したのが新興俳句である。たとえば西東三鬼の「水枕ガバリと寒い海がある」という無季語俳句をとりあげよう。句のなかの「水枕」・「ガバリと」・「寒い海」

季語という伝統からの脱却

という言葉から、さまざまに乱反射するイメージが煥発される。それらのイメージは、句をよむものによって共有される間主観性をもたない。誹諧や近代俳句が季語を主題とする写実的な風景画とすれば、無季語俳句は自由な想像を許容する抽象画にたとえうる。そこには、誹諧や近代俳句にみられた「日本の〈生態系―季語―文化〉」という連環は放棄されている。いいかえれば新興俳句は、無季語化によって日本の生態系さらにはその所産である日本の伝統文化からの飛翔をめざしている。もちろん日本語による作句であるかぎりは、その飛翔は限定的であり、完全なものとはなりえない。このことは生態系との関係だけにかぎっていえば、新興俳句は文化から文明への過渡的段階にあるということになろう。

興味ぶかいことに、上述した〈誹諧→近代俳句→新興俳句〉とおなじ展開過程が、生態系がまったく異なった地で同一人物が吟じた句にもみられる。それを考えるための素材を、一九三六年二月に神戸を出帆してヨーロッパにむかった箱根丸船上での句会記録にもとめてみよう。このとき箱根丸には、正岡子規に師事し、花鳥風詠論をもとに季語俳句の立場を堅持・称揚した高浜虚子が乗船していた。同船では、虚子主宰のもと一六名の乗客が参加して句会がひらかれている。参加者には、作家の横光利一、京大文学部助教授の宮崎市定などがいた。句会は、①香港《ホンコン》出航日、②洋上、③新嘉波《シンガポール》、④古倫母《コロンボ》、⑤蘇士《スエズ》で計五回ひらかれている。

一九三六年箱根丸船上での句会

船中で謄写印刷された『箱根丸　洋上句集』（宮崎家蔵）から、二月二十九日のホンコン出港日の第一回句会をとりあげたい。このときの兼題は、「雛」と「更衣」であった。「雛」は、暦のうえで日本でのひな祭りの時節に近いことから、また「更衣」は、二月末とはいえ亜熱帯さらには熱帯へと南下する船上での季節感覚から選ばれたのであろう。ともに日本での周知の季語であり、日本での季語感覚の延長上で兼題が設定されている。しかし日本では、二月末の句会で「雛」と「更衣」とが同時に兼題とされることはないであろう。この兼題設定から、日本での通例からの逸脱がはじまっている。第一回句会での上記三人の句をかかげると、つぎのとおりである。

高浜虚子「雛祭南十字の星の下」
横光利一「カムランの島浅黄なる衣更」
宮崎市定「父はいま船の旅路や雛祭り」

この三句のなかで、ホンコンではなく日本での作句として通用するのは宮崎の句だけであろう。春の瀬戸内海をいく船旅のような情緒も感じられるからである。虚子は「雛祭」と「南十字の星」、横光は「衣更」と「カムラン」をつなげて作句している。ともに亜熱帯の異国のもとでの「雛祭」・「更衣」を吟じている。虚子の句からは「雛祭」という季語のもつ情緒はうかがえるが、横光の句からは句の風景と「更衣」とのむすびつきがよわい。それは、新興俳句にもつうじる句趣である。句のなかの「カムラン」とは、ベトナム中部

ホンコン出港日の兼題は、「雛」と「更衣」

のカムラン湾のことであろう。当時の日本人にとってカムラン湾は、日露戦争で日本海にむけて北上するロシア海軍バルチック艦隊の最終寄港地として知られていた。第一回句会では、神戸を出航してからの日が浅いこともあって、兼題に季語が採用されている。しかしとりわけ横光の句は、季語のもつ日本的な情感に欠けるところがある。それは、彼自身の問題ではなくて、日本とは異なった生態系のなかに入ったときに季語の感覚と身体の感覚とが分裂していくことによるものであろう。季語が生態系から遊離して、無力化していくのである。

日本とは異なった生態系のなかで

そのことがさらに顕著に表出されているのが、スエズ運河を通過した地中海側に位置するスエズでの第五回句会である。このときの兼題は、「亜丁《アデン》嘱目」と「洋上雑」であった。前者は直前の寄港地であった紅海の湾頭を扼するアデンの印象、後者は地中海に入って終わりをつげようとする長い船旅の印象という意図からの兼題であろう。興味ぶかいのは、このときに虚子が兼題として選んだのは季語ではないことである。虚子は、季語俳句の正統性をつよく主張した俳人であった。しかし日本の生態系からはもっとも異質な沙漠のなかでは、季語への執着を放棄せざるを得なかったのであろう。前述した季語の生態系からの遊離、それによる季語の無力化の極端な進行である。この句会での三人の作句は、つぎのものであった。

スエズでの第五回句会

季語の無力化

高浜虚子「影涼し楊子くはへて水夫立つ」
横光利一「石に残るアラビア文字の懐かしき」
宮崎市定「英人が沙漠に築きしアデンかな」

兼題は季語ではなかったが、虚子の句は甲板に立つ水夫の人影から暑さを表現しようとしている。しかし虚子をふくめて三人の作句は、いずれも短型散文詩のようである。横光の句はアラビア文字からの連想、宮崎の句は歴史家らしい感興を吟じたものである。おなじく連想や感興を主題とする芭蕉の「山路来てなにやらゆかしすみれそう」と比較すると、横光や宮崎の句とのあいだには大きな断絶がある。日本とは対極的な生態系のもとで、季語に託して情感を表現する季語俳句の限界が明瞭に観察される。その限界を突破しようとした試みが、新興俳句であった。異質すぎる生態系のなかでは、季語俳句の新興俳句への接近がみられる。スエズでの第五回句会は、「日本の〈生態系―季語―文化〉」連環のなかではぐくまれた季語俳句が、生態系を超出しようとするときの方向性を示している。それは、俳句の文化から文明への展開方向を予測させるものであった。

その展開方向が俳句の国際化ともよばれる一九八〇年代ころから世界各国で試みられるに至ったHaikuである。この過程は、柔道からJyudoへの展開と類似する。しかし俳句からHaikuへの過程でみられた変革は、柔道の場合よりも大きかった。Haikuは、五七五という定型からの逸脱、無季語・非季語化という季語俳句の基本としてきたものの放棄のうえになりたっていた。Haikuが俳句から継承したものは、短詩という形式のみであるといっても過言ではない。

ヴァレリーの詩

ここで、Haikuとして作られたものではないが、フランスの詩人ポール・ヴァレリーのよく知られた詩の一節をとりあげてみよう。Le vent se lève il faut tenter de vivre. これを五七五的に直訳すると、「風が立つ　新たな生に　ふみださん」ということであろう。堀辰雄は、この一節を「風立ちぬ　いざ生きめやも」と和訳した。堀の日本語訳での「風立ちぬ」は、さわやかな秋のおとずれを感じさせる季節性にみちている。しかしヴァレリーの詩の冒頭を「風立ちぬ」と訳したとしても、それを秋のおとずれとは特定できない。南フランスの港市セート生まれのヴァレリーにとっては、それは、地中海に春をもたらす偏西風であったかもしれない。二つの短型詩は、言葉のうえではおなじ「風立ちぬ」と詠っていても、それが意味するものは異なっていよう。季語俳句が日本の生態系を超出して国際化していく過程は、季語俳句に根本的な変容をせまるものであった。その変容の結果として、Haikuが成立することができたのである。

堀辰雄の和訳の季節性

俳句の文明化

これは、俳句の側からいえば、「日本の〈生態系―季語―文化〉」連環と日本語での表現から超出して文明化していくための変容であった。またHaikuの側からいえば、それは、俳句を自文化のなかに受容するために必要な変容であった。このとき重要なのは、受容者側の主体的な判断と操作である。この俳句からHaikuへの転換過程は、「近代化」を考えるための示唆をあたえてくれる。

日本の「近代化」経験

さきに「近代化」を、「自生態系内に進出・侵入してくる文明への対抗を契機として生起する複合的な文化変容」と定義した。この定義にしたがって日本の「近代化」を考えるために、イギリスと比較することからはじめたい。それは、日本とイギリスが類似性をもつ国として語られることが多いからである。その類似性として、たとえば「ユーラシア大陸の東西両端に位置する島国」、「四季のある湿潤温帯の国」、「世界あるいはアジアにおける工業化のトップランナー」、さらに「立憲君主国」といったことがよく指摘される。これらは、日本とイギリスがともに内部にもつ特質の類似性を指摘するものである。

日本とイギリスの類似性

ここで日本列島またイギリス諸島の外にある大陸との関係へと視点を移すと、日本とイギリスはまったく異質な国といいうる。二つの「ユーラシア大陸の東西両端に位置する島国」は、「近代化」の基本動因である文明への布置という点で大きく相違しているからである。その相違は、つぎのように要約できる。

日本とイギリスの相違点

日　本――いわゆる古代の四大文明のうち、三つは早くに衰亡した。そのなかで、中華

中華文明に直近する周辺国家として

文明のみが現在に至るまで唯一連綿として屹立しつづけている。国家形成以来、日本は、圧倒的な強迫感をもつ中華文明に直近する周辺国家として存在してきた。〈中華文明の強迫感〉と〈それへの羨望と潜在的対抗意識〉、それが、日本の歴史を貫く重要なモティーフであった。[*1]

その好例が、「日本＝ひのもと」という国号である。日本列島からみた「ひのもと」は、地理的には東方の太平洋上にあたる。日本列島が東方の「ひのもと」といいうるのは、中国を起点とした場合である。「倭」にかわる国号「日本」は、原点を中国にもとめて、その東方にあるという相対的な位置をもとにして制定された。[*2] つまり中華文明への対抗概念として、国号「日本」があり、また万世一系の「神国」があり、あるいは「和魂漢才」があった。日本はみずからのアイデンティティをもとめて、中国に原点をおく言説を構築してきた。

イギリス——日本にとっての中国は、歴史をつうじて屹立しつづけてきた圧倒的な文明世界であった。イギリスの場合には、このような圧倒的な文明は周辺には存在しなかった。もちろんある時期には、フランスが文明国家として登場してきた時期もあった。しかし、日本にとっての中国のように、それが屹立しつづけることはなかった。そのためイギリスには、日本とは異なって、自らが自らのなかにアイデンティティの根源を求めることができたという恵まれた条件があった。

このように持続的な大文明の周辺存在という点で、日本とイギリスはむしろ対照的ですらある。そのため、好むと好まざるとにかかわらず、日本は、歴史をつうじて日本列島という生態系に進出・侵入してくる中華文明をはじめとする外来文明への対抗のなかで、「近代化」を経験せざるを得なかった。それは、日本の文化が複合変容をくり返してきたことを意味する。日本が経験した重要な「近代化」として、つぎの四つをあげることができよう。それらは、いずれも日本史上の重要な画期と一致する。

持続的な大文明の有無

①縄文から弥生へ　――　「弥生・近代化」
②原史から古代へ　――　「古代・近代化」
③中世から近世へ　――　「近世・近代化」
④近世から近代へ　――　「近代・近代化」

おそらく現在進行中のグローバリゼーションは、第五の「近代化」とよびうるものであろう。ここでは、これらの「近代化」のうち、②〜④をとりあげて、その特質について概

＊[1]　北畠親房『神皇正統記』（一三三九年執筆）。成沢光『政治のことば――意味の歴史をめぐって』、平凡社、一九八四年。応地利明『絵地図の世界像』、岩波新書、一九九六年。
＊[2]　網野善彦「日本における未開と文明」、川田順造編『「未開」概念の再検討』II、リブロポート、一九九一年。岩崎小弥太『日本社会の国号』、吉川弘文館、一九七〇年。

観することにしたい。

「古代・近代化」

中華文明要素の受容

このとき日本は東アジア海域世界と中華文明圏に参入し、朝鮮半島諸国を経由して多くの中華文明要素を受容した。その主なものをあげるだけでも、すでに述べた国号にくわえて、律令・仏教・漢字・都城などがある。それらの導入は、決して直輸入的な移植ではなかった。たとえば律令に関しては、中国とは逆に令（行政法）よりも律（刑法）を重視した。仏教に関しても、鎮護国家のため宗教として受容した。これは、中国での仏教受容とはまったく異なる。中国では、天子（王）と仏のいずれを尊崇するかをめぐる王仏論争が存在し、天子よりも仏を上位としたときには、国家による徹底的な弾圧がくわえられた。古代日本の仏教は鎮護国家を使命として受容されたので、このような王仏論争とも法難とも無縁であった。

漢字についても、いちはやく「かな」という単純化と表音文字化を達成した。また都城に関しても、中国での都城理念のうち、「左祖右社（南面して立つ天子からみて、左に祖先の祖廟、右に土地と農耕の神を祀る社稷《しゃしょく》を置く）」・「市壁」・「旁三門（四角形の市壁の各辺には三つの門を設ける）」を採用することはなかった。

選択的採用

このように「古代・近代化」は、進出してくる中華文明の諸要素をそのまま採用するのではなく、それらを主体的に取捨選択して受容している。これを選択的採用とよぼう。選択的採用は、以後の日本における「近代化」の基軸となっていく。

「近世・近代化」

ヨーロッパ文明の受容

このときの「近代化」の動因は、ヨーロッパ文明であった。同文明からの受容要素は、兵器としての火器、ヨーロッパ的世界認識を代表とする。火器の受容に際しても、大砲は採用しないで、鉄砲のみを選択的に採用した。弾の装着から発射まで時間を要する火縄銃を、鉄砲隊の隊列編成を考案して連射可能にしたのは織田信長であったとされる。それは、世界的にも早発的な鉄砲の野戦活用であった。

日本では、鉄砲というヨーロッパ文明の要素は選択的採用が可能であり、「近代化」へとつなげていくことができた。十六世紀は、日本だけでなく世界各地に、鉄砲が進出していった時期である。そのなかには、現在のラテン・アメリカもふくまれる。そこでは、感染症の将来という要因が大きいとしても、鉄砲の進出によって先住民の人口が激減した。しかし日本では、そのような事態とは逆に、前述したように鉄砲のもつ可能性を最大限に利用する新戦術が編みだされた。このような相違が二つの世界で生じたのは、自文化と侵入してくる文明との落差にある。当時の日本とヨーロッパ文明とのあいだの落差は小さく、ラテン・アメリカと同文明との落差はひじょうに大きかった。選択的採用は、両者のあいだの落差が小さい場合にのみ可能なのである。「近世・近代化」は、このことの重要性を教えてくれる。

「近代・近代化」

明治維新

明治維新を語る際には、つねに三つの四字成句に言及される。「文明開化」・「富国強兵」・「和魂洋才」である。日本の近代医学の創始者ベルツは、帝国大学教授としての長い在日経験をつうじて、日本人学生が西洋文明の精神を学ぶことなく、もっぱら技術のみをもとめているとの批判を日記に記している。[*3] 彼の批判は、「和魂洋才」にむけられたものであった。「和魂洋才」は、大胆な選択的採用である。その大胆さがもつ落とし穴を、ベルツは指摘したのである。

「和魂洋才」と「和魂漢才」

ここで、「和魂洋才」の内実について考えたい。前述したように「和魂洋才」は、江戸時代の「和魂漢才」をいいかえたものである。しかし明治という時代は、学校教育をつうじて、日本の歴史ではじめて儒教精神が一般民衆のレベルにまで浸透した時代であった。その意味では「漢魂」であり、「和魂洋才」とは実は「漢魂洋才」であった。「和」は、それとは別の次元で装備された。その根幹にあったのが、王政復古によって政治の世界に復活し親政するに至った天皇である。天皇を中心とする国家と儒教とをむすぶものが、「忠君愛国」であった。つまり「和」は天皇によって代表され、それが「漢魂洋才」を包みこむ外装であった。この関係は、「漢魂洋才」という餡を「和皮皇装」という皮がつつむ饅頭にたとえることができよう。

「忠君愛国」

「近代化」の議論にもどると、古代から近代にいたるまでの日本の「近代化」に共通して観察されるのは、侵入してくる文明の諸要素を主体的に選択して受容してきたことである。それを、選択的採用と要言した。それは、輸入・受容した新しいノウハウへの全面転換ではなく、それぞれの時期の文化状況に適合させて巧みに取捨選択しつつ採用していく途である。つまり外来文明という高圧電流をそのまま送電するのではなく、文化の状況に応じて文明電圧を変換していく変電機能の巧みさである。

文明電圧を変換

京都の遺伝子と「近代化」

日本の「近代化」がもつ特質として、選択的採用また巧みな変電機能を指摘した。それらの特質の原型は、古代以来、日本の文化・政治中心であった奈良と京都、とりわけ京都で形成された。どうして京都で、それが可能だったのだろうか。これを視座として、京都の遺伝子を読むことにしたい。

京都の遺伝子

日本は、中華文明の侵入と受容のなかで、「古代・近代化」を達成し、古代律令国家を形成した。そのチャネルは、朝鮮半島をふくむ東シナ海を中心とした東アジア海域世界であった。「古代・近代化」は、同時に、同海域世界への参入をつうじて海洋国家として自己

＊3　トク・ベルツ編・菅沼竜太郎訳『ベルツの日記』第一部下、岩波文庫、明治三十四年十一月二十二日条。

形成をめざすものでもあった。東シナ海から王都へといたる海域チャネルを軸線として、古代日本の「海域的編成＝海洋国家体制」が形成される。それは、王都へといたる西方からのチャネル、王都から東方へと延伸するチャネルの二つを基本として編成された。

西方チャネル

①西方チャネル――〈東シナ海→西海道（九州）→瀬戸内海＝東進する日本地中海→その終着場としての大阪湾→大阪湾岸をとりまく畿内臨海三国（摂津・河内・和泉）→王都所在地としての畿内内陸二国（大和・山城）〉という東アジア海域世界から日本王都へと収斂する編成である。

東方チャネル

②東方チャネル――〈王都所在地としての畿内内陸二国（大和・山城）→東国（左国）・西国（右国）の筆頭としての近江と丹波＝準畿内二国→その後背七道諸国〉という編成である。しかし西国は①のなかに包括されていて、②は日本王都の東方に連担する諸国、とりわけ東国を編入・統治するためのチャネルである。王都から東国へのチャネルにおいても、「琵琶湖―日本海」の水運ルートが重要性をもっていた。

近江と丹波

②の編成のなかで、なぜ近江と丹波を「準畿内＝七道諸国の筆頭」と位置づけうるかということについて簡単に説明しておきたい。その根拠は、天皇即位の大嘗祭に際しての斎国の選定にある。斎国とは、大嘗祭にあたっておのおの悠紀《ゆき》殿と主基《すき》殿（大嘗祭に使われる一対の祭殿）の設営と調度調進にあたる二国をいう。斎国は、畿内の五国からではなく七道諸国から選定された。その理由は、畿内は天皇が親裁する直轄領であり、七道諸国は天皇に

服属する外領とされたからと説明されている。悠紀殿と主基殿の設営と調度調進は、即位する新天皇への外領の服属・再誓のための象徴的行為という意味をもっていた。

とすれば斎国選定は、七道諸国のいずれからでもよいはずである。しかし平安時代初期から近世末（孝明天皇大嘗祭）に至るまで、斎国の選定は特定の国に固定されてきた。[*4] 悠紀殿の斎国は、東国（左国）から選定された。その選定は、八八八年（仁和四）以来、近江に固定されてきた。主基殿については西国（右国）から選定され、九七〇年（天禄元）より丹波と備中の両国に固定されてきたが、丹波が担当することが多かった。このことから近江と丹波を「七道諸国の筆頭＝準畿内」として位置づけることできる。中華文明の天子南面思想を受容した古代日本では、南面して王都に立つ天皇からみて左方に位置する左国が右国よりも上位にあたる。したがって近江は、丹波の上位さらには七道諸国の筆頭に位置づけられた。日本の歴史で近代の東京をのぞくと、畿内以外の国に王都が建設されたのは近江だけであった。白水江の戦いでの敗戦と侵略の恐怖があったとしても、近江のみに王都が遷都した背景には、このような近江国の位置づけがあったであろう。逆にいえば近江への遷都は、前述の西方チャネルによって畿内の五国が東アジア海域世界と直結していたことを意味する。

＊4　高木叙子「悠紀主基の文化」、高橋正隆ほか編『日本文化のかなめ』、サンライズ出版、二〇〇一年。

平安京と平城京

京都に議論をもどすと、京都の起源は平安京にある。平安京と平城京は、ともに中華文明の都城思想を選択的に採用して建設された王都であった。その共通性のゆえに、部分的な相違はあるとしても、平安京と平城京は類似した王都として語られる。しかし両者のあいだには、構造的な相違がある。それは、古代日本の「海域的編成＝海洋国家体制」への関与のあり方である。それへの直接的な関与を「開放系」、それへの間接的な関与を「閉鎖系」とよぶと、平城京と平安京の相違はあきらかである。

平城京は「閉鎖系」の王都

平城京は、海域世界に対して閉じた「閉鎖系」の王都であった。平城京は、正都と陪都からなる複都制を採用して、「開放系」と「閉鎖系」の二元化と両者の空間的隔離を基本とする王都であった。「開放系」を分担する陪都が難波京であり、そこに「港湾＋鴻臚館（外国使節をもてなす迎賓館）」が配置された。平城京は、内陸盆地にある「閉鎖系」の正都であった。

平安京は〈東アジア海域世界に開かれた内陸盆地都市〉

平安京の建都も、平城京の建都とおなじく京都盆地という内陸要害地の選地からはじまる。その意味では、平城京と同様の「閉鎖系」の内陸盆地都市として発進する。しかし平安京は、〈東アジア海域世界に開かれた内陸盆地都市〉であった。長岡京時代の複都制廃止を継承して、陪都・難波京が分担してきた「港湾＋鴻臚館」という機能を吸収して建都されたからである。それによって内陸盆地都市という「閉鎖系」、東アジア海域世界への水運拠点という「開放系」の二つを一元化したのが、平安京であった。

平安京の水運拠点である河港は、淀川水系、具体的には山崎津・鳥羽津・淀津などに設けられた。これらの河港によって、〈内陸水運路による大阪湾臨海との直結→「海域世界に開かれた内陸盆地都市」平安京の成立→東アジア海域世界の終着点としての平安京→「内陸外港＋鴻臚館」の包摂〉という平城京とはまったく異なった展開が可能となった。

「東アジア海域世界に開かれた内陸盆地都市」平安京という特質は、古代だけでなく、以後の京都の歴史をつうじて持続・拡充していく。しかもそれは、東アジア世界で共有された認識であった。それを端的に示すのが、朝鮮王朝の成宗の命によって一四七一年に申叔舟が編修した『海東諸国紀』所載の絵地図群である（申叔舟著・田中健夫訳注『海東諸国紀』、岩波文庫）。なかでも「日本本国之図」［図❶］からは、その認識を明確にたどりうる。同図は、印行された現存最古の日本図としても知られている。

「海東諸国」とは朝鮮半島からみて東方に所在する諸国、具体的には、当時の日本国と琉球国の二国を指す。「日本本国之図」は、「日本国都」＝京都に至るまでの海道＝航路を太い白線で示す。朝鮮半島南東部の富山（プサン）浦を発した海道は、本州島に達したのち、瀬戸内海を東進していく。その東端部の兵庫浦には、「此より国都に至る十八里」と記入されている。同図は、兵庫浦から国都への航程を、大阪湾とそこに流入する淀川水系をつうじる内陸水運路として描く。同水系は、「日本国都」の外側に大きく描かれた円の内部にまで延びている。その円は実線と波線の二重線で示され、そのうち実線は「山城州」の「州

印行された現存最古の日本図「日本本国之図」

淀川水系を通って日本国都へ

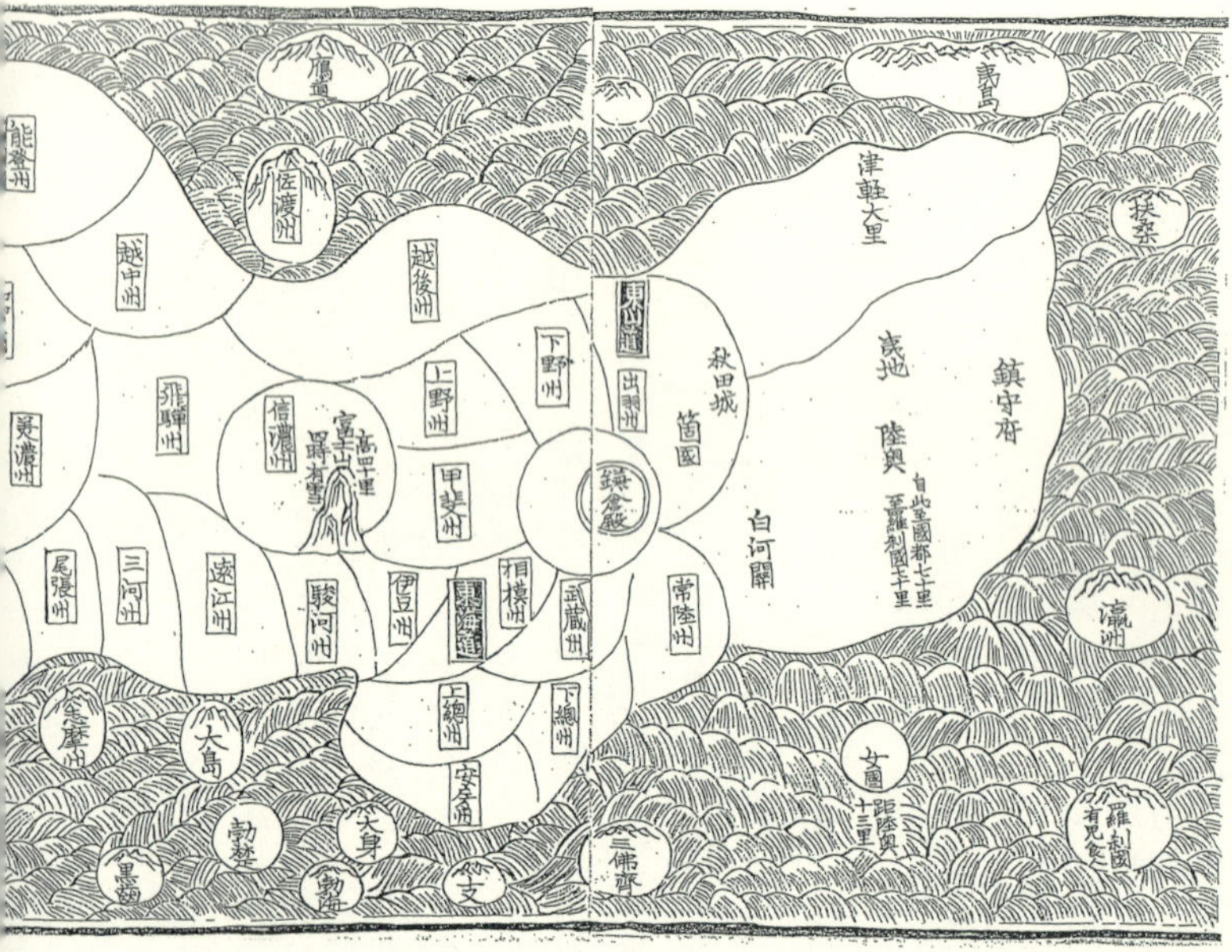

「海域世界に開かれた内陸盆地都市」京都

界」、波線は「山城州」をとりまく山稜を示す。淀川水系さらには「日本国都」と「山城州」の描出は、「日本国都」が盆地空間に所在するにもかかわらず、海道と内陸水路によって「東アジア海域世界に開かれた内陸盆地都市」であることを明示している。

この「海域世界に開かれた内陸盆地都市」という京都の基本特質は、以後の時代をつうじて持続・拡充されていく。その拡充は、二回にわたってなされる。最初は、近世初期の豊臣秀吉と角倉了以による拡充である。秀吉は、伏見城

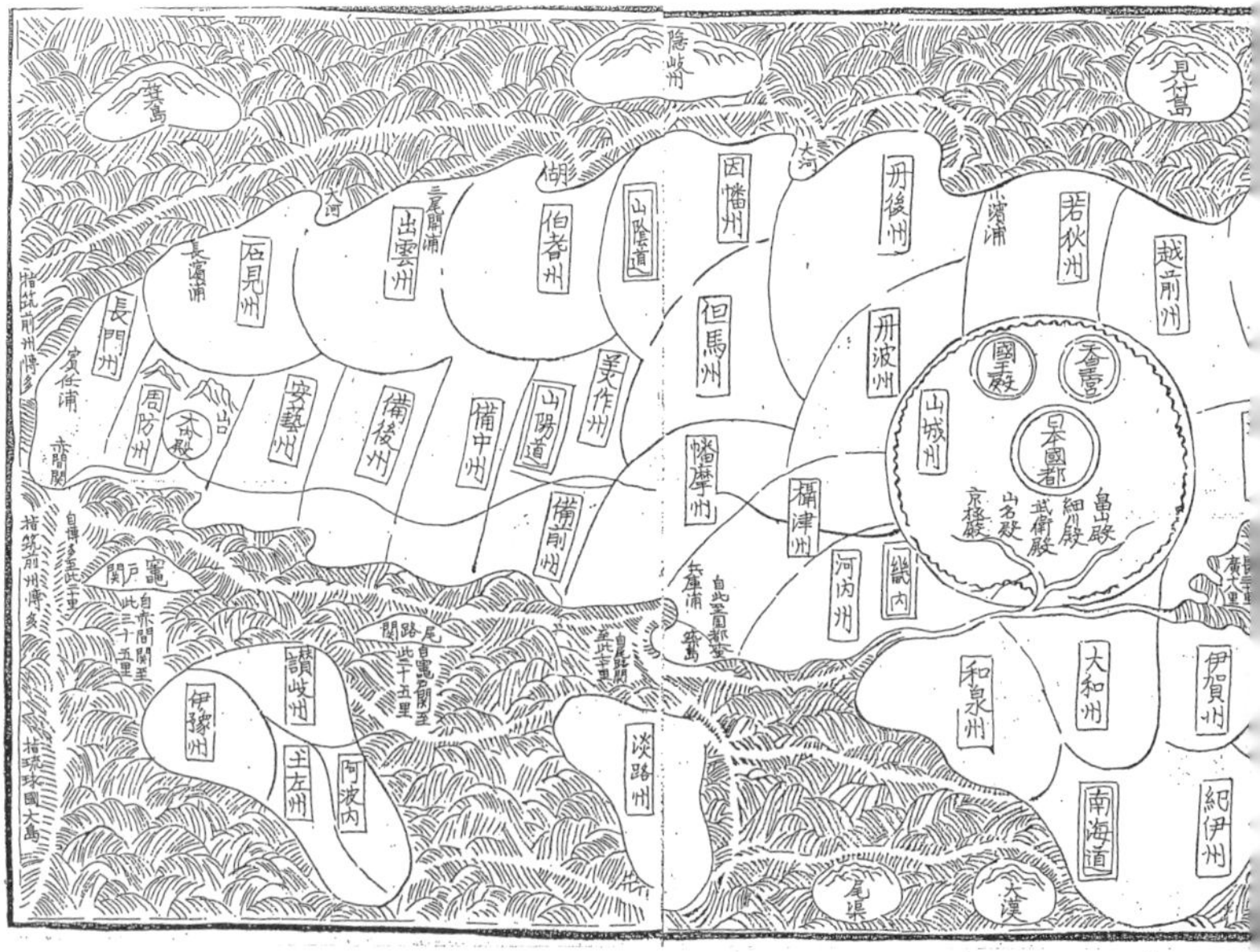

図❶『海東諸国紀』所載の「日本本国之図」

と城下町の建設にあわせて、淀川本流の宇治川を北西方に付けかえて伏見に導き、そこに内陸河港を建設した。さらに江戸幕府の成立後、角倉了以は伏見河港と京都を直結する運河・高瀬川を開削した。これによって伏見河港が、京都の内陸外港として成長していく。ついで近代初頭になされた琵琶湖疏水の建設が、二度目の拡充・強化であった。同疏水によって、京都を経由して琵琶湖と伏見河港が直結する。京都は内陸盆地に位置しながら、淀川水系という自然河川を軸に、河港と運河を建設することによって瀬戸内海と日本海への内陸水運ルートをもつ都市となった。しかし本格的な鉄道の時代の到来によって、それらのルートは生命を終える。

「開放系」と「閉鎖系」の重層都市

「海域世界に開かれた内陸盆地都市」という古代にうえつけられた京都の遺伝子が、内陸水運の整備をつうじて、近代初頭まで発現しつづけてきたのである。歴史の全過程をつうじて、京都は、内陸盆地として外に閉じ、内陸水運によって外に開いた都市であった。これを、「外に開き且つ閉じた都市」また「「開放系」と「閉鎖系」の重層都市」と要言できる。それは、同時に「開放系」のフィルターによって外来文明を受容するとともに、「閉鎖系」のフィルターによってそれによる文化変容を熟成させる重層都市ともいえる。京都が遺伝子としてうけついできたこれらの基本特質が、「外来文明の巧妙な選択的採用」また「変電機能の巧みさ」という日本の「近代化」をつらぬく性格の形成母胎であった。

日本の「近代化」をつらぬく性格

京都という場所

「鳥の目」と「虫の目」の視点から

文化・文明・「近代化」の三つにキーワードをもとめて、なぜ京都が古代以来の日本の「近代化」をつらぬく性格の形成母胎となりえたのかを場所論的立場から粗描した。その議論は、東アジア海域世界のなかに京都を位置づけるマクロ・スケールあるいは「鳥の目」の視点からのものであった。ここで、それを補完するために、京都が所在する京都盆地という場所性に注目して「虫の目」から京都を読むことにしたい。この小論でとりあげた論点と関連する文脈に限定して、つぎの二つをとりあげたい。

平安遷都の詔勅

㈠桓武天皇が平安遷都をのべる詔勅は、「此の国は山河襟帯にして自然と城を作《な》せり」という言葉ではじまっている。「城を作す山河襟帯」は、「閉鎖系」のフィルターであると同時に、四季のゆたかな演出装置であった。しかも京都の季節性は、たんに自然の推移だけでなく、その推移と同調する行事・祭事・遊覧といった人事をつうじても感じうるものである。それは自然と人事＝文化の折り目ただしい合作であり、そのなかで日本の美意識も涵養されてきた。俳句が定型短型詩でありながら、季語をとりこむことによって情感のゆたかなひろがりを表現することができたのは、季語の「発見」による。その「発見」と展開は、自然と人事がおりなす京都の季節性とそのもとで醸成された美意識に淵源をもつ。

日本の美意識

㈡京都は、町共同体を基本として編成された都市である。それは、道路にあたるオモテ通りとその両側につらなる町家から構成され、両側町とよばれる。オモテ通りは、分離帯ではなく、両側の町家をつなぐ公的な町の占有空間である。そこは、だれもが自由に行き来できる「開放系」の空間である。狭長な小広場にもたとえうる空間である。町家は、私的な「閉鎖系」の空間である。しかしそのオモテ通りに面したミセは、誰もが出入りできる「閉鎖系」のなかの「開放系」の空間である。そこから内側のオクは、外部に対して閉ざされた「閉鎖系」の空間となる。オクには「通り庭」が、ミセから内部にむけてまっす

オモテ通り、町家、両側町

ぐにのびる。「通り庭」は通路ではあるが、同時にオクのヘヤという「閉鎖系」とミセという「開放系」とをつなぐ役割をもつ。このように両側町と町家は、「開放系」と「閉鎖系」が入れ子構造でむすばれた都市空間である。

「開放系」と「閉鎖系」が入れ子構造に

この両側町のもつ「開放系」と「閉鎖系」の入れ子構造は、公と私を弁別すると同時に、その接点に「閉鎖系」のなかの「開放系」を共通部分としてもつ。それは、一二〇〇年の持続都市として京都が蓄積してきた集密都市の「すまいかたの思想」である。さらに「開放系」と「閉鎖系」からなる町と町家の編成は、「海域世界に開かれた内陸盆地都市」という京都の特質につうじるものがある。オモテ通りを海域世界、町家を内陸盆地都市・京都とすれば、両者の接点にあたるイエのなかのミセが内陸盆地空間内の内陸河港である。両側町と京都の特質とのあいだには、「開放系」と「閉鎖系」の重層というおなじ原理にもとづく同型性を観察できる。

すまいかたの思想

おわりに

小論の冒頭で、グローバリゼーションという名の妖怪の徘徊を語った。さらに日本の歴史における「近代化」を列挙した際に、現下のグローバリゼーションはその第五の「近代化」にあたるであろうとした。また日本の「近代化」がもつ特質として、「選択的採用」また「変電機能の巧みさ」を指摘してきた。この特質は、日本の原史時代から屹立する中華文明の「進出と侵入」への「近代化」のなかで形成されたものであり、その形成場を「東アジア海域世界に開かれた内陸盆地都市」として「閉じかつ開かれた都市」京都にもとめた。

グローバリゼーションに対処するには

しかし以上の諸点を強調して、過去の「近代化」とおなじようにグローバリゼーションに対処しうると考えるのは安易にすぎよう。現下のグローバリゼーションは、日本が歴史をつうじて培ってきた「選択的採用」また「変電機能の巧みさ」を凌駕する超高圧電流だからである。まさにそれは、強力な新文明の暴力的ともいいうる侵入である。

日本文化を「日本文明」に!?

では、どのような選択がありうるのだろうか。おそらくそれは、三つにしぼられよう。第一は、日本文化の「日本文明」への突然変異を追求する選択である。しかし「日本文明」という語は日本語の用法にはなじまないだけでなく、「日本文明」の標榜はかつての帝国日本が選択した失敗の途であった。その失敗をくり返すことは、最悪の選択である。歴史を省みると、文明は帝国と一体のものであった。しかし現在は、もはや帝国の時代ではない。

諸文化要素の個別的な文明化

第二の選択は、〈俳句からHaikuへ〉の進化が示唆する途である。それは、日本文化を総体として文明化するのではなく、現代日本文化を構成する個々の要素の個別的な文明化を追求する方向である。それは、すでに実現されつつある。たとえば、世界に通用するBonsai・Ikebana・Origami・Sushiなどの伝統文化、アニメーションや映画などの映像文化、

Jポップスなどの音楽文化、さらには先端的な科学技術文化などである。それらの日本文化に起源する諸文化要素の個々の文明化をつうじて、もしかすれば成立するかもしれない世界文明の内実をゆたかにしていく途である。これが、もっとも現実的な選択といえるであろう。

第三は、もっとも現実的とした第二の選択とかかわる。それは、第二の選択がそれぞれの文化を構成する諸文化要素を原資としてしかなしえないということである。貧しい文化は、貧しい文化要素しかもちえない。来るべき世界文明への貢献は、ゆたかな文化の存在を前提とする。すでに述べたように、文化は生態系のなかに胚胎し整序され、「生存場の生態系とともにある」存在である。ゆたかな文化は、自己生態系の持続を前提とする。日本という生態系＝「ところ」の持続が、日本の「こころ」を育み、日本文化のゆたかさを持続させていく。それが、第二の選択をより充実したものとする途である。第二と第三の選択は、両輪の関係にある。

生態系＝「ところ」の持続が「こころ」を育む

こころとは…

未来の〈こころ〉とは、自己とは異なる他者のあり方を受容し、「異なる角度から耳を傾けること」ができるあらたな〈こころ〉ではなかろうか。「もし我々が今まで沈黙させられ無視されて来た声を聞くことができるなら、耳を傾けることはより大きな社会的調和、平等、公正への手段となりうると私は信じている。」

モジュタバ・サドリア　アガ・カーン大学ムスリム文明研究所元教授

イランに生まれ、フランスで育つ。ドイツで法学、フランスで哲学、そしてカナダで文化政治学を学ぶ。カナダで講師（1982年から89年）、東京大学研究員（1989年から93年）、中央大学教授（1993年から2007年）、ロンドンのムスリム文明研究所教授（2007年から09年）を経て、現在はイランで教育研究を行っている。最新刊に『ムスリム社会における多元的近代性（英文）』（I. B Tauris, London, 2009年）がある。

権力と心
——この間に横たわる厚い障壁

モジュタバ・サドリア

Modjtaba SADRIA

「文化の衝突」

西欧の文化とイスラーム社会が「文化の衝突」に直面していると考えられているこの時期に、紛争とその解決手段について率直に議論することは重要なことである。西欧の公的領域では民主主義、女性の権利、テロ行為についての議論が「彼ら」対「我々」という方程式として設定されることによって、イスラーム教徒が問題視されて来た。そしてイラクとアフガニスタンにおける戦争に、何らかの建設的結果を期待することはますます難しくなってきている。また、これらの紛争のもたらす衝撃の波は、地球上のいたる所に強い影響をもたらしてきたのである。

「彼ら」対「我々」

いかにして紛争を避けるか

だが、いかにして紛争を避けるかに関するマニュアルは豊富に出ているにもかかわらず、我々は起こってしまった紛争を理解し、回避し、また解決に導く方法を未だに十分得ていない。それでは、人々の間の理解、対話、そして紛争の解決が困難なのはどうしてなのだろうか。この小論で私はこれらの問題に焦点をあてたい。その際、「耳を傾ける」ということが権力の座にある人にとってはどうしても困難なのだということを念頭におき、しかし同時に、紛争を解決し、社会をより多様性を含みこんだものとし、世界をより平和なものとするためには、「耳を傾ける」ということが力を持ちうるのだということにも焦点をあててみたい。

紛争解決協議の中で聞かれる声

公的領域では

「同意をたたき出す」

さて、耳を傾けた誠実な対話の実践につきまとう課題について論じる前に、公的領域におけるさまざまな見解の相違を解決するのに、現在はどのような処理が行われているのかを理解しておく必要がある。紛争が公的に明らかになった場合、例えば、ニュースの第一面に載ったり巷の話題になったりするときには、社会および「公式の世界」では一般に、紛争に対する何らかの応答と解決があるはずだというある期待がある。これを私は「公式協議」と呼ぶ。政治・外交上の舞台での紛争の解決とは、一般に役人や高位高官の人々が会合し「同意をたたき出す」ことを意味している。このような人々の会合はよく組織され、そこには一定のルールがある。このルールを知っている者は提案をなし、それに理由を付与することによって自己の利害を推し進めやすくなる。だがこの提案を次に他の人々が検討して、それに対して自分たちの側の理由を付与するのである。このような会合への参加は通常、かなり厳しく統制されている。社会的活動家[*1]の見るところでは、協議とは重役会議室と国会の委員会の活動のことなのである。これらの会合は権力と資源を最も持っている人たちの味方をしがちであり、現状維持に結びついた制度を代表している。だが、権力の

＊1 Young, I.M. (2001), 'Activist Challenges to Deliberative Democracy', *Political Theory*, 29:5, 670–690.

「物事の話し方」

ない地位にある者はしばしば、この環境では自分の利害関心を明確に表現できないと感じる。だから、沈黙と、関わりを避けるという仕方での応答を余儀なくされるのである。そして、公式協議の舞台での「物事の話し方」は政治家や役人の言葉づかいになりがちである。このことによって更に、この制度の中では権限をもぎ取られてしまっている人たちは、参加する気を失ってしまうのである。ハンナ・アレントは次のように述べている。

> それでもなお、それはすべての人に見えるものではなかったし、またそれを看破することもけっして容易ではなかった。破局が突如としてあらゆる事物と人々に襲いかかるまでは、それは現実によってではなく、ほとんどすべての公的代弁者によるきわめて効果的な空話と無駄話によって覆い隠されていたからである。かれらは絶えず多くの巧妙なヴァリエーションを用いて不愉快な事実をうまく言いまぎらわし、事態を正当化していたのである。（中略）「既成秩序《エスタブリッシュメント》」――あるいは、当時の呼びかたに従えば、「体制」――から発し、かつそれによって広められたこうした偽装をも考慮にいれなければなるまい。
>
> （H・アレント著、阿部斉訳『暗い時代の人々』河出書房新社、一九九五年改訂版新装）

権力の不平等

この「公式の」舞台に権力の不平等があるということは、明白になっている。聞かれているのは特定の声だけであり、代弁されるのは特定の利害だけなのである。それとは別の見方が取り入れられる余地はほとんどない。紛争や社会的に不当な仕打ちによって日常生活に影響を受けている家族や共同体があるが、彼らの声はいったいどこにあるというのだろうか。

とはいえ他方で、「それがどうした」と問う人がいるかもしれない。「外交官や役人を信頼し、彼らに決定させておいてどうしていけないのだ」というわけである。だが、こう考えることが問題なのは、たとえ解決が得られても、その紛争での「敗者」には発言権が得られていないからある。そしてしばしば、紛争を引き起こした不平等のもとになっている構造は真剣に検討されず、権力のある人々の利害が支配的なままとなるからである。このような現状維持をよしとする人々が覚えておかねばならない重要な点は、我々の生きている歴史的瞬間は特殊なものであって、次のような興味深い特徴を持っているということである。それは第一に、人々に——言論とイデオロギーによるさまざまな技法を通じて——圧力をかけ不正義あるいは不平等の状態を受け容れるようにしてきたこれまでの手段の有効性は、失われているということである。少なくとも権力をはぎ取られている「他者」にとっては有効性が失われているのである。第二には、覇権システムがその複雑さを増大させたことによって、その組織をかき乱す可能性が拡大していることである。つまり、世界は傷つきやすくなっているのである。ケルティは次のように述べている。

「敗者」の発言権

世界は傷つきやすくなっている

グローバルな村

新しい想像物

したがって、話さないことと耳を傾けないことは今まで以上に、ますます問題をはらんだものとなっている。だから、主要な問いかけはこうである。「この小さくなった世界、グローバルな村で、我々は一緒に住みたいと欲しているのだろうか」。この問いに答えるためには新しい思考の枠組、いやむしろ社会にかかわる新しい想像物を必要とするかも知れない。チャールズ・テイラー、マイケル・ワーナー、ユルゲン・ハーバーマスらは各自のやり方で、公的領域とはそのような想像内容の一例と考え得るのだと示唆してきた。その想像物は厳格にいって思想でも制度でもなく、「社会的存在としての自分、いかに他の人々と適合していくか、いかに自分たちとその仲間の間で物事は進むのか、また、通常は満たされる期待、それにその期待の底に横たわっているより深い規範的な考えとイメージ、これらのことを人々が想像するやり方」のことなのである。[*2]

「耳を傾けることの倫理」

社会に関わるそれまでとは異なる思考の枠組みを創造し、それに参入する能力が課題になるとき、その課題の中で、最も根本的で大事なもののひとつが、他者の声に「耳を傾ける」あるいは「耳を傾けない」ということである。そして、和解の場合に鍵となる考えは「耳を傾けることの倫理」なのである。

耳を傾けることの困難さ

自分自身の世界認識というフィルター

耳を傾けることの必要性についての一般論を展開することはできる。しかし、「耳を傾ける」ことの必要性とともに「耳を傾ける」ことの困難さも理解しなければ、その必要性を十分理解できないであろう。もし社会構成主義者の立場を受け容れるならば、耳を傾けることは決して単なる受け身の行為ではない。我々は情報を真空状態で受けとるのではないからである。他の人の話に耳を傾けるとき、我々は彼らの意見を自分自身の世界認識というフィルターを通して聞いている。その認識のやり方は我々の経験、文化、社会での位置、年齢、その他我々を今の我々にしているすべての要因によって形作られている。他者の声は、世界についての自分の一般的理解を通して聞こえてくるようになっている。したがって、耳を傾けることは能動的なプロセスの一部であり、それによって意味が構成されたり再構成されたりする。そして、権力関係と複雑に絡まってくることもある。この状況で他者に「耳を傾ける」とき、聞き手側の世界観の枠組みに合わせて話し手の側を位置づけることがある。例えば、集団の一方が多数派でもう一方が少数派であるとき、「耳を傾ける」ことは迫害や排除の方法となる可能性がある。というのも、聞き手側が多数派であれ

＊2 Kelty, C. (2005), 'Geeks, Social Imaginaries, and Recursive Publics', *Cultural Anthropology*, 20:2, 185–214.

ば、聞き手側が話し手のメッセージをその意図したこととは全く異なるものに操作して変えてしまうことが可能であるからだ。言い換えれば、聞く側には自分たちが聞きたいことが聞こえてくるだけなのである。

自分たちが聞きたいことが聞こえてくる

それでは、これとは違ったやり方で耳を傾けることは可能なのだろうか。それは可能であるし、もし我々が今まで沈黙させられ無視されて来た声を聞くことができるなら、耳を傾けることはより大きな社会的調和、平等、公正への手段となりうると私は信じている。新しい仕方で耳を傾けることができるならば、より多くの人々やより多くの考え方の間の対話、特に権力をほとんど持たず紛争や不正義の悪影響を最も被っている人たちとの間の対話を促進することができるであろう。しかしながら、その「新しい傾聴方法」がどのようなものかについてさらに明瞭に理解するために、まず耳を傾けることが我々の文化の中で一般的にどのように理解され実践されているかを最初に吟味しておく必要がある。以下で耳を傾けるということについての社会慣習的な三つの形態を論じることにするが、それによって誠実で本物だと言える対話を害しているいくつかの鍵となる問題が際立つことになろう。

新しい仕方で耳を傾けることは可能か

さまざまな耳の傾け方

紛争に関連して耳を傾けることについて語る場合、我々は権力の物差しの両端に位置する集団（または個人）を想定する。この型のコミュニケーションは日常生活の個人的レベルでも、もっと大きな共同体や社会のレベルでも生じている。例えば、親と子ども、先生と学生、雇用主と被雇用者などから、圧政者と被圧政者、多数派と少数派、エリートと非エリート、植民者と被植民者など様々である。

位置づけとして耳を傾けること

さて、D・B・C・ピエール『ヴァーノン・ゴッド・リトル――死をめぐる二十一世紀の喜劇（*Vernon God Little*）』（二〇〇三年のブッカー賞入賞作品。ヴィレッジブックスから邦訳書が発行されている）という風刺的な小説は、アメリカのテキサスに住む十五才の少年ヴァーノンの話である。ヴァーノンの親友が自分をいじめたクラスメート十六人を猛り狂って殺害するが、ヴァーノンは自分の町で親友の身代わりとされる。自身の無罪とこの悲劇を自分自身で処理しようとするヴァーノンの努力にも関わらず、彼は殺人の咎めを受け、最終的には全米で三十四の殺人をしたことで告発される。ヴァーノンの言うことなすことすべてが彼の有罪の証拠と解される。町の人も法廷も彼は精神病のティーンエイジャーだと決めつけており、彼の言動はこの支配的な見方のほうから「耳を傾けられ」ている。既にこの町で

『ヴァーノン・ゴッド・リトル』

支配的な見方と外者

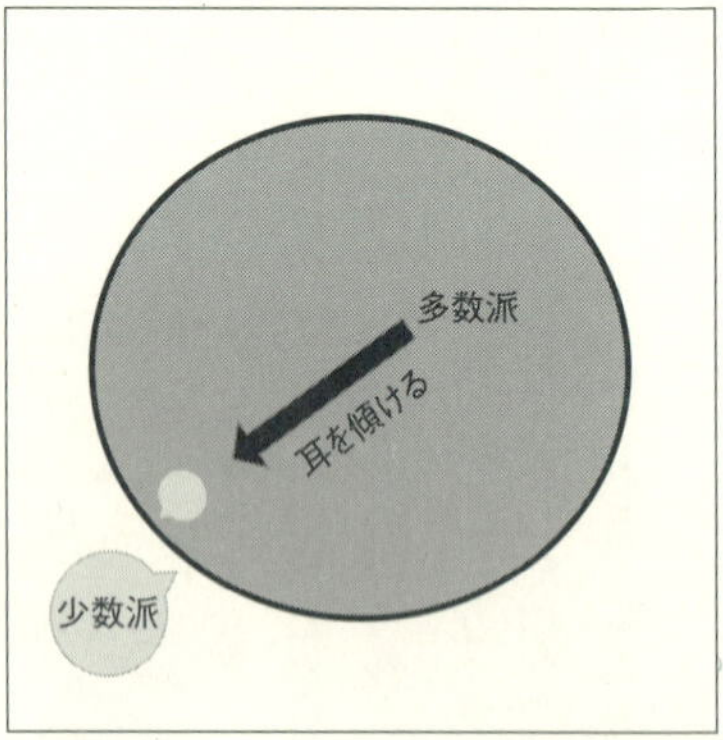

図❶位置づけとして耳を傾けること

耳を傾けることは支配的な枠組みの中で起こり、支配的な集団が少数派の見方のうち「適合するもの」を自分たちの世界観の中に位置づけることを意味する。適合しないものは外側に取り残される。

は悲劇の起こる前から、彼は外者で権力をもたず、町の主流派とは違った世界観をもつ者である。彼は今この町の人々の心の中やストーリーの中では外者／精神異常者と「位置づけられ」ている。それが、機能障害、若者、殺人、咎めと罪についてのこの町の人々の理解と適合するからである。ヴァーノンが言うことは、それに耳を傾ける人々によって自分たちが聞きたいことに変容させられているのである。

これが「位置づけとして耳を傾けること」と呼ばれるタイプの耳を傾けることの例である［図❶参照］。この関係では、町の人々（より権力のある多数派）は（権力のない少数派の）ヴァーノンの言い分に、自分たちの支配的世界観を通して耳を傾けている。彼らはバイヤスのかかったやり方で耳を傾け、ヴァーノンが述べたことを自分たち自身のストーリーに、つまり世界に秩序を与える場合の信念や方法に適合するように歪めて操作している。これによって、支配的集団の利害、彼らの世界についての理解とその世界の中での自分たちの位

位置づけとして耳を傾ける

置が強化される。彼らは適合しないものであればどんなものでも、単純に無視したり変えたりする。非エリート（ヴァーノン）の見方、経験、意見は無視される。この耳を傾ける方法においては、非エリートは権力と行動力を剝奪されているのである。このようなやり方で耳を傾けることは権力の不平等な関係を正し、社会的正義に至る道ではないことは、言うまでもない。

付けたしとして耳を傾けること

付けたして受け入れる

次に、耳を傾けることの二番目の形態は「付けたしとして耳を傾けること」と呼んでよいものである。この耳の傾け方では、より権力のある多数派が少数派の見方を聞き、それを代替的な見方として支配的・エリートの世界観に**付けたして受け入れる**［図❷参照］。この傾聴方法では、社会の中にいくつもの異なる世界観が同時に存在しうる。理想的な場合には、権力はこれらの集団の間で平等に分配される。しかし実際には多くの場合、支配的な考え方と世界の枠組みのほうには手が付けられないままであり、権力をもぎ取られている人々の声はいわば「付けたし」や後知恵となっている。この形態の単純化した例として、夫と妻の関係を用いることができるだろう。仮にジョンズ夫妻としておこう。彼らの関係の決め手になる要素は、ジョンズ夫人が一家の決定をすべて行うということである。夫人は家計を管理し、子どもの面倒をみ、家を飾り付け、休暇にどこに行き余暇に何をするのかを決める。夫ジョンズ氏がこれに不平を言うと、夫人は辛抱強くこれに耳を傾け、夫が不平

夫と妻の例

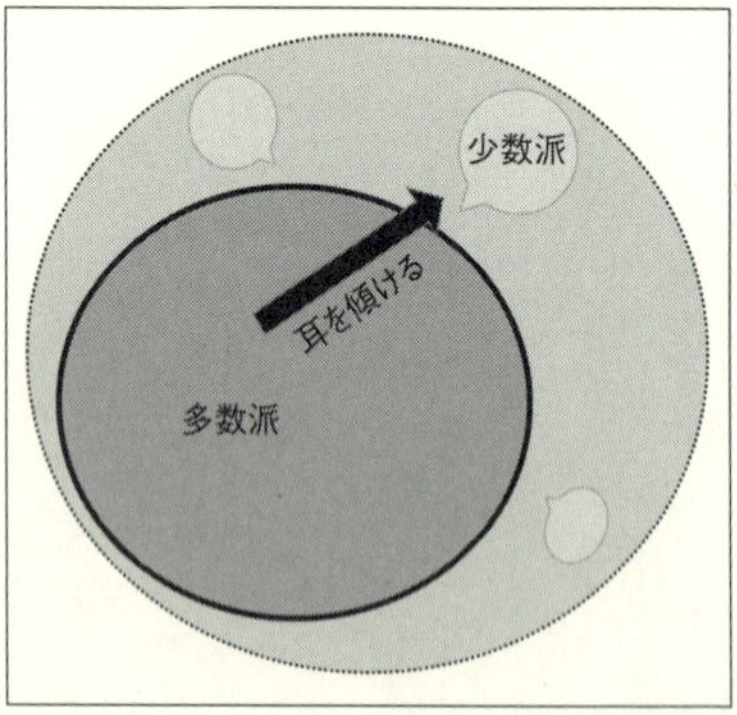

図❷付けたしとして耳を傾けること

この傾聴方法は、支配的な集団がいくつかの代替的な見方を「付けたし」として許容するが、他方では支配的な集団が自分たちの世界観とそれ故の不平等な権力関係を保持していることも意味する。

を言うのは止めるという条件で、夫が自分で庭に小屋を建てるのならそこで彼の好きなことをしてもよいと申し出る。そこでジョンズ氏は小屋を建て、しばらくは自分の小さな城で王様であることに満足する。とはいえ、夫は二人の関係における自分の地位が変わっていないことに気がつくにつれ、妻に対する憤懣は徐々に舞い戻ってくるのである。

この第二の傾聴方法は第一の方法よりはましだと見えるかもしれない。支配的な見方のほう（ジョンズ夫人）が、耳を傾けているということに加えて、権力のない見方のほう（ジョンズ氏）に対するいくらかの承認を含んでいるからである。しかし、我々がこれを多数派と少数派の間の関係を改善する最善のやり方だと見なすなら、それは問題であろう。現代社会において多様な見方、生活の仕方、価値の体系があることを我々はすでに承認している。これが「多文化主義」という考えの基礎にある。非エリートの声にも耳が傾けられ、それがもう一つの見方として了解されてはいるものの、実際には支配的な世界観がその権力の

「多文化主義」という考え

座を保持するのである。だからこそ、ジョンズ夫人は一家での「かかあ天下」を続けているのである。そして、この傾聴方法では皮肉なことに、権力の構造を変えて不正義を正そうとする非エリートの側の力は弱まる。というのは、社会の中で非エリートに一定の場所を与えるならば、支配的な論理はおそらくほんの少しは折れ曲がることにはなるが、その論理そのものが問題とされ、エリートと非エリートの相対的な位置関係が変わるということには、本当のところではならないからである。多様性を承認することはよいことであるが、対話によって社会的な不正義や紛争が減じるという結果にならないのであれば、結局のところあまり役に立たないのである。

取り替えとして耳を傾けること

この第三の傾聴方法は、一見したところでは、前述の二つのタイプの方法とは大きく異なっている［図❸参照］。「取り替えとして耳を傾けること」においては、より権力を持った人が非エリートの見方に耳を傾けそれを取り入れ、自分の世界観を非エリートのものと取り替える。この例としてフィールドワークに向かう人類学者を取り上げ、広範な森林伐採のために生活が危険にさらされている部族を研究しようとしているとしてみよう。この人類学者はこの人々と共に生活し、彼らの話に耳を傾け、彼らの生活の仕方を理解しようと試みる。その後、彼は自分の大学に戻り、本を出版し、支配的な文化の中でほとんど発言権のないこの部族のために運動を起こす。このような傾聴方法は非エリートである部族に権

フィールドワークに向かう人類学者の例

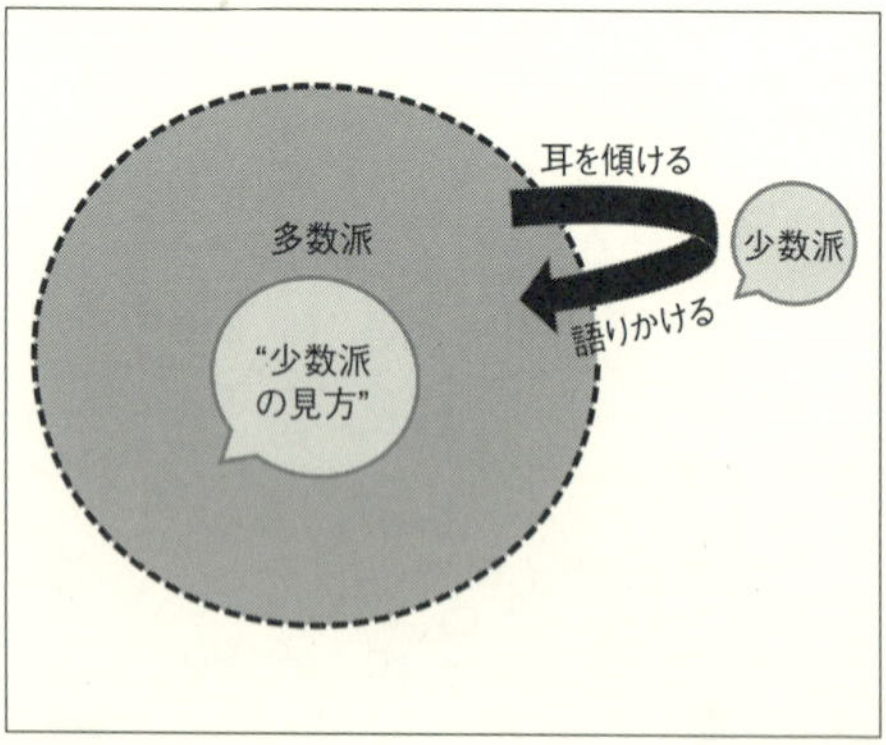

図❸取り替えとして耳を傾けること

多数派は少数派に耳を傾け、少数派の見方及び語り手の役割をも取りこむ。しかしながら、少数派の見方は依然として多数派の世界観の内部から捉えられている。（少数派の吹きだしが、多数派の領域の内部に入ると、色が変化していることに注意。）

力や行為主体としてのあり方を与えようという一つの試みである。この人類学者は自分の文化の内部において、この部族の人々が世界をどのように体験しているのかを説明することによって、これらの人々の声となっているのである。

　これは表面的には良い耳の傾け方のように見えるが、このアプローチには二つの問題がある。最初の問題は、この人類学者は、そう試みはするであろうが、部族のメンバーと**正確に**同じように世界を見ることはできないという点である。人はそれぞれその生い立ち、文化、経験などの結果、社会の中である場所を占めており、たとえそれを望んだとしても、これを自分では振り払うことができないし、自分の思考パターンを完全に配線し直すことはできないからである。更に悪いことに、そういった試みをすることによって、聞き手が聞き手であるのは特権的な地位を持つためだということが不明瞭になってしまうことであ

同じように世界を見ることは出来ない

る。先の人類学者は部族に耳を傾けることからはじまり、部族の代わりに語ることに至るという一回転をしている。この意図は良いかもしれないにしても、部族の声の肩代わりをすることはおなじみの権力の不均衡を復活させ、エリートによる更なる搾取をもたらすかもしれないのである。

別の不平等を生む危険

二つ目の問題はもう一方の極にある。先の筋書きで人類学者は自分の見方を部族のもので置き換え、自分の見方を犠牲にして部族の見方を特別扱いしていることになる。そして、もしこの方向の考え方が部族の世界観が他の見方のすべてを排して特別視されるところまで進むならば、これはまた別の不平等な権力関係を形成することになるのである。そうなれば、我々の社会的正義への探究を損なうことになる。そして、新しい集団が圧政を受ける側になることもある。これはありそうもない状況などではない。内乱や革命の場合、ある独裁者に一人の人気あるリーダーがとって代わり、その後そのリーダーが最初の独裁者よりももっと残忍で狭量な独裁者になることはめずらしいことではない。

対照的な位置にある両者が

さて、耳を傾けることの以上三つのタイプは異なっているように見えるが、共通する点がある。すなわち、これらすべてが提示しているのは、二つの異なる、対照的な位置にあるものなのである。エリート対非エリート、親対子ども、圧政者対非圧政者といった具合である。だから、この二つの側のどちらが正しくて社会的正義により近いのかという選択を我々に突きつけている。しかしこれまで見て来たように、どちらか一方を選ぶことによっては、より大きな平等と和解を獲得するという我々の目標が達成されるわけではないのである。それでは、どこへ向かうべきであろうか。

異なった角度から耳を傾ける

そのためにはおそらくは、耳を傾けるという問題を二つの競い合う集団の間の、つまり彼ら対我々の間のコミュニケーションが崩壊していることに帰するのをやめる必要がある。より広く見ること、つまり人々を取り巻いているより広範な社会的構造と体制に目を向けることを私は提案したい。

既に述べて来たように、世界についての理解は多様である。人々の社会的状況は異なっているし、人々の仕事、富のレベル、ジェンダーや性についての考え方、文化や伝統などは異なっている。このことによって人々の世界についての理解と現実についての知識は異なったものとなっている。[*3] 人間は特定の時代と場所に位置づけられており、自分が置かれている固有の現実から逃れることはできない。いかに人間が位置（立場）から自由で中立であろうと試みても、社会的、政治的、個人的な利害関心によって形成された自分自身の観点から世界を把握せざるを得ない。[*4] 要するに、人間は自分の利害関心に適切な観点を選択して世界を理解するのである。人間がある物語を構築するとき、つまり自分の周りで起こっていることを理解するための考えや信念を構築するとき、彼または彼女は意味が通じ

論理の外側にある残り物

るようにするため、論理の中から一定の部分を選択しなければならない。存在が多様であるというのは、あらゆることがこの一般常識（共通的な意味）に含み込まれ得るわけではないということである。「何か」はその論理の外側に残り物として残されるはずなのである。[*5]したがって、世界観または文化の体系はどんなものでもこの「外側の要素」を持っており、それが世界の意味が通じるようにするための我々のやり方を超えているために、我々はその外側の要素を把握し理解することができないし、ましてやそのメッセージに耳を傾けることはできないのである。と同時に、その要素は支配的な思考体系の「外側」にあるにしても、それが存在するのはただ支配的な思考体系にとっての「外側」であるからにすぎない。ある意味で、それは支配的な論理の影または写真のネガのようなものなのである。

聞くことが、なぜそんなに難しいのか

この「外側」という考えが非常に抽象的な概念であることは承知している。しかし支配的な現実の「外側」に位置づけられている人々の声を**聞く**ことが、なぜそんなに難しいのかを理解する助けの糸口ではある。この支配的な「現実」から除外されている場合には、

---

*3　Bergin, L.A. (2002), 'Testimony, Epistemic Difference and Privilege: How Feminist Epistemology Can Improve Our Understanding of the Communication of Knowledge', *Social Epistemology*, 16:13, 198.

*4　Bordo, S. (1991), 'Docile Bodies, Rebellious Bodies: Foucauldian Perspectives on Female Psychopathology', p.116, in Silverman, H. (ed.), *Writing the Politics of Difference* (New York: SUNY Press).

*5　これを「残余物」と呼んだSpivak, G. (1999) *A Critique of Postcolonial Reason: Towards a History of the Vanishing Present.* Cambridge: Harvard University Pressを参照。

話し手と聞き手との間の対話の機会、したがって和解と共通の理解を得る可能性は存在しない。換言すれば、いかに頑張ってヴァーノンやジョンズ氏、またはあの人類学者にとっての部族が話そうと試みても、最初の時点で彼らのジレンマを作り出していた権力と知識の関係のほうを変えない場合には、彼らのその話し方はどんな権威も意味も持ち得ないことになろう。[*6]

イスラーム社会と西欧

実際のところ私が何を言いたいのかというと、この力学が現在のイスラーム社会と西欧の関係の中心にあると主張したいのである。西欧の支配的な世界観、特に経済や個人主義、それに宗教や統治に関する特定の考えなどの一連の要因によって形作られているが、そこではイスラーム社会の内部で話し手が語っていることの大部分は聞かれていない。聞かれない理由は、それが西欧社会の概念枠を超えたものとして存在しており、その西欧社会の支配的な現実と世界を意味づけるやり方が、それ自体の論理のために必然的にイスラーム社会の声、信仰、考えを排除するからである。イスラーム社会の観点からすれば、対話へのこれらの障碍がたしかに存在しているし、その障碍がこんどはイスラーム教徒が対話へ参加することを渋らせ抵抗させることにもなる。これでは本当の意思疎通の機会がほとんどなくなり、対話は明らかに実行不可能な状況である。

対話への障碍

では、いかにして我々は誠実な対話が可能となる場所に達することができるのだろうか。そのためには、話し手の声が聞き取られるような**新しい形態**の世界観を探究することが必

新しい形態の世界観

要になろう。この新しい形態は、沈黙させられている話し手の声を**含み込む**ようにするために、優勢な論理のほうを転換・移動・拡大させることを必要とする。そして、これは歴史上の例が示しているように、不可能な仕事ではない。セクシュアル・ハラスメントはその一つの例である。この言葉が出現する前には、仕事場で受ける仕打ちについて不平を訴える女性は感情的すぎると非難されたのだが、この状況で彼女には二つしか選択肢がなかった。この嫌な状況を甘受するか、感情的であるとの汚名を甘受するかであった。だが、このような選択をしなければならないことに満足しなかった人々は、家父長主義的な社会構造を批判することを通して、この選択をせまる論理を解体し作りかえることに成功したのである。

セクシュアル・ハラスメント

この例では耳を傾けるための新しい方法が成功を収めた。これを「正義に向かって耳を傾けること」と呼ぶことができるだろう。それは世界について何か異なったものを認知できるように、支配的世界観のほうを「方向付けし直す」ことを必要とする。そして、世界というものを想像する新しいやり方がだんだんと現れてきている。友だち同士の内輪話からマスコミの報道へ、そしてついには社会的政策へと、この新しい想像の仕方がゆっくりと公的領域にしみ込んでいる。この支配的な見方の転換は、我々が先に検討した三つのタ

「正義に向かって耳を傾けること」

支配的な見方の転換

＊6 Beverley, J. (1999), 'Writing in Reverse: The Subaltern and the Limits of Academic Knowledge', p. 29, in *Subalternity and Representation* (Durham and London: Duke University Press).

イプの傾聴方法にはなかった。この転換された見方においては、その声に耳を傾けられていない人々を排除したりすることも（位置づけとして耳を傾ける）、話させはするが自分の支配的な世界観には何も実際的な変更がなされないといったことも（付けたしとして耳を傾ける）、また、意見を制限や批判なしに受け入れるが、不平等を隠蔽したり新しい不平等を作り出してしまうことも（取り替えとして耳を傾ける）ないのである。セクシュアル・ハラスメントの話では、ハラスメントに反対して声を上げる人々は支配的な論理と競合していると見なされた。それは家父長主義的な世界の見方と対立することなしには受け容れられないものであった。しかし、先に述べた新しい傾聴方法を採用することによって、それまで排除されていた観点を含むように支配的な見方のほうが作りかえられるのである。そこでは、排除されていた見方と支配的となる見方とは、もはや必ずしも競合するわけではない。ひとたび枠組みの転換が起ったならば、あらゆる人がこの新しい世界観の一部になることになるのである。

以上、我々は公式協議や本当の意味で耳を傾けるための余地のない状態を超えようとして、和解に至るための耳を傾ける新しいやり方、すなわち「正義に向かって耳を傾けること」を見出そうとしてきた。支配的な論理、この場合は西欧の世界観というものが特定の見方を排除していること、そしてその形成過程からして、イスラーム社会の人々の声を聞くことができないのだということを我々が了承するならば、その時に我々は「耳を傾けるための新しい方法」を見出すための道の半ばまできている。この新しい方法は我々の世界を見る見方を転換させて、イスラーム社会の声を含み込み、誠実でより平等な対話に参加させることを必要とするだろう。そうなったときに、力をもぎ取られていた話し手は関係のない者、違法な者、あるいはあってもなくてもよいような者ではなく、重要な行為主体となる。彼らの経験は不運として置き去りにされるのではなく、不正義という言葉で語られるようになるのである。

現代の紛争を解決すること、そして間違った情報と意味のある対話の欠如に由来する緊張と不寛容の雰囲気を和らげること、このことの必要性は大きい。耳を傾けることの新しい方法によって、グローバルな共同体はより寛容で、根本的な意味でより幸せなものとなり得るかもしれないのである。

京都提言2007
Kyoto Proposals

現在、人類社会はかつてないグローバル化のなかで、価値観や人生観の根底にあった多様な文化が力を失い、われわれ一人一人も底知れぬ不安のなかで生きることを余儀なくされている。とりわけ若い世代のいわゆる「こころの問題」も、この不安への鋭敏な反応であろう。京都文化会議は「京都提言２００３」において、日本文化の根幹にある「こころ」が持つ豊かさとしなやかさに注目して、地球化時代における個々人さらには人類社会のあるべき姿を追求する意志を明らかにした。それから五年間、伝統と進取が競いあう創造の場でありつづけてきた京都の地において、国内外の卓越した知性と豊かな感性とから多くを学びつつ真剣な討議をかさねてきた。われわれはここにその成果として、「京都提言２００７」を世界に問うものである。

提言1

日本では人間だけでなく、動植物や山河にも「こころ」の存在を認めてきた。「こころ」は人間同士を融和的に結びつけ、また、森羅万象への共感と畏敬の念を抱かせる。われわれは、国家、民族、宗教、文化、貧富などのさまざまな対立が噴出している現代においてこそ、この「こころ」が価値ある観念として広く理解され共有されるように提唱する。

提言2

「こころ」は理性と感情、精神と身体、知識と信仰、芸術と技術といった二項対立的理解をこえて、われわれの生の全体に浸透しているものである。また、そのような「こころ」は、世界のさまざまの地域のなかでも、それぞれのあり方で人びとの間に息づいているであろう。われわれは、この「こころ」の広がりを見据えながら、人間の細分化してやまない諸活動を統合させ、人々の生活そして世界全体を方向づけるあらたな英知を構築するための共同探究を呼びかける。

提言3

「こころ」は、それぞれの文化や社会が培ってきた多様な価値を柔軟に認めるものである。しかし現在の地球化時代の進行は、物質的価値と経済効率を最優先し、人類社会の諸文化が歴史を通じて築きあげてきた多様な価値尺度を排除している。われわれは、柔軟な「こころ」の復権を通じて、真に豊かな生き方を取り戻すように提唱する。

二〇〇七年十二月九日

京都文化会議

■

あとがき

本書は、本文のいくつかの箇所でも言及されているように、「京都文化会議」の成果の一つである。「京都文化会議」は京都府、京都大学、それに稲盛財団が中心となって二〇〇三年に組織され、二〇〇七年までの毎年秋に開催されてきた。京都という「世界中に開かれた文化の交流と結晶の場」（京都文化会議「開催趣旨」）において、国内外から学術・芸術のさまざまな分野の第一線で活躍されている方々にお集まりいただき、一般の方々へ向けた講演会やフォーラムを行ったほか、クローズドな討論も熱心になされてきた。二〇〇四年からは「高校生フォーラム」として若い人々に向けた企画も行われた。五年の間に参加された識者の数は二百名を超え、一般の聴講者も九千人に及んだ。その報告書は毎年刊行されてきたが、最終年に「京都提言2007」を世界に向けて提示したことが五年間の京都文化会議の大きな成果であろう。本書の最後にもこの「京都提言2007」を掲げてあるので、それの説明ともなっている本書冒頭の「〈こころ〉を知っていますか」とあわせてお読み頂ければ幸いである。

二〇〇七年の終了のおり、京都文化会議企画委員会において、五年間の京都文化会議の記念として一巻の書物を編もうという提案がなされ、そのための編集委員会が組織された。最初の難題は、それぞれ興味深く貴重な話題を提供して下さった二百名を超える参加者のなかで、どなたに執筆をお願いするのかということであった。そこで編集委員会としては、「京都提言2007」の提言の趣旨にそって三つの枠組を定め、それに深く関連した話題を提供して下さった方々にお願いすることとせざるを得なかった。その結果、二〇〇八年の春に本書の十九名の方々に執筆依頼をしたのであるが、すべての方々が快くお引き受け頂けたことは本当に幸いであった。執筆者の方々に、あらためて深く御礼を申し上げたい。

その後諸般の事情で出版が今日まで遅れてしまったことを、編集委員として申し訳なく思う。とりわけ、二〇〇六年から京都文化会議企画委員長として会議をリードされ、当初は本書の編集委員でもあった丸山正樹氏（元京都大学理事・副学長）が本年四月に急逝され、本書の完成をともに喜ぶことができなくなったことは痛恨の極みであった。残念でならない。

本書が出来上がるのには、執筆者はもちろんであるが、京都文化会議を物心両面で支えて下さった実に多くの人々の協力があった。そのすべての方々の〈こころ〉のつながりを想い、この場をかりて謝意を表したい。また、本作りの最後の場面では、このような素敵な本に仕上げるのに、京都府文化環境部文化芸術室、それに京都大学学術出版会の編集長鈴木哲也氏と福島祐子氏の貴重なアドバイスを得ることができた。本当にありがとうございました。

二〇〇九年十一月

京都文化会議記念出版編集委員会

川添信介

髙橋康夫

吉澤健吉

京都文化会議記念出版編集委員会
編集委員紹介

川添信介（かわぞえ・しんすけ）
一九五五年生まれ。京都大学大学院文学研究科教授。西洋中世哲学史を専攻するとともに、心の哲学一般にも関心を持つ。主な著訳書に『水とワイン――西欧13世紀における哲学の諸概念』（京都大学学術出版会、二〇〇五年）、『トマス・アクィナスの心身問題――「対異教徒大全」第2巻より』（知泉書館、二〇〇九年）などがある。

髙橋康夫（たかはし・やすお）
一九四六年生まれ。京都大学大学院工学研究科教授。日本中世都市・建築史を専攻するとともに、自然・風景にも関心を持つ。主な著書に『洛中洛外――環境文化の中世史』（平凡社、一九八八年）、『京町家・千年のあゆみ――都にいきづく住まいの原型』（学芸出版社、二〇〇一年）などがある。

吉澤健吉（よしざわ・けんきち）
一九五〇年、東京都生まれ。横浜市立大学文理学部卒業（近代フランス哲学専攻）。現在、京都新聞総合研究所長、同編集局次長兼報道企画室長。京都の学術、宗教、伝統文化、伝統産業、芸術を統合した京都学の構築を目指している。主な著書・共著に『最澄を歩く』（佼成出版社、一九九二年）、『現代浄土教の可能性』（四恩社、一九九八年）などがある。

こころの謎 kokoroの未来

2009年11月30日　初版第一刷発行
編　　者…………京都文化会議記念出版編集委員会
川添信介・髙橋康夫・吉澤健吉
発 行 人…………加藤　重樹
発 行 所…………京都大学学術出版会
京都市左京区吉田河原町15-9
京大会館内(〒606-8305)
電 話(075)761-6182
FAX(075)761-6190
URL http://www.kyoto-up.or.jp
印刷・製本…………亜細亜印刷株式会社
装　　幀…………鷺草デザイン事務所
写真協力…………株式会社情報工房

ISBN　978-4-87698-800-6

定価はカバーに表示してあります　Printed in Japan